M. Siakkou

Physik der Informationsspeicher

PHYSIK DER INFORMATIONSSPEICHER

von

Dr. Ing. Manfred Siakkou

Zentralinstitut für Kybernetik
und Informationsprozesse
der Akademie der Wissenschaften der DDR, Berlin

Mit 125 Abbildungen und 8 Tabellen

AKADEMIE-VERLAG · BERLIN 1979

Erschienen im Akademie-Verlag, DDR-108 Berlin, Leipziger Str. 3–4
Lektor: Dipl.-Phys. Gisela Lagowitz

Lizenznummer: 202 · 100/401/79
Umschlag; Rolf Kunze
Gesamtherstellung: VEB Druckerei „Thomas Müntzer", 582 Bad Langensalza
Bestellnummer: 761 965 2 (6208) · LSV 1075
Printed in GDR
DDR 28,— M

Vorwort

Der notwendigen Vielfalt an Datenverarbeitungsmöglichkeiten kann auch nur eine Vielfalt an Verfahren zur Informationsspeicherung gerecht werden. Diese gründen sich auf verschiedenartigste naturwissenschaftliche Erkenntnisse, die in engem Wechselspiel mit hocheffektiven Technologien zur stürmischen Entwicklung der Speichertechnik führten. Es ist ein Hauptanliegen des Buches, wesentlichste Gesetzmäßigkeiten der Informationsspeicherung anhand einiger ausgewählter, theoretisch gut durchdrungener Anwendungsgebiete darzustellen.

Darüber hinaus gibt es eine Vielzahl von Aspekten, unter denen heute Speicherphysik betrieben werden kann. Bei den Gebieten, bei denen stets Materialentwicklungen im Vordergrund standen, wurde dieser Aspekt betont. Dies betrifft die Kapitel 4 bis 6, die die weichmagnetischen Speicher behandeln. Bei der digitalen Magnetbandspeicherung lag ein Schwerpunkt der Forschung in der geschlossenen theoretischen Beschreibung der Speicherprozesse. Diese Ergebnisse wurden vereinfacht in Kapitel 3 dargestellt. Auf andere wichtige Aspekte der Magnetbandspeichertechnik, wie feinwerktechnische und informationstechnische, konnte bei dem vorgegebenen Umfang des Buches nicht eingegangen werden.

Das Kapitel 2 über Halbleiterspeicher erwies sich als sehr gut geeignet, um anhand von Kennlinien einige in Kapitel 1 zunächst abstrakt dargestellte Grundbedingungen für ein Speicherelement anschaulich zu machen. Im Kapitel 7 wurden aus einer allgemeingültigen Transformationsbeziehung der Speichertechnik die Möglichkeiten des holographischen Speicherprinzips abgeleitet. An dem Beispiel eines strahlgesteuerten magnetooptischen Hologrammspeichers wurden Bedingungen des Zusammenwirkens vieler physikalischer Effekte diskutiert. Das abschließende Kapitel 8 gibt einen Ausblick auf die Möglichkeiten der modernen elektronenoptischen Ansteuerung zur Speicherung mit unstrukturierten MOS-Halbleiterflächen, die mit Elektronenstrahlen in Wechselwirkung stehen.

Die Darstellungen stützen sich auf einige wesentliche Originalarbeiten und setzen die Kenntnis der einschlägigen Lehrbuchliteratur über Halbleiterphysik, Magnetismus und Optik voraus. Auf Faktensammlung technischer Art wurde weitgehend verzichtet, da hierfür ausreichende zusammenfassende

Literatur für die einzelnen Spezialgebiete existiert. In jedem Kapitel ist diese weiterführende Literatur angemerkt.

Das Buch sollte dem für die Informationsverarbeitung tätigen, meist stark spezialisierten Naturwissenschaftler und Techniker ebenso wie dem Studierenden von Nutzen sein.

Der Autor möchte an dieser Stelle seinen Dank den Herren Prof. Dr. habil. H. Völz, Dr. D. Rhein, Dr. H. Lenk, H. Voigt und K. Willaschek für die wertvollen Hinweise zur Verbesserung des Inhalts sowie Frau E. Bahn und der Lektorin Frau Lagowitz für die unentbehrliche Hilfe bei der Gestaltung des Manuskripts aussprechen.

Berlin, im Oktober 1979 — Manfred Siakkou

Inhaltsverzeichnis

1. Grundlagen und Grundbegriffe der Speichertechnik

1.1. Physikalisch-technische Kenngrößen des Speicherkanals

Ein physikalisches System bezeichnet man als Speicher oder im informationstheoretischen Sinn als Speicherkanal, wenn es in der Lage ist, einen ausreichend langen zeitlichen Abstand zwischen dem Zeitpunkt der Informationserzeugung und dem Zeitpunkt des Informationsverbrauchs zu realisieren: Ein zur Zeit t vorhandes Signal S_t soll zu einer späteren, beliebig wählbaren Zeit τ an diesem System als S_τ wiedergewonnen werden (s. Abb. 1.1). Wir wollen zunächst unsere Betrachtungen einschränken auf di-

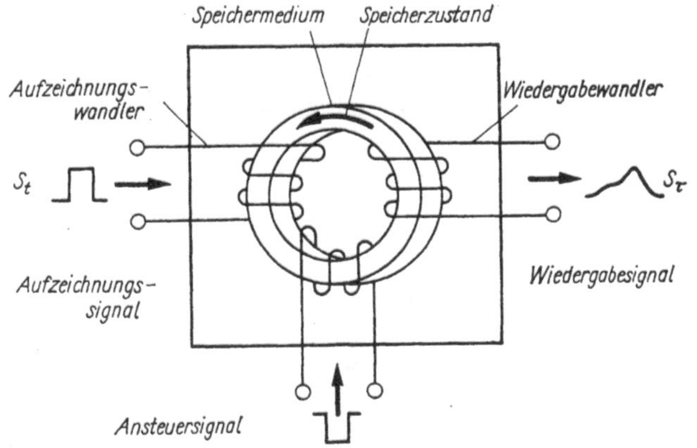

Abb. 1.1. Speicherelement

gitale Signale. Ein entsprechender digitaler Speicherkanal muß diese Signale so übertragen können, daß der Empfänger daraus eine der primären Information entsprechende physikalische Größe zurückgewinnen kann. In jedem realen System wird eine Übertragung durch Störungen beeinflußt. Eine wesentliche Anforderung an das Informationsspeichersystem besteht darin, die Ähnlichkeit von S_t und S_τ soweit zu wahren, daß die mit Hilfe dieser Signale übermittelte digitale Information unverfälscht rekonstruiert werden kann. Dies geschieht einmal vor der Übergabe an den Speicher durch geeignete

Zuordnung von Signal und Information, d. h. durch eine dem Speicherkanal angepaßte Modulation oder Kodierung, wobei die quantisierten und binär kodierten Daten anpassungsfähigere Organisationsformen der Speicherung erlauben. Nach der Wiedergewinnung der Signale steht das Problem der angepaßten, zweckmäßigen Dekodierung. Kodierung und Dekodierung können nur im Zusammenhang mit den Eigenschaften der Signale und des Speicherkanals optimal festgelegt werden. Dies ist oft deshalb erschwert, weil bei der Dimensionierung eine größere Zahl von Kenngrößen und Bedingungen gegeneinander abzuwägen sind. Die wichtigsten Gesichtspunkte sollen im folgenden kurz erläutert werden.

Ein Ziel der modernen Informationstechnik ist, einen möglichst großen Informationsfluß zu übertragen. Entsprechend der Informationstheorie sind hierbei vor allem Bandbreite und Störabstand bzw. Signaldynamik ausschlaggebend. Für den Speicher ist dagegen sein gesamtes Fassungsvermögen (z. B. die Zahl der Speicherelemente), d. h. seine Speicherkapazität, besonders bedeutend. Im Interesse einer schnellen Datenverarbeitung besitzt ferner jene Zeitdifferenz Bedeutung, die zwischen dem im Speicher einlaufenden Befehl zur Informationsausgabe und deren Realisierung liegt. Dieser Zeitraum wird als Zugriffszeit bezeichnet. Sie hängt unter anderem von Eigenschaften der Speicherelemente und deren Anzahl (Speicherkapazität) ab. Bei großen Speicherkapazitäten kann sie auch durch eine optimale Organisation des Speicherablaufs (Speicherorganisation) verkleinert werden. Physikalisch-technische Grenzen werden gesetzt z. B. durch die endliche Schaltzeit von Transistoren oder die Ablenkgeschwindigkeit eines Lichtstrahls. Es ist ein fundamentales Ziel der Speichertechnik, den Quotienten aus Speicherkapazität und Zugriffszeit zu erhöhen.

Relativ leicht einzusehen ist, daß einerseits der Zugriff zu den einzelnen Speicherelementen günstiger und andererseits die Speicherkapazität leichter zu erhöhen ist, wenn die Speicherelemente auf engem Raum konzentriert werden. Diese zugeordnete wichtige Eigenschaft des Speichers wird als Speicherdichte bezeichnet. Da die Menge der Speicherelemente, denen Information zugeordnet ist, in bit gemessen wird, ist die Maßeinheit der Speicherdichte bit/mm, bit/mm^2 oder bit/mm^3. Oft bedeutet höhere Speicherdichte auch geringere Kosten des Speichermediums pro bit, z. B. beim Halbleiterchip oder beim Magnetband.

1.2. Speicherprozesse

Das Speichermedium, nimmt innerhalb des Speicherprozesses eine zentrale Stellung ein. Hier wird das aufzuzeichnende Signal S_t als Funktion des Ortes (ξ, η, ζ) über die geforderte Zeit τ aufbewahrt, um es dann bei Bedarf als Zeitfunktion S_τ wiederzugewinnen, wobei die Signalform von S_t und S_τ nicht die gleiche zu sein braucht.

Zur Konkretisierung dieser Aussage wollen wir aus dem Speichermedium ein Element herausgreifen, das mindestens eine Elementareinheit der Information (1 bit) speichern kann. Dieses hat dann folgende Funktionen zu erfüllen:

1. Es muß verschiedene (mindestens zwei) von außen eindeutig einstellbare und unterscheidbare energetische Zustände besitzen, die entsprechenden Werten der Information zugeordnet werden können. Dadurch ist der Speicherzustand eindeutig bestimmt. Er ist nach dieser Definition nicht auf stationäre Strukturen beschränkt, sondern auch auf dynamische Speicheranordnungen, wie Laufzeitspeicher, Bubble-Domänen-Speicher (siehe Kap. 4) anwendbar. Der aufgezeichnete Speicherzustand muß nach Abschalten der äußeren Einwirkung zumindest über die vorgeschriebene Speicherzeit τ gegenüber Schwankungsprozessen stabil bleiben. Dies schließt nicht aus, daß während dieser Zeit eindeutige Zustandsänderungen, wie z. B. beim Entwickeln und Kopieren von Fotofilm, ablaufen können.
2. Zur Realisierung des Aufzeichnungsvorganges muß der Speicherzustand durch eine bestimmte definiert zuzuführende physikalische, chemische oder sonstige Energie eingestellt und eventuell auch gelöscht werden können. Jede Änderung des Speicherzustandes muß sich also über genügend hohe Energiebarrieren vollziehen. Dadurch können unerwünschte Zustandsübergänge sehr unwahrscheinlich gemacht werden.
3. Zur Wiedergabe der Information, also während des Wiedergabevorganges, muß jedes Element entweder Energie abgeben oder fremde Energie beeinflussen können. Dies bedeutet, daß die Speicherzustände meßbar sein müssen, es müssen also dafür geeignete Indikatoren, d. h. Wiedergabewandler, realisierbar sein.

Über diese drei Mindestforderungen hinaus muß das Speichermedium natürlich einer ganzen Reihe zusätzlicher technischer Forderungen genügen. Sie werden in den folgenden Kapiteln in Verbindung mit den konkreten Realisierungsmöglichkeiten ausführlicher erörtert.

1.2.1. Aufzeichnungsvorgang

Als Speicherelement sei beispielhaft der in Abb. 1.1 dargestellte Magnetkern gewählt. Er besitzt zwei definierte Zustände in den beiden möglichen Magnetisierungsrichtungen. Beide können ineinander durch Zufuhr einer Energie von mindestens $\pm\Delta E_A$ überführt werden. Jeder einzelne Zustand muß sich in nachweisbarer Art und Weise von seiner Umgebung bzw. von den anderen Speicherelementen, denen die jeweilige Energie $+$ oder $-\Delta E_A$ nicht zugeführt wurde, unterscheiden. Die Wahrscheinlichkeit dafür, daß die aufgezeichnete Information während der Speicherzeit stabil erhalten bleibt, hängt zumindest von der mittleren thermischen Energie $\frac{n}{2}kT$ (n = Zahl der Freiheitsgrade, k = BOLTZMANN-Konstante, T = absolute Temperatur) ab. Deshalb muß andererseits zwischen den möglichen Zuständen des Speicherelementes eine minimale Potentialschwelle

$$E_1 \gg \frac{n}{2}kT$$

existieren [1.1]. Sie muß also kleiner oder gleich ΔE_A sein. Je größer die Potentialschwelle ΔE_A zwischen den zwei möglichen Zuständen, z. B. des Magnetkerns ist, desto weniger empfindlich ist er gegen thermodynamische Einflüsse. Andererseits wird hierdurch aber auch mehr Energie zur Aufzeichnung benötigt.

Bei der praktischen Realisierung eines Aufzeichnungsvorganges ist es häufig notwendig oder günstig, daß mehrere Energieumwandlungen nacheinander erfolgen. So wird die für eine thermische Aufzeichnung notwendige Wärmeenergie durch Wechselwirkung des Speichermediums mittels bewegter elektrischer Ladung (Elektronenstrahl) oder mittels Lichtstrahlung (Laser) erzeugt. Bei der thermo-magnetischen Aufzeichnung kommt außerdem noch die Einwirkung eines Magnetfeldes dazu, welches wiederum in der Regel aus elektrischer Energie gewonnen wird. Dies erschwert eine Klassifizierung des Aufzeichnungsvorganges nach Energiearten [1.2].

1.2.2. Wiedergabevorgang

Befindet sich das Speichermedium in einem bestimmten Speicherzustand, so reagieren vielfach seine Elemente erst auf einen den Wiedergabevorgang einleitenden Ansteuervorgang (siehe Abschn. 1.2.3). Danach geben sie die Informationssignale S_r in Form eines Impulses ab, der für den jeweils gespeicherten Informationswert charakteristisch ist. Das Signal wird vom Wiedergabewandler aufgenommen und durch ihn weitergeleitet. So verursacht z. B. die von einer Ansteuerwicklung ausgelöste Magnetisierungsumkehr in einem Ferritkern in der zugehörigen Wiedergabewicklung eine Induktionsspannung.

Bei der Wiedergabe kann einmal der Speicherzustand erhalten bleiben (nichtzerstörende Wiedergabe), oder er wird gelöscht (zerstörende Wiedergabe).

a) Nichtzerstörende Wiedergabe:

Darunter werden jene Wiedergabemechanismen eingeordnet, durch die der informationstragende Zustand des Speichermediums praktisch nicht geändert wird. In diesem Falle hat die Wiedergabe so zu erfolgen, daß dem jeweiligen Speicherelement ein Energiebetrag ΔE_W mit der Bedingung

$$\Delta E_W < \Delta E_A$$

zugeführt wird. Dann bleibt der informationstragende Zustand, der durch die Energieschwelle ΔE_A gekennzeichnet ist, praktisch unverändert bestehen.

Der Wiedergabewandler wird bei Speichern hoher Speicherkapazität, z. B. Magnetbandspeicher, Bubble-Domänen-Speicher, strahlgesteuerte Speicher, meist von sehr vielen Speicherelementen angesteuert bzw. steuert diese an. Dies ist verbunden mit ökonomischen Vorteilen und höherer Speicherdichte, führt allerdings zu einer größeren Zugriffszeit. Eine Betriebsweise, bei der immer viele Speicherzellen gleichzeitig zerstörungsfrei angesteuert werden, ist z. B. unter Ausnutzung der holographischen Abbildung möglich, s. Kap. 7.

b) Zerstörende Wiedergabe:
Wird dem Speicherelement eine Energie ΔE_W unter der Bedingung

$$\Delta E_W \geqq \Delta E_A$$

in definierter Richtung zugeführt, dann wird es in einen anderen Zustand überführt und verliert daher die Information. Dabei kann die ganze Energie ΔE_A als Wiedergabesignal erhalten werden. Soll der ursprüngliche Informationswert bestehen bleiben, muß er neu aufgezeichnet werden. Die notwendige Neuaufzeichnung der zerstörten Information ist nicht nur zeitaufwendiger, sondern erfordert auch größeren technischen Aufwand.

1.2.3. Ansteuervorgang

Die Aufzeichnung bzw. Wiedergabe eines Signals ist vielfach mit einem Ansteuervorgang verknüpft. Es handelt sich dabei meist um eine spezifische Verknüpfung zwischen Aufzeichnungs- bzw. Wiedergabewandler und dem Speicherelement. In einigen Fällen ist dies ein mechanischer Transport. Eine angemessene, gebündelte und ablenkbare Strahlung ist ein weiteres Beispiel.

Der Bewegungsablauf beim Ansteuervorgang wird wesentlich vom Signalcharakter der zu speichernden Information bestimmt. Wenn die Zeitabhängigkeit linear in eine Ortsabhängigkeit transformiert wird, besteht die Ansteuerung aus einer gleichförmigen Relativbewegung zwischen Wandler und Speichermedium. Dies liegt z. B. bei der digitalen Signalspeicherung mit Hilfe eines Magnetbandes vor. Von einer ebenso einfachen problemlosen Form der zeitlinearen Ansteuerung wird bei den Laufzeitspeichern Gebrauch gemacht, wobei sich die dem Signal aufgeprägte Information entsprechend den Ausbreitungsbedingungen im Speichermedium fortpflanzt. Hierbei wird ein sequentieller Zugriff durch die Ausbreitungsgeschwindigkeit der die Information tragenden Energieform (mechanische Wellen, Schall-, Ultraschall-, elektromagnetische Wellen) erzwungen.

Im Idealfall eines schnellen Zugriffs für Datenspeicher soll jeder beliebige Speicherplatz von jedem anderen aus in kürzester Zeit angesteuert werden können (RAM = Random Access Memory). Dies verlangt eine komplexere und leistungsfähigere Speicherorganisation, z. B. unter Mitverwendung von logischen Verknüpfungen während des Speicherprozesses. Heute geschieht eine Ansteuerung dieser Art nahezu ausschließlich auf elektrischem Wege durch die sog. Treiberkodierungen in den magnetischen und Halbleiterspeichern.

Schon die bisherigen Ausführungen zeigen, daß auch der Ansteuervorgang die Gebrauchseigenschaften eines Speichers mitbestimmt. Deshalb ist es verständlich, daß sich eine heute gebräuchliche Einteilung der Speicher nach Matrixspeicher, motorische Speicher, strahladressierte Speicher und Laufzeitspeicher gerade aus der Einteilung der Ansteuervorgänge ableitet.

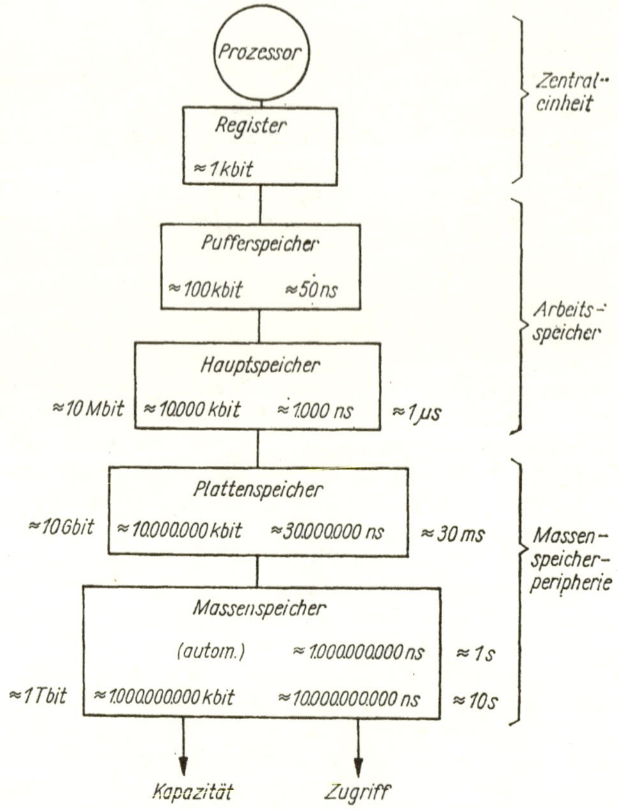

Abb. 1.2. Stufen der Speicherhierarchie

1.3. Speicherhierarchie und Technologie-Spektrum

Die Speicherhierarchie eines Datenverarbeitungssystems enthält verschiedene Systeme, die Daten oder Programme speichern. Abb. 1.2 zeigt die Stufen von den in der Zentraleinheit lokalisierten Registern und Pufferspeichern über die Hauptspeicher bis zu den Massenspeichern mit eigenen Mikroprogrammen.

Es ist zwischen den intern gespeicherten und den zu speichernden Eingabedaten zu unterscheiden. Erstere werden im Hauptspeicher gehalten, der physikalisch als Halbleiterspeicher, Laufzeitspeicher oder Magnetkernspeicher realisiert ist. Für die Speicherung von Eingabedaten hat sich dagegen die magnetomotorische Speicherung als universelle Technologie durchgesetzt. Hierbei ist wiederum zwischen den Platten- bzw. Massenspeichern mit automatischem Zugriff des Rechners auf die gesamte Daten-Bibliothek und den von Hand zu ladenden konventionellen Magnetband-Ein/Ausgabe-Einheiten zu unterscheiden.

Anhand der in Abb. 1.3 gewählten Darstellung lassen sich die wesentlichen Speichertechnologien charakterisieren. Das Gebiet der Arbeitsspeicher wird

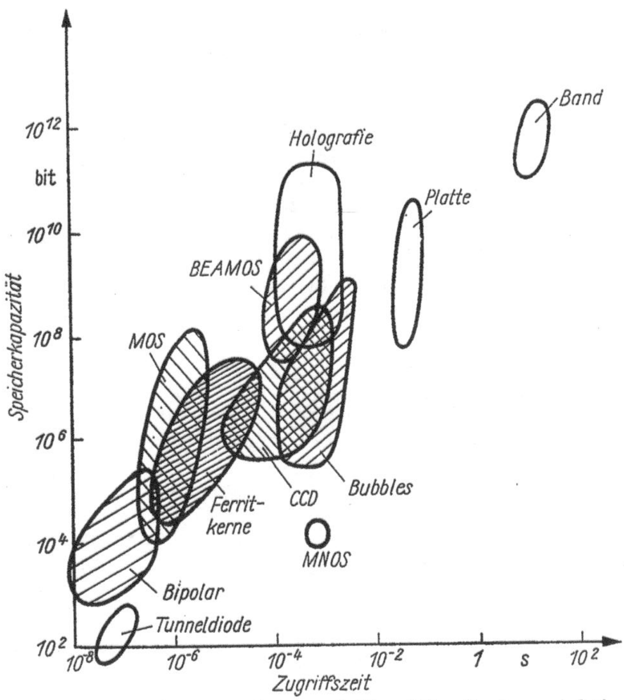

Abb. 1.3. Speicherkapazität und Zugriffszeit der wichtigsten Speichertechnologien

von der Halbleitertechnologie abgedeckt, während die Erfordernisse der Massenspeicher von magnetischen Medien erfüllt werden. Es ist jedoch auch zu sehen, daß zwischen Hauptspeicher und Plattenspeicher eine beträchtliche „Zugriffs-Lücke“ existiert. In dieser Lücke liegen aber potentielle zukünftige Technologien wie CCD, BEAMOS und der magnetische Blasenspeicher (Bubble-Memory). Die in Kapitel 2 beschriebenen CCD (Charge Coupled Devices) sind Feldeffekttransistoren mit Schiebe-Registerstruktur; die BEAMOS (Beam Addressable MOS) beruhen auf dem Einspeichern und Abtasten von Ladungszuständen in der Oxidschicht einer Siliziumplatte durch Elektronenstrahl-Ansteuerung. Die in Kapitel 4 beschriebenen Magnetblasenspeicher können magnetische Zustände nach dem Prinzip des Schieberegisters steuern.

Die Einführung einer solchen schnellen Zwischenstufe als Hauptspeichererweiterung würde zu einer Verbesserung der Speicherhierarchie führen; siehe dazu auch die Kapitel 7 und 8.

1.4. Literatur

[1.1] Straubel, R.: Energetisches Modell eines magnetischen Informationsspeichers. Zeitschr. f. Angewandte Physik **24** (1968) 4, S. 196—200

[1.2] Völz, H.: Grundlagen der magnetischen Signalspeicherung. Akademie-Verlag Berlin (1968)

Weitergehende Literatur:

[1.3] Straubel, R.: Physikalische Grenzen der Güte von Informationsspeichern im Speicherzustand, insbesondere dynamischer Magnetspeicher. Habilitation, Humboldt-Universität Berlin (1970)

[1.4] Meinhardt, J.: Zur mathematischen Modellierung digitaler Speicherelemente. Tagungsbericht XII. Int. Wiss. Koll. TH Ilmenau (1967) H. 3 „Nichtlineare Elektrotechnik“ S. 13—20

[1.5] Völz, H.: Anfänge einer Theorie der Informationsspeicherung und ihre Verbindung zur Biologie. Biokybernetik **1** (1968) S. 119—126

[1.6] Völz, H., Müller, M.: Neue Wege der Speicherung von Information. Spektrum **13** (1967) 3, S. 83—90

[1.7] Wemper, D.: Elektronische Speicher. Telekosmos-Verlag Stuttgart (1967)

[1.8] Speiser, A. P.: Digitale Rechenanlagen. Springer-Verlag Berlin/Göttingen/Heidelberg (1961)

[1.9] Steinbuch, K.: Taschenbuch der Nachrichtenverarbeitung. Springer-Verlag Berlin/Heidelberg/New York (1967)

[1.10] Kämmerer, W.: Digitale Automaten. Akademie-Verlag Berlin (1973)

[1.11] Schünemann, C. Spruth, W. G.: Technologie und Organisation der Speicherhierarchie. NTG-Fachberichte **58** (März 1977) VDE-Verlag GmbH Berlin

2. Halbleiterspeicher

Die Anwendung von Halbleiterschaltkreisen für verschiedene Speicherzwecke gewinnt zunehmend an Bedeutung. Sie weisen einen Grad von Flexibilität in den Gebrauchseigenschaften und Anschlußparametern auf, wie sie von keinem anderen Speichermedium erreicht werden. Ein besonderer Vorteil ist die vereinheitlichte Technologie von Speicher-, Ansteuer-, Aufzeichnungs- und Wiedergabeelektronik, während die Notwendigkeit der z. T. ständig anliegenden Energiequelle zu den Nachteilen zählt.

2.1. Tunneldioden-Grundschaltungen

Für die Erläuterung des Prinzips der elektronischen Informationsspeicherung ist die gekrümmte Kennlinie der Tunneldiode gut geeignet, obwohl Tunneldiodenspeicher nicht zur Anwendungsreife entwickelt wurden.

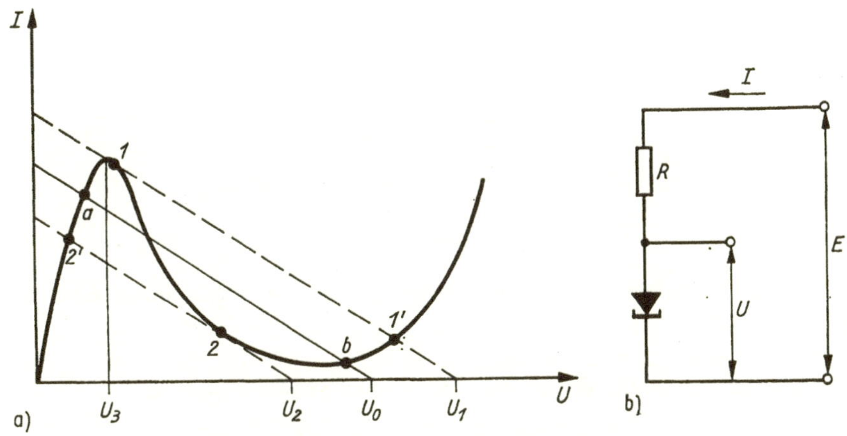

Abb. 2.1 a. Strom-Spannungs-Charakteristik der Tunneldiode

Abb. 2.1 b. Reihenschaltung von Tunneldiode und Widerstand

Die Strom-Spannungskennlinie ist in Abb. 2.1a dargestellt. Sie kann z. B. durch einen analytischen Ausdruck der Form

$$I = (a_1U + a_2U^3 + a_3U^5 + a_4U^7)\,\mathrm{e}^{-U/U_1} + a_5(\mathrm{e}^{-bU} - 1) \quad (2.1)$$

ausgedrückt werden, [2.1]. Die a- und b-Werte sind Approximationskonstanten. Bei Reihenschaltung mit einem Widerstand R, s. Abb. 2.1b, ergeben sich unter der Bedingung $E > U_2$ in den Punkten a und b (Abb. 2.1a) zwei stabile Strom-Spannungseinstellungen. Dieses bistabile Verhalten, bedingt durch den negativen Widerstand der Diode, ermöglicht prinzipiell die Speicheranwendung. Die Einstellung eines der beiden Zustände, also der Aufzeichnungsvorgang, wird durch Variation von Strom oder Spannung erreicht. Dies entspricht einer Parallelverschiebung der Widerstandsgeraden

$$U = E - IR \quad (2.2)$$

in Abb. 2.1a. Wird die Spannung bis U_1 erhöht, so erreicht man den Arbeitspunkt 1. Bei weiterer Spannungserhöhung muß der Arbeitspunkt, damit er weiterhin auf der (gestrichelt eingezeichneten) Lastgeraden bleibt, auf den anderen Ast, nach 1′, umspringen. Jetzt befindet sich das System beim Absinken der Spannung U_0 im Zustand b.

Das Rückschalten von b nach a geschieht analog durch einen Spannungsimpuls, der den kritischen Punkt 2 unterschreitet.

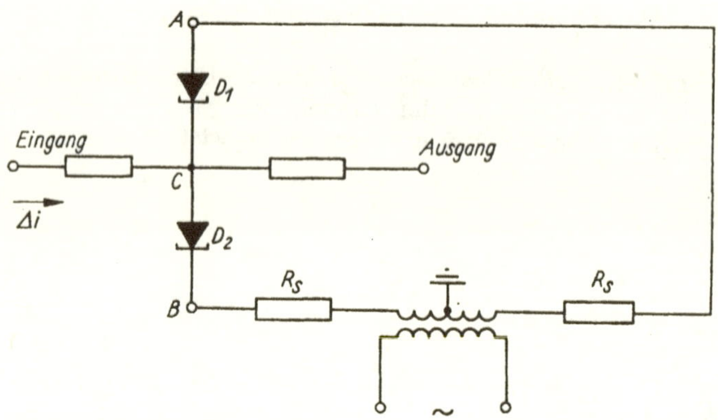

Abb. 2.2. Tunneldioden-Paar

Der zerstörungsfreie Wiedergabevorgang kann nach folgenden zwei Methoden erfolgen:

a) statische Messung von Stromstärke oder Teilspannung,
b) dynamische Messung der Impulsantwort eines Störimpulses.

Eine Methode zur Speicherung mit Hilfe von zwei Tunneldioden zeichnet sich dadurch aus, daß sie nur sehr kleine Eingangssignale benötigt. Hierbei sind zwei Dioden möglichst gleicher Charakteristik in Reihe geschaltet mit zwei Widerständen und einer erdsymmetrisch eingespeisten Wechselspannungsquelle, s. Abb. 2.2. Während des Halbzyklus, bei dem an den Dioden eine negative Spannung liegt (Punkt A negativ gegen B) haben beide Dioden einen kleinen Widerstand (Rückwärtsbetrieb). Der Punkt C liegt dann wegen der Symmetrie der Schaltung auf Erdpotential. Anders ergeben sich die Verhältnisse, wenn der Strom in der einen oder anderen Tunneldiode während des positiven Halbzyklus den kritischen Punkt 1 der Kennlinie in Abb. 2.1a erreicht. Welche Diode das ist, hängt davon ab, ob das Eingangssignal positiv oder negativ ist. Ist z. B. der Eingangsstrom negativ, wird D_1 den Punkt 1 überschreiten und den stabilen Punkt höherer Spannung 1' einnehmen, während D_2 im Bereich einer kleineren Spannung verbleibt. Dieser stabile Zustand bleibt bis gegen Ende des positiven Halbzyklus bestehen. Einzelheiten dazu sind in [2.2] und [2.3] ausgeführt, Varianten in [2.4] und [2.5]. Eine günstigere Schaltungskonfiguration (kleinere Ströme, kleinere Spannungen) ermöglicht das in Abb. 2.3a dargestellte Speicherlement. Es unter-

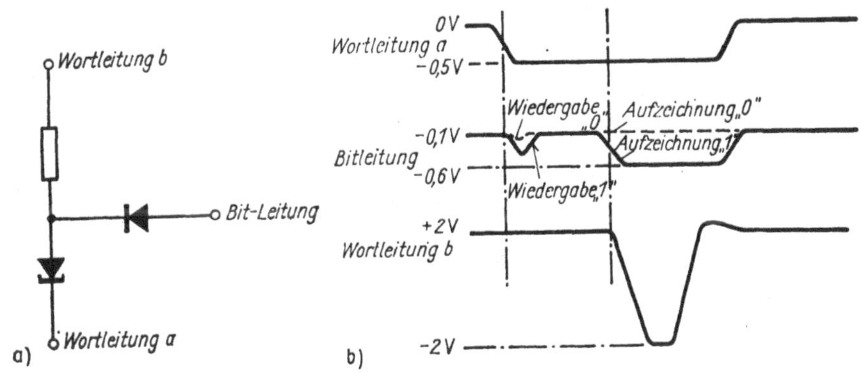

Abb. 2.3a. Tunneldioden-Speicherelement

Abb. 2.3b. Spannungsdiagramm einer Tunneldiode

scheidet sich von dem in Abb. 2.1 vorgestellten durch das Hinzufügen einer Begrenzerdiode, die den Wiedergabevorgang vereinfacht und sicherer gestaltet [2.2], [2.6], [2.7]. Die charakteristischen Spannungsverläufe zeigt Abb. 2.3b.

Bei der Aufzeichnung wird die Tunneldiode durch einen negativen Impuls über die Wortleitung *b* in den Arbeitspunkt *a* (s. Abb. 2.1a) gebracht. Für eine 1 wird die Bit-Leitung negativ, für eine 0 verbleibt sie auf der Vorspannung. Kehrt während dieser Bit-Ansteuerung die Spannung der Wortleitung *b* auf den Vorspannungsast zurück, verbleiben die Tunneldioden in dem gewünschten stabilen Arbeitspunkt. Die Wiedergabe geschieht durch einen negativen Spannungssprung auf der Wortleitung *a*. Befindet sich die Tunneldiode im Arbeitspunkt *a* (Wiedergabe „1"), so kann nun ein Strom über die

Begrenzerdiode fließen. Befindet sich die Tunneldiode im Arbeitspunkt b, wird durch die Begrenzerdiode der Stromfluß in der Bit-Leitung verhindert (Wiedergabe „0").

Ist die Impedanz der Bit-Leitung klein, wird bei der Wiedergabe die Information zerstört. Zerstörungsfreie Wiedergabe wird dann erreicht, wenn der Strom der Bit-Leitung so klein gehalten werden kann, daß er die Differenz zwischen dem Tunneldioden-Spitzenstrom und dem Ruhestrom nicht übersteigt [2.8]. Die genaue Funktionsweise und das Leistungsvermögen von Matrixanordnungen mit vorwiegend einer Tunneldiode je Element ist in [2.2], [2.6] und [2.9] beschrieben. Berechnungen praktischer Beispiele sind u. a. in [2.10] durchgeführt.

Abschließend sei bemerkt, daß die Verbreitung des Tunneldiodenspeichers bisher daran scheitert, daß die Technik der integrierten Schaltung mit den erforderlichen engen Toleranzen nicht beherrscht wird.

2.2. Bipolarer integrierter Transistor

In Abb. 2.4a ist der Grundaufbau eines Bipolarschaltkreises in Isoplanartechnik gezeigt. Während im Standardverfahren für Bipolarschaltkreise die laterale Isolation der Bauelemente durch *pn*-Sperrschichten erfolgt, geschieht dies hier durch etwa 1 µm dicke SiO_2-Schichten. Die Vorteile dieser Technik liegen in einer Verkleinerung der parasitären Ströme und Kapazitäten, in einer Verkleinerung der Bauelementeabmessungen und in einer höheren Ausbeute.

2.2.1. Statisches Verhalten

a) Strom-Spannungs-Kennlinien:

Das statische Verhalten eines Transistors mit *npn*-Halbleiterübergang, dessen Grundaufbau in Abb. 2.4a skizziert ist, kann durch das vereinfachte Ersatzschaltbild Abb. 2.4b beschrieben werden. α_N ist die Gleichstromverstärkung im normalen Betrieb (Emitterübergang geöffnet), α_I die Gleichstromverstärkung bei inversem Betrieb (Kollektorübergang geöffnet, Emitterübergang gesperrt). In ersterem Fall wird der Strom I_1 also mit $\alpha_N I_1$ in den Kollektor übertragen, im zweiten Fall fließt bei einem Kollektorstrom I_2 ein Emitterstrom von $\alpha_I I_2$.

Nach dem Knotenpunktsatz ist

$$I_E = I_1 - \alpha_I I_2 , \tag{2.3}$$

$$I_C = -I_2 + \alpha_N I_1 . \tag{2.4}$$

Die Ströme I_1 und I_2 berechnen sich aus den Sättigungsströmen I_{10} und I_{20} der im Ersatzschaltbild als ideale Dioden dargestellten *pn*-Übergänge. Mit

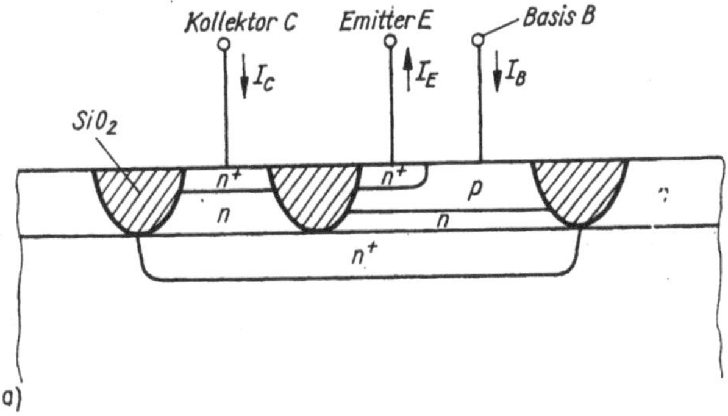

Abb. 2.4a. Schematischer Aufbau des npn-Transistors in Isoplanartechnik

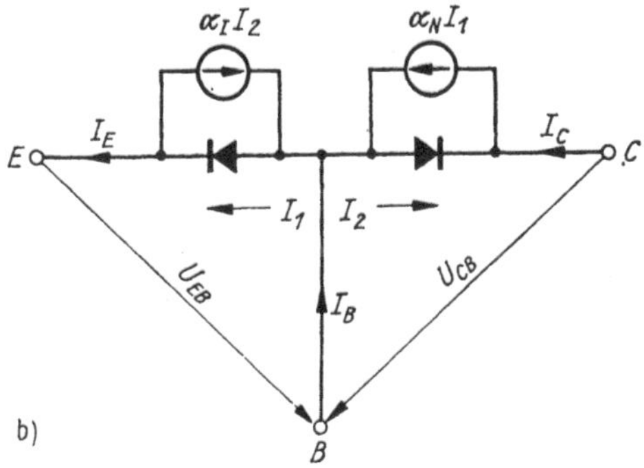

Abb. 2.4b. vereinfachtes Ersatzschaltbild

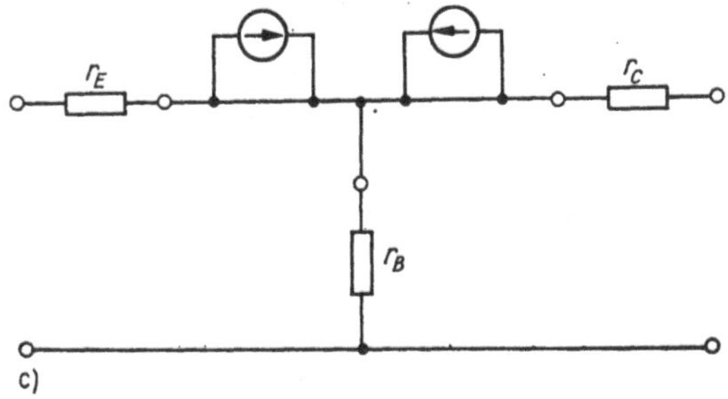

Abb. 2.4c Ersatzschaltbild des realen Transistors

der Temperaturspannung $U_T = kT/e$ (e = Elementarladung) erhält man als Lösung der Grundgleichungen des bipolaren Transistormodells, [2.11],

$$I_1 = I_{10}(e^{-U_{EB}/U_T} - 1)\,, \tag{2.5}$$

$$I_2 = I_{20}(e^{-U_{CB}/U_T} - 1)\,. \tag{2.6}$$

Bei der Bestimmung der Sättigungsströme wird $U_{CB} \gg U_T$ (Kollektorübergang gesperrt) angenommen. Mit offenem Emitter ($I_E = 0$) und dem dabei fließenden Kollektorstrom I_{CBO} wird

$$I_1 = \alpha_I I_2$$

$$I_2 = -I_{20}$$

$$I_C = I_{CBO} = (1 - \alpha_N \alpha_I)\, I_{20}\,,$$

also

$$I_{20} = \frac{I_{CBO}}{1 - \alpha_N \alpha_I} \tag{2.7}$$

und analog dazu bei gesperrtem Emitter und offenem Kollektor mit $I_E = -I_{EBO}$

$$I_{10} = \frac{I_{EBO}}{1 - \alpha_N \alpha_I}. \tag{2.8}$$

Zwischen den beiden Restströmen gilt die Beziehung

$$\frac{I_{CBO}}{I_{EBO}} = \frac{\alpha_N}{\alpha_I}. \tag{2.9}$$

Mit (2.3) bis (2.8) errechnen sich die Strom-Spannungskennlinien für das statische Großsignalverhalten des idealen Transistors zu

$$I_E = \frac{I_{EBO}}{1 - \alpha_N \alpha_I}(e^{-U_{EB}/U_T} - 1) - \frac{I_{CBO}}{1 - \alpha_N \alpha_I}(e^{-U_{CB}/U_T} - 1)\,\alpha_I \tag{2.10}$$

und

$$I_C = \frac{I_{EBO}}{1 - \alpha_N \alpha_I}(e^{-U_{EB}/U_T} - 1)\,\alpha_N - \frac{I_{CBO}}{1 - \alpha_N \alpha_I}(e^{-U_{CB}/U_T} - 1)\,. \tag{2.11}$$

In vielen Schaltungen wird der Kollektorübergang in Sperrichtung betrieben. Dann ist $e^{-U_{CB}/U_T} \ll 1$ und $|U_{CB}| \gg U_T$. Damit wird (2.10) und (2.11) einfacher zu

$$I_E = \frac{I_{EBO}}{1 - \alpha_N \alpha_I}(e^{-U_{EB}/U_T} - 1) + \frac{I_{CBO}\alpha_I}{1 - \alpha_N \alpha_I} \tag{2.12}$$

und

$$I_C = \frac{I_{EBO}\alpha_N}{1 - \alpha_N \alpha_I}(e^{-U_{EB}/U_T} - 1) + \frac{I_{CBO}}{1 - \alpha_N \alpha_I}. \tag{2.13}$$

Zu Aussagen über das statische Verhalten des realen Transistors gelangt man unter Berücksichtigung der Bahnwiderstände r_B, r_C, r_E nach Abb. 2.4c.

Der *pnp*-Transistor berechnet sich ganz ähnlich zum *npn*-Typ. Hierfür lauten die Strom-Spannungs-Kennlinien

$$I_E = \frac{I_{EBO}}{1-\alpha_N\alpha_I}\left(e^{U_{EB}/U_T}-1\right) - \frac{I_{CBO}}{1-\alpha_N\alpha_I}\left(e^{U_{CB}/U_T}-1\right)\alpha_I\,, \quad (2.14)$$

$$I_C = \frac{I_{EBO}}{1-\alpha_N\alpha_I}\left(e^{U_{EB}/U_T}-1\right)\alpha_I - \frac{I_{CBO}}{1-\alpha_N\alpha_I}\left(e^{U_{CB}/U_T}-1\right). \quad (2.15)$$

b) *npn*-Transistor in Emitterschaltung:

Mit den Gl. (2.9) bis (2.11) können die Kennlinien der Emitterschaltung Abb. 2.5a, die als Basis aller Speicherschaltungen dient, berechnet werden. Aus Abb. 2.5 lassen sich folgende Beziehungen ablesen:

$$I_B = I_E - I_C\,, \quad (2.16)$$

$$U_{CE} = U_{CB} + U_{BE}\,. \quad (2.17)$$

Weiterhin werden die Kennwerte I_{CEO} (Kollektor-Emitter-Reststrom bei gesperrtem Kollektor und offener Basis) und β_N, β_I (Gleichstromverstärkungen

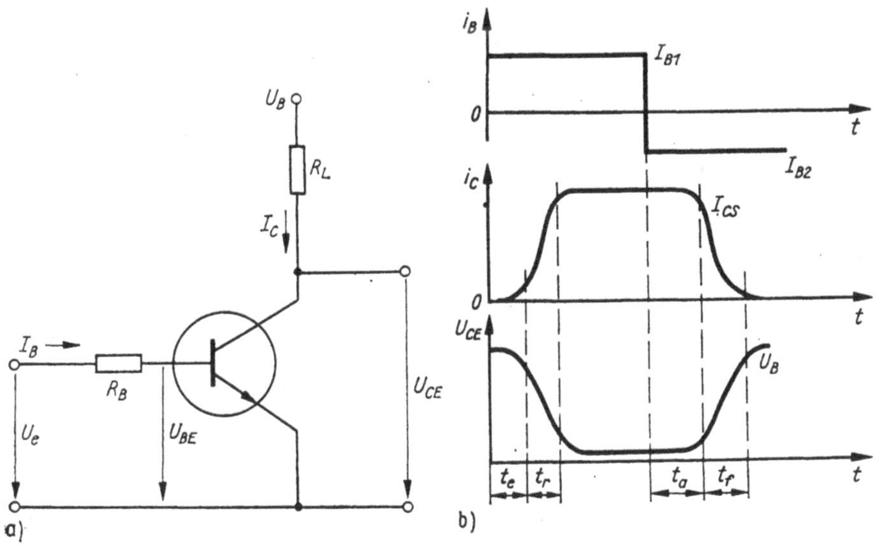

Abb. 2.5a. Emitterschaltung des *npn*-Transistors

Abb. 2.5b. Zeitverläufe während des Schaltvorganges; t_e = Einschaltverzögerung, t_r = Anstiegszeit, t_a = Ausschaltverzögerung, t_f = Abfallzeit

in Emitterschaltung) benötigt:

$$I_{CEO} = \frac{I_{CBO}}{1 - \alpha_N} \tag{2.18}$$

$$\beta_N = \frac{I_C - I_{CEO}}{I_B} = \frac{\alpha_N}{1 - \alpha_N}, \tag{2.19}$$

$$\beta_I = \frac{\alpha_I}{1 - \alpha_I}. \tag{2.20}$$

Damit ergibt sich für die Kennlinienschar $I_C = f(U_{CE})$ mit dem Parameter I_B die Gleichung

$$I_C = \frac{1}{1 + \frac{\beta_N}{\beta_I} e^{-U_{CE}/U_T}} \left[I_B \left(\beta_N - \frac{\beta_N}{\beta_I} [1 + \beta_I] \, e^{-U_{CE}/U_T} \right) + I_{CEO} \left(1 - e^{-U_{CE}/U_T}\right) \right]. \tag{2.21}$$

Nähere Ausführungen zu dem Kennlinienfeld werden in Abschn. 2.3 im Zusammenhang mit den dort vorgestellten Transistor-Flipflops gemacht.

2.2.2. Impulsverhalten

Wir wollen nun die einzelnen Übergangsphasen eines Umschaltvorgangs betrachten. Abb. 2.5b zeigt zunächst das Eingangssignal $i_B(t)$ mit den zwei Stellungen I_{B1} und I_{B2}. Für $t < 0$ möge der Transistor gesperrt sein. Durch den bei $t = 0$ einsetzenden Stromimpuls der Amplitude I_{B1} laden sich die Sperrschichtkapazitäten bis zur Schwellspannung

$$U^*_{BE} = U_T \ln \left[\frac{I_{CSp}(1 - \alpha_N \alpha_I) - I_{CBO}}{\alpha_N I_{EBO}} + 1 \right] \tag{2.22}$$

auf. Gl. (2.22) ist aus (2.13) mit $I_C = I_{CSp}$, dem Kollektorstrom im Sperrbereich, abgeleitet. Dieser steht zu dem Kollektorstrom des geöffneten Transistors I_{CS} im Verhältnis

$$\frac{I_{CSp}}{I_{CS}} = 0{,}01 \ldots 0{,}03\,. \tag{2.23}$$

Die notwendige Einschaltzeit t_e bis zum Erreichen von U^*_{BE} beträgt dann

$$t_e = \frac{C_g}{I_{B1}} U^*_{BE}\,, \tag{2.24}$$

wobei C_g die mittlere Gesamtkapazität $C_{EB} + C_{CB}$ ist.

Die Anstiegszeit t_r für den Kollektorstrom wird von der Geschwindigkeit der Ladungsspeicherung in der Basis bestimmt. Dabei wird die Kapazität des Kollektorüberganges C_{CB} entladen. Unter diesem Gesichtspunkt kann t_r als Lösung der Ladungsverteilungsgleichung, [2.11], erhalten werden:

$$t_r = \ln \frac{I_{B1}}{I_{B1} - \frac{I_C}{\beta_N}} [\tau_B + (\beta_N + 1) R_C C_{CB} + R_C C_L] . \tag{2.25}$$

Darin sind C_L die Belastungskapazität und τ_B die Lebensdauer der Minoritätsträger in der Basis. Kleinste Anstiegszeiten erhält man unter der Bedingung

$$I_{B1} \gg \frac{I_C}{\beta_N}.$$

Mit (2.23) ist t_r einfacher

$$t_r \approx \frac{I_C}{I_{B1}} \left(R_C C_{CB} + \frac{\tau_B + R_C C_L}{\beta_N} \right). \tag{2.26}$$

Nach Umschalten von I_{B1} auf I_{B2} wird die überschüssige Kollektorladung abgebaut, und der Kollektorstrom sinkt, (Abb. 2.5b). Dies geschieht etwa im Zeitraum

$$t_a \approx \tau_e \ln \frac{I_{B1} - I_{B2}}{\frac{I_{CS}}{\beta_N} - I_{B2}}, \tag{2.27}$$

wobei τ_e unter bestimmten Bedingungen gleich der Lebensdauer der Minoritätsträger im Kollektor ist.

Während des Abfalls des Kollektorstroms wird die aktive Ladung in der Basis abgebaut. Aus der Ladungsgleichung errechnet man für die Abfallzeit

$$t_f \approx \begin{cases} \tau_B + \beta_N R_C C_{CB} \ln \dfrac{\frac{I_{CS}}{\beta_N} - I_{B2}}{- I_{B2}}, & C_L \ll \beta_N C_{CB} + \dfrac{\tau_B}{R_C}, \\ 2{,}3\, R_C C_L & C_L \gg \beta_N C_{CB} + \dfrac{\tau_B}{R_C}. \end{cases} \tag{2.28}$$

2.2.3. Transistor-Flipflop

Durch geeignete Zusammenschaltung zweier Transistoren gelangt man zu einem System mit zwei stabilen Zuständen, s. Abb. 2.6a. In jedem ist der eine Transistor geöffnet, der andere gesperrt. Eine solche Schaltung gelingt

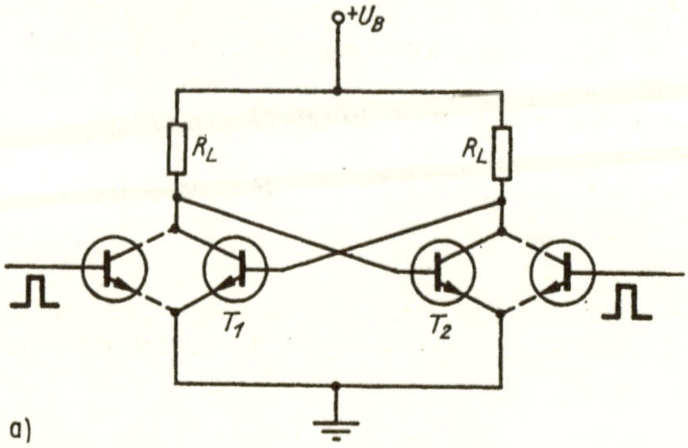

Abb. 2.6a. Direkt gekoppeltes Flipflop

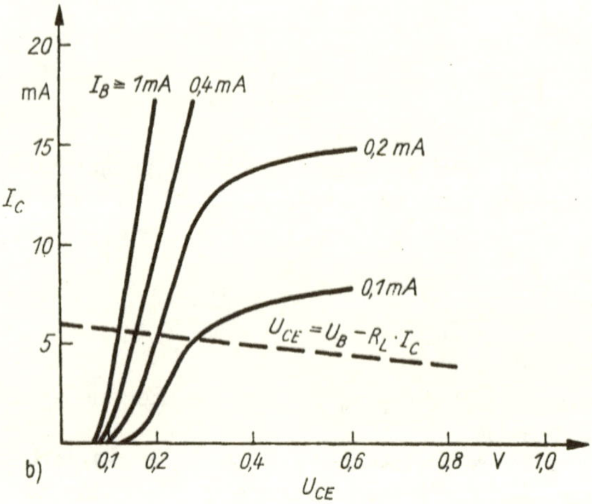

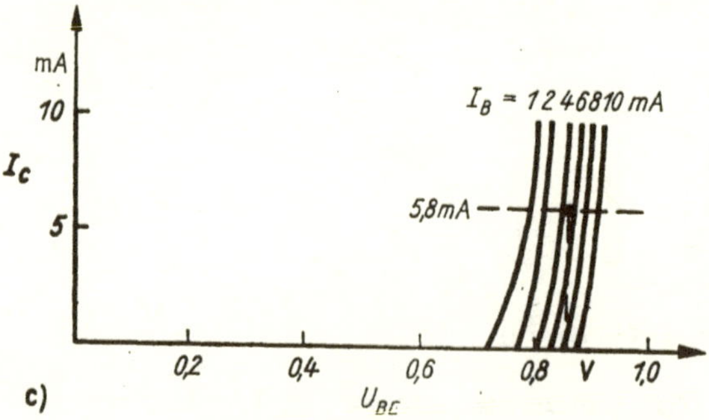

Abb. 2.6 b u. c. Kennlinien eines Silizium-Planartransistors zu dessen Berechnung

mit Transistoren, die einen kleinen Durchlaßwiderstand haben. Dadurch ist die Restspannung zwischen Kollektor und Emitter des geöffneten Transistors so klein, daß sie zur Sperrung des anderen ausreicht. Damit befindet sich das Flipflop in einem stabilen Gleichgewichtszustand. Über die beiden äußeren Transistoren in Abb. 2.6a kann das Flipflop gesteuert werden. Für Abschätzungen erweist sich zunächst die Bedingung für die Bistabilität

$$\frac{\beta_N}{1 + \frac{r_{BE}}{R_L}} > 1 \tag{2.29}$$

(r_{BE} = Eingangsbahnwiderstand in Emitterschaltung) als nützlich. Von der Schaltung Abb. 2.6a können die stabilen Zustände aus dem $I_C - U_{CE}$-Diagramm des in Emitterschaltung betriebenen *npn*-Transistors mit dem Kollektorwiderstand R_L ermittelt werden, s. Abb. 2.6b. In das Kennlinienfeld ist die Widerstandsgerade

$$U_{CE} = U_B - R_L I_C$$

eingetragen. Es gilt

$$I_C = \frac{U_B - U_{CE}}{R_L}. \tag{2.30}$$

Durch den Transistor T_1 möge ein Strom $I_B > 1$ mA fließen. Mit Hilfe der in dem Kennlinienbild Abb. 2.6b gezeichneten Widerstandsgeraden für $R_L = 500\ \Omega$ ermitteln wir die Kollektorspannung am linken Transistor zu $U_{CE} = 0{,}13$ V und den Kollektorstrom zu $I_C = 5{,}8$ mA. Daß der rechte Transistor bei einer Basisspannung von 0,13 V (identisch mit der Kollektorspannung des linken Transistors) gesperrt ist, zeigt Abb. 2.6c. Aus diesen I_C-U_{BE}-Kennlinien sollen nun Basisstrom und Basisspannung des linken Transistors ermittelt werden. Es gilt

$$U_{BE} = U_B - R_L I_B \,.$$

Diese Bedingung wird von $U_{BE} = 0{,}86$ V und $I_B = 4{,}28$ mA erfüllt. Somit befindet sich das Flipflop im stabilen Gleichgewicht. Die Verlustleistung der Speicherzelle berechnet sich näherungsweise nach

$$N_v \approx 1{,}5 \frac{U_B^2}{R_L} \tag{2.31}$$

mit $U_B = 3$ V zu 27 mW.

2.2.4. Bipolare integrierte Schaltkreistechnik

Die derzeit weitverbreitetste bipolare Schaltkreistechnik ist die TTL-Technik (Transistor-Transistor-Logic). Dabei geschieht die Verknüpfung der logischen Signale über den gemeinsamen Basiswiderstand eines Vielfachemittertransistors (Abb. 2.7). Liegt an den Eingängen $E_1 \dots E_3$ der „L"-Pegel (hohes Potential), dann ist der Vielfachemittertransistor (VET) gesperrt bzw. invers betrieben, denn der nun über die Basis-Kollektor-Strecke des VET fließende Strom steuert den Transistor T auf. Damit liegt ein niederer Ausgangspegel, also logisch „0" vor (NAND-Glied).

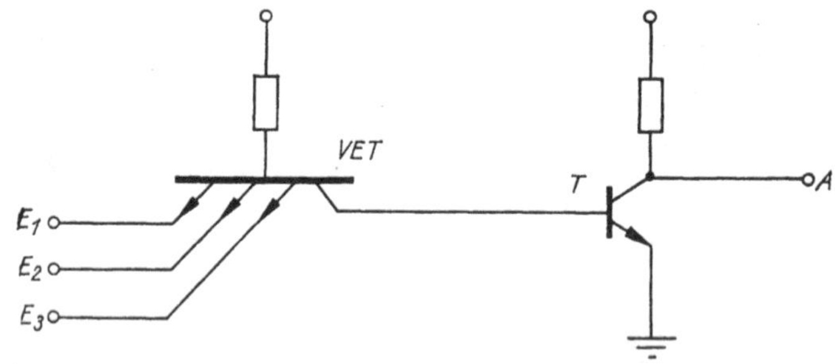

Abb. 2.7. TTL-Gatter eines bipolaren integrierten Schaltkreises

Die aus den beschriebenen Speicherelementen integrierbaren Halbleiterspeicher ermöglichen eine kleinere Zykluszeit und geringere Verlustleistung als magnetische Speicher, verlieren dagegen den Informationsgehalt bei Stromausfall. Ein Vorteil ist der hohe Integrationsgrad. So können in einem Arbeitsprozeß z. B. mehrere Tausend Speicherelementehergestellt werden. Zur Vertiefung in die klassische Bipolartechnik wird auf die weitergehende Literatur [2.12] bis [2.21] verwiesen.
Die Entwicklung der bipolaren Technologie erfuhr ab 1972, dem Zeitpunkt der Entdeckung von MTL (Merged-Transistor-Logic), beruhend auf der Schaltungstechnik der integrierten Injektionslogik I^2L (Integrated Injection Logic) nebst einer Reihe von noch zu beschreibenden Abarten und verwandten Techniken, einen für die Großintegration bedeutsamen Aufschwung, [2.54], [2.55].

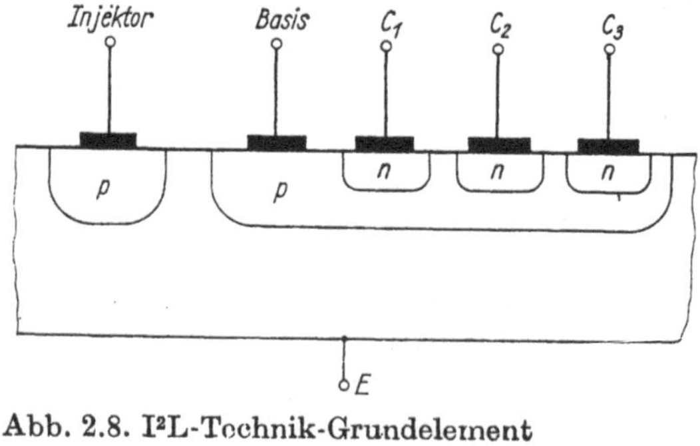

Abb. 2.8. I^2L-Technik-Grundelement

Abb. 2.8 zeigt das Grundelement dieser Technik. Die Einspeisung geschieht hier durch Ladungsträgerinjektion in die Transistorbasis. Der dazu verwendete Injektor ist zentral angeordnet und bedient eine große Zahl von Gatter gleichzeitig. Damit entfallen nicht nur die sonst notwendigen Lastwiderstände (Reduzierung der Verlustleistung), sondern auch die Speisespannungsleitungen pro Gatter (Reduzierung des Flächenverbrauchs). Somit ergeben sich sehr einfache Lösungen für hohe Funktionsdichten. Die sehr geringen Spannungs- und Strompegel vermindern zusätzlich die Verlustleistung. Mit dieser Technik lassen sich platzsparende bistabile Kippschaltungen sowohl für statische als auch für dynamische Speicheranordnungen aufbauen, [2.56].

Kommt für I²L-Schaltungen die Isoplanartechnik zur Anwendung, spricht man von I³L-Schaltungen, [2.57]. Abb. 2.9a zeigt den Aufbau und Abb. 2.9b das Ersatzschaltbild eines dynamischen Speicherelements in I³L-Technik.

Bei Anwendung von SCHOTTKY-Dioden ist die Struktur komplizierter als in Abb. 2.9a beschrieben. Die Abmessungen sind aber mindestens 10 mal

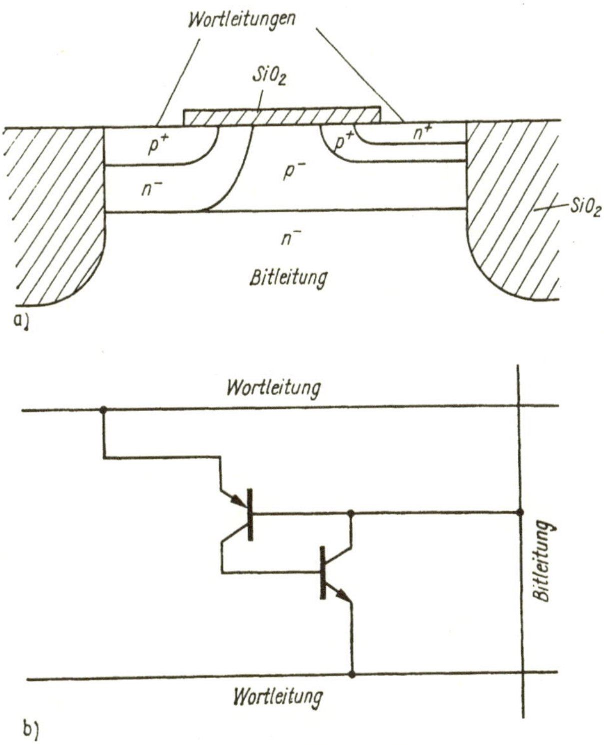

Abb. 2.9. Dynamisches I³L-Speicherelement
a) Aufbau
b) Ersatzschaltbild

kleiner, die Verlustleistung ist sogar 100 mal kleiner als bei der klassischen bipolaren Technik (Schottky- oder S-TTL). Aber auch gegenüber der MOS-Technologie bietet I^2L Vorteile: einfachere Herstellung (4—7 Maskenschritte), höhere Schaltgeschwindigkeiten (vergleichbar mit TTL-Schaltkreisen, d. h. < 1 ns), niedrigeres Geschwindigkeits-Verlustleistungs-Produkt ($< 0{,}1$ pJ möglich), kleine Betriebsspannung (1 V), höhere Packungsdichte, größere Flexibilität (langsam, schnell; analog, digital), höhere Ausgangsströme für verschiedene Leistungsfunktionen, direkte Verträglichkeit mit TTL-Schaltkreisen (externe Logik). Letztere Vorteile werden allerdings mit zusätzlichen Fertigungsschritten erkauft.

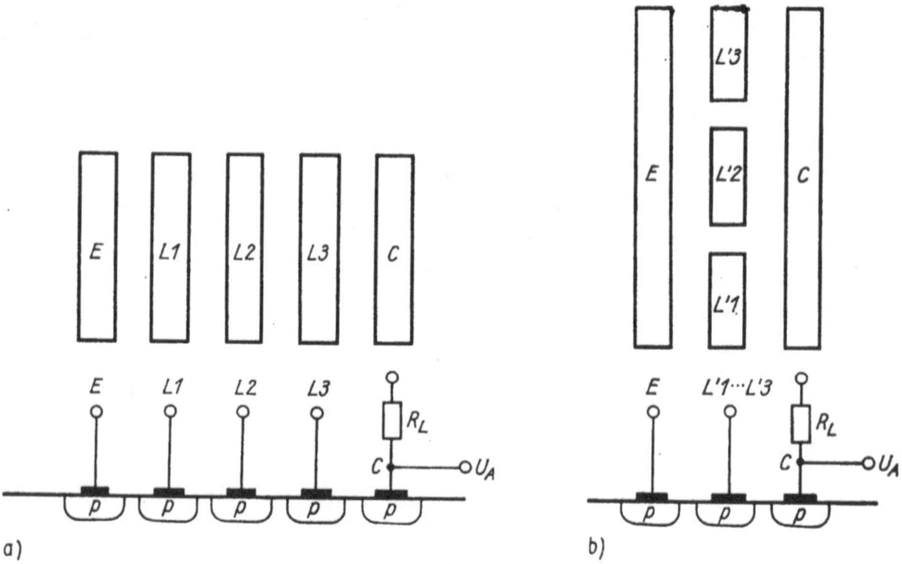

Abb. 2.10a u. b. CHL-Gatter

Tabelle 2.1
Wichtige Speichertechnologien und ihre Kennwerte

		Standard TTL	S-TTL	ECL
Fläche pro Bit	μm^2	30000	10000	
Zugriffszeit	ns	40	10 ... 30	10 ... 20
Leistung	μW/bit	500	500	500
Geschwindigkeits-Leistungs-Produkt	pJ	20	5 ... 15	5 ... 10
Maskenschritte		7	7	7
Diffusionsschritte		4	4	4
Integrationsgrad	kbit/Chip	1 ... 4	1 ... 4	1

Eine weitere Variante der MTL ist das CHL-Schaltkreisprinzip (Current Hogging Logic). Es beruht auf der Lateralinjektion. Abb. 2.10 zeigt zwei verschiedene Ausführungsformen von CHL-Gattern. In Abb. 2.10a ist der Emitter *E* durch mehrere Logikelektroden L_1 ... L_2 vom Kollektor *C* getrennt. Nur wenn L_1 ... L_3 keine Vorspannung haben, erreichen die vom Emitter injizierten Minoritätsträger den Kollektor. Bei fließendem Kollektorstrom ist dann die Ausgangsspannung U_A auf niederem Pegel. Damit ist eine NOR-Funktion realisiert. Im Gegensatz dazu besteht in Abb. 2.10b sowohl über *L*'1 als auch über *L*'2 und *L*'3 ein Strömungspfad zwischen *E* und *C*. Dann kann ein Kollektorstrom schon dann fließen, wenn an einer der drei Logikelektroden *L*'1 ... *L*'3 keine Vorspannung anliegt (NAND-Funktion).

Das Schaltkreisprinzip CHIL (Current Hogging Injection Logic) stellt eine Kombination von CHL- und I²L-Technik dar und ermöglicht einen sehr flexiblen Schaltkreisentwurf und eine hohe Funktionsdichte auf dem Halbleiterchip. Ursache dafür ist die Gatterfunktion mit mehreren Ein- (*L*1 ... *L*3, *B*) und Ausgängen (*C*1 ... *C*3). Abb. 2.11 zeigt, wie die Lateralinjektionsstruktur *E*-(*L*1 ... *L*3) zur Basisstromeinspeisung in den Planartransistor *E*-*B*-(*C*1 ... *C*3) dient. Je nach den Spannungsbelegungen an den Eingängen *L*1 ... *L*3 und *B* wird über die Ausgänge *C*1 ... *C*3 ein Strom fließen oder nicht.

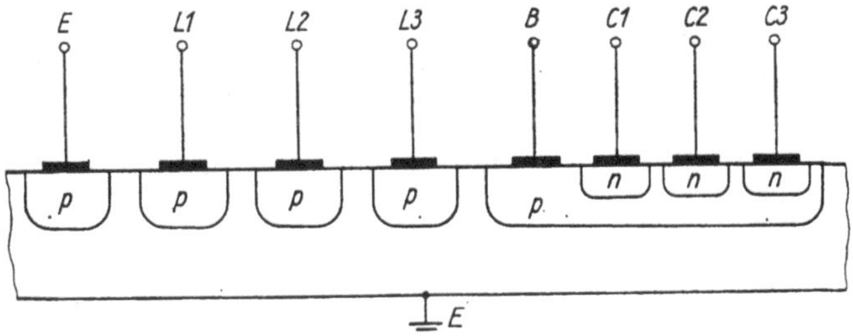

Abb. 2.11. CHIL-Gatter

I²L	*p*-MOS	Si-Gate- *n*-MOS	SOS/CMOS	CCD
2000	7000	4000	10000	
10 ... 100	300 ... 400	70 ... 150	50 ... 90	(25 ... 800) μs
10 ... 100	100	30 ... 450	2 ... 20	10 ... 15
0,1 ... 1	30 ... 40	4 ... 30	0,2 ... 1	(0,4 ... 8) · 10³
4	4	5	6	5
2	1	3	3	3
4	4	1 ... 16	1	16 ... 64

Die I^2L-Logik wurde über die Anwendung von SCHOTTKY-Dioden, CHL, und CHIL hinaus aktiv weiterentwickelt, u. a. zur C^3L (Complementary Constant Current Logic), VIL (Vertical Injection Logic) und SFL (Substrate Fed Logic), für die verbesserte Parameterwerte genannt werden, und die z. T. auch mit einfachen Standard-Technologien hergestellt werden können, [2.42], [2.43].

Tabelle 2.1 bringt einen vergleichenden Überblick über die wichtigsten Daten der verschiedenen Speichertechnologien, s. a. [2.44], [2.45], [2.46].

Eine weitere Schaltkreistechnik, genannt EFL (Emitter Function Logic) ist in Abb. 2.12 gezeigt. Sie besteht aus dem Vielfachemittertransistor VET 1

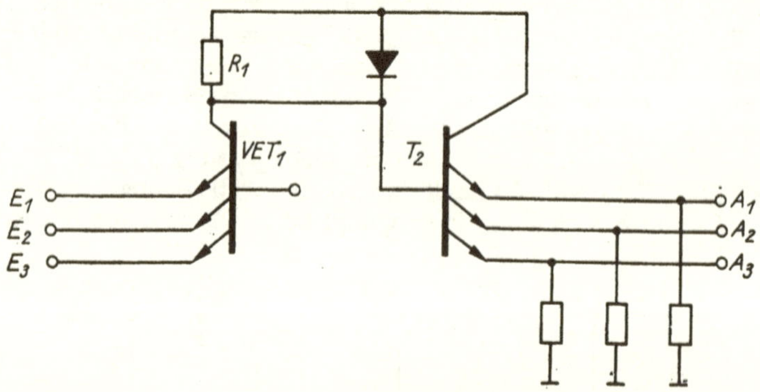

Abb. 2.12. Prinzipschaltung eines EFL-Gatters

und aus T_2 in Kollektorschaltung. Liegt zum Beispiel an einem Eingang $E_1 \dots E_3$ ein niedriger Pegel („0"), entsteht durch den Stromfluß ein Spannungsabfall über R_1. T_2 wird gesperrt, und an den Ausgängen $A_1 \dots A_3$ tritt der „0"-Pegel auf. Analoges gilt für den „L"-Pegel, so daß logische UND-Funktionen mit einem Speicherprozeß verknüpft werden können, [2.71].

2.3. MOS-Schaltkreise

Die Herstellung größerer Chips wird durch die Metall-Isolator-Halbleiter-Feldeffekt-(MISFET)-Technologie ermöglicht. In vier Maskierungsschritten und einem Diffusionsschritt lassen sich kleinste selbstisolierende Halbleiterübergänge herstellen, die durch einfache Gleichstromkopplung, d. h. ohne den Bedarf von Widerständen oder Kapazitäten, zusammenwirken. Von MOS-Technik spricht man, wenn SiO_2 als Tor-Isolator eingesetzt wird. Die Technologie führt zu hohen Impedanzen und kann große Lastwiderstände zugunsten eines reduzierten Energieverbrauchs realisieren.

Es müssen je nach dem Kanalleitungstyp *p*- und *n*-Kanaltransistoren (*p*-MOS, *n*-MOS), sowie Anreicherungs- und Verarmungstransistoren unterschieden werden.

Beim Anreicherungstyp ist der Strom zwischen Senke und Quelle Null, wenn keine Steuerspannung U_T anliegt, s. Abb. 2.13a. Ein Strom kann erst

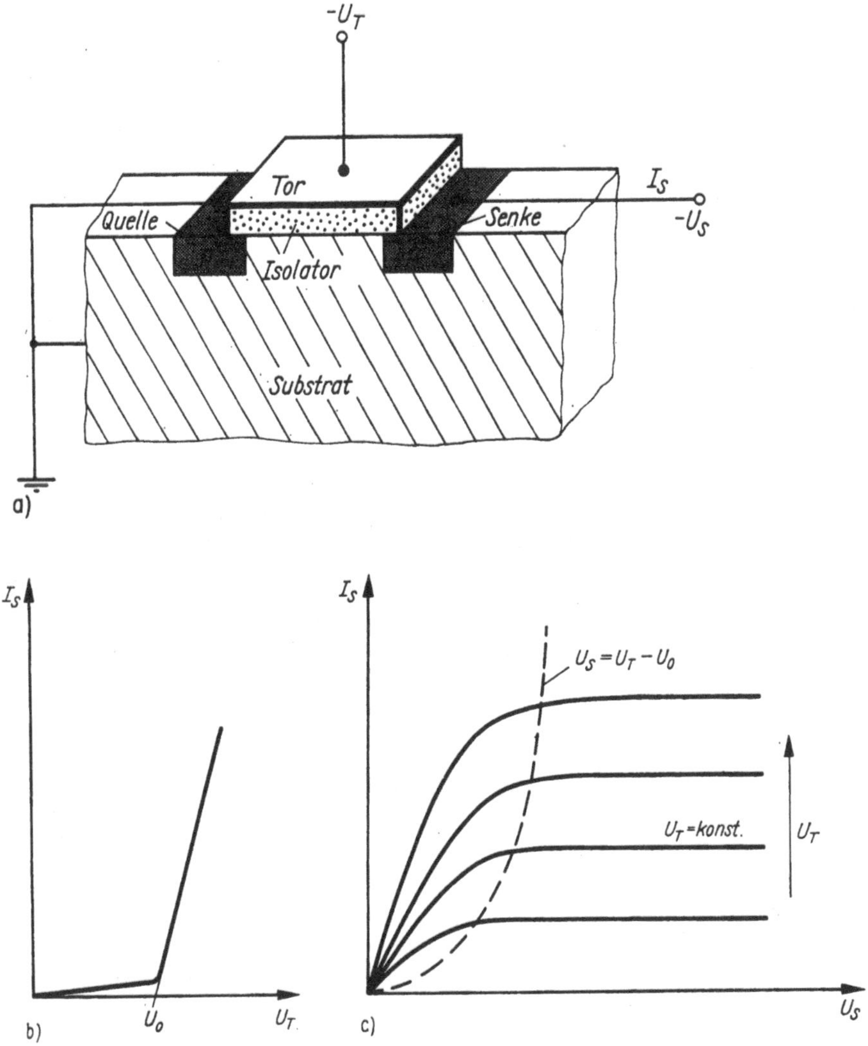

Abb. 2.13. p-Kanal-Anreicherungs-MOS-Transistor; a) Grundaufbau, b) $I_S U_T$-Kennlinie, c) $I_S U_S$-Kennlinienfeld

fließen, wenn durch Anlegen einer negativen Spannung (beim p-Kanaltransistor) ein mit Löchern angereicherter Kanal (p-leitend) bzw. durch Anlegen einer positiven Spannung (beim n-Kanaltransistor) ein mit Elektronen angereicherter Kanal (n-leitend) erzeugt wird. Der Strom ist mit der Torspannung U_T steuerbar.

Beim Verarmungstyp muß ein bereits vorhandener Kanal durch Influenz von Ladungsträgern entgegengesetzten Vorzeichens vermindert oder zum Verschwinden gebracht werden.

Für die integrierte Schaltkreistechnik ist der Anreicherungstyp besonders gut geeignet, da die Betriebsspannungen von Tor und Senke das gleiche Vorzeichen aufweisen, siehe Abb. 2.13a.

2.3.1. Statisches Verhalten

a) Strom-Spannungs-Kennlinien:

In Abb. 2.13a ist der Grundaufbau eines p-Kanal-Transistors vom Anreicherungstyp skizziert. Der die Senke S durchfließende Senkenstrom I_S wird durch die am Tor T anliegende negative Steuerspannung $-U_T$ gemäß Abb. 2.13b gesteuert. Oberhalb der Schwellspannung U_0 besteht zwischen dem Senkenstrom I_S und der Steuerspannung U_T die lineare Abhängigkeit

$$I_S = K[2U_S(U_T - U_0) - U_S^2]\, U_S \leqq U_{SS} \doteq U_T - U_0\,, \tag{2.32}$$

solange die Senkenspannung kleiner als die Sättigungsspannung U_{SS} ist. Die von der Kanalausführung abhängige Konstante K errechnet sich aus der Kanalbreite b, dem Abstand L zwischen Quelle und Senke, der mittleren Beweglichkeit der Majoritätsträger $\bar{\mu}$, der Dielektrizitätskonstanten ε und der Dicke d_i der in Abb. 2.13a gepunktet gezeichneten Isolierschicht unter der Torelektrode zu

$$K = \frac{b}{L}\,\frac{\bar{\mu}\varepsilon}{2d_i}. \tag{2.33}$$

Abb. 2.13c stellt die Abhängigkeit zwischen Senkenstrom I_S und Senkenspannung U_S dar. Aus (2.32) ist zu ersehen, daß die Kennlinien bei der Sättigungsspannung

$$U_{SS} = U_T - U_0 \tag{2.34}$$

stetig zum Sättigungsstrom

$$I_{SS} = K(U_T - U_0)^2 = KU_{SS}^2 \qquad U_S > U_{SS} = U_T - U_0 \tag{2.35}$$

übergehen.

Mit Hilfe der Gln. (2.32) und (2.35) und der Ladungsbilanz im Kanal lassen sich nach [2.22] die quasistatischen NF-Parameter Steilheit (S) und dynamischer Ausgangsleitwert (g_a) zu

$$S = \left.\frac{\partial I_S}{\partial U_T}\right|_{U_S=\text{konst}} = \begin{cases} 2KU_S & U_S \leqq U_T - U_0 \\ 2K(U_T - U_0) & U_S > U_T - U_0 \end{cases} \tag{2.36}$$

$$g_a = \left.\frac{\partial I_S}{\partial U_S}\right|_{U_T=\text{konst}} = \begin{cases} 2K(U_T - U_0 - U_S) & U_S \leqq U_T - U_0 \\ 0 & U_S > U_T - U_0 \end{cases} \tag{2.37}$$

berechnen.

b) Logische Grundschaltung mit MOS-Transistoren:

In Abb. 2.14a ist eine MOS-Inverterstufe, bestehend aus dem Transistor T_1 und dem Lasttransistor T_L, dargestellt. Diese Anordnung dient auch als Grundbaustein für Speicherzellen. Der Strom durch den Lasttransistor ist wegen $U_S = U_T > U_{T1} - U_0$ (d. h. Sättigung) nach (2.35)

$$I_{SL} = K_L(U_{SL} - U_0)^2 = K_L(U_B - U_0 - U_{S1})^2\,. \tag{2.38}$$

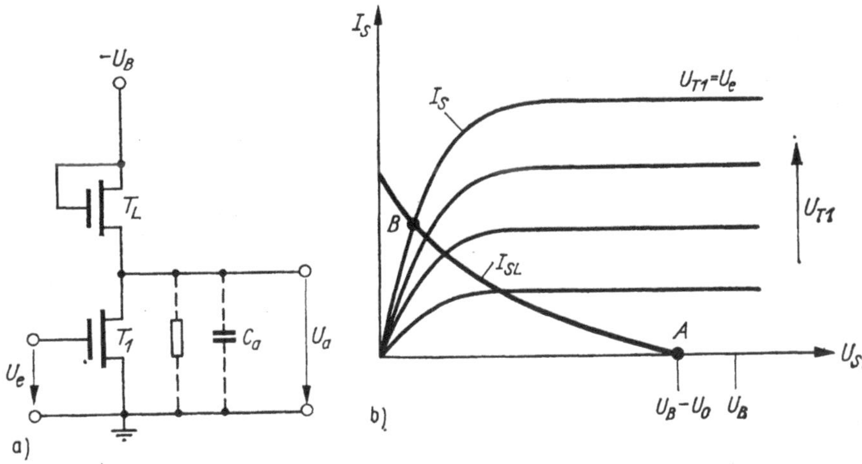

Abb. 2.14a. MOS-Inverter-Grundschaltung

Abb. 2.14b. Arbeitspunkte im T_1-Kennlinienfeld

Die möglichen Arbeitspunkte der Schaltung ergeben sich durch die Schnittpunkte der Kennlinien nach (2.32) bzw. (2.35) mit der Belastungskurve (2.38), s. Abb. 2.14b. Im Arbeitspunkt A ist $I_S = 0$, als T_1 gesperrt. Im Arbeitspunkt B ist

$$I_S = 2K_1\left[(U_e - U_0)\,U_a - \frac{U_a^2}{2}\right]. \tag{2.39}$$

Durch Gleichsetzen von I_S und I_{SL}, Berechnung der Ausgangsspannung U_a und die Anpassungsbedingung an die folgenden Stufen ergeben sich Kriterien für die unterschiedliche konstruktive Kanalgestaltung von T_1 und T_L, [2.20]. Danach muß die Ungleichung

$$\frac{\frac{b_1}{L_1}}{\frac{b_L}{L_L}} > \frac{U_B^2}{2U_e U_0} \tag{2.40}$$

möglichst sicher erfüllt werden. Praktisch kann die Verhältniszahl der linken Seite den Wert von etwa 10 annehmen.

2.3.2. Impulsverhalten

Die Einschaltzeit t_r wird im wesentlichen durch die Entladung der Lastkapazität C_a (s. Abb. 2.14a) über T_1 bestimmt. Das Entladen von i_S muß der Gl. (2.32) für den Senkenstrom gehorchen:

$$i_S = -C_a \frac{du_a}{dt} = K_1[2u_a(U_{e1} - U_0) - u_a^2]\,. \tag{2.41}$$

Die Lösung dieser Differentialgleichung lautet mit der Anfangsbedingung $u_a(t = 0) = U_{e1} - U_0$:

$$u_a(t) = \frac{2e^{-t/\tau_1}}{1 + e^{-t/\tau_1}} (U_{e1} - U_0) \tag{2.42}$$

mit

$$\tau_1 = \frac{C_a}{2K_1(U_{e1} - U_0)}\,. \tag{2.43}$$

Der Nenner von (2.43) ist nach (2.37) der bei $U_S = 0$ auftretende maximale Ausgangsleitwert $g_{a\,max\,1}$ von T_1.

Aus (2.42) errechnet sich die Zeit, in der über der Lastkapazität die Spannung von $0{,}9U_a$ auf $0{,}1\,U_a$ abgefallen ist, zu

$$t_r = 2{,}74\tau_1 = 2{,}74 \frac{C_a}{g_{a\,max\,1}}\,. \tag{2.44}$$

Wird T_1 wieder gesperrt, lädt sich C_a über den Lasttransistor T_L, der dabei in der Sättigung bleibt, auf, und es gilt mit (2.38)

$$i_{SL} = C_a \frac{du_a}{dt} = K_2[U_B - U_0 - u_a(t)]^2\,. \tag{2.45}$$

Aus dieser linearen Differentialgleichung kann die Ausschaltzeit t_f ermittelt werden. Die Lösung lautet

$$u_a(t) = \frac{t/\tau_2}{2 + t/\tau_2}(U_B - U_0) \tag{2.46}$$

mit

$$\tau_2 = \frac{C_a}{2K_2(U_B - U_0)}, \tag{2.47}$$

und daraus wird analog zur Ableitung von t_r die Ausschaltzeit zu

$$t_f = 17{,}8\tau_2 = 17{,}8\frac{C_a}{g_{a\,\max\,L}}$$

berechnet.

2.3.3. MOS-Speicher

Mit Hilfe von MOS-Übergängen können Daten auf zwei Arten gespeichert werden:

1. Nach dem klassischen Flipflop-Prinzip (statischer Speicherkreis nach Abschn. 2.3.1)
2. In Form einer Kapazitätsladung in einem dynamischen Kreis. Die Ladung wird dabei periodisch erneuert.

Der Vorteil der dynamischen Kreise besteht darin, daß sie mit höherer Packungsdichte auf kleineren Chips angeordnet werden können.

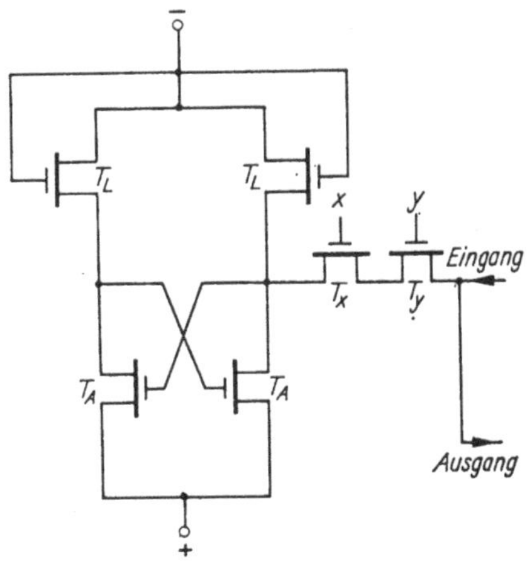

Abb. 2.15 Statischer MOS-Speicherkreis mit p-Kanal-Transistoren

In dem statischen Speicherelement nach Abb. 2.15 sind die Transistoren T_A normale, kreuzgekoppelte Elemente des Flipflop. Sie besitzen relativ geringe Impedanz. Die Transistoren T_L haben höhere Impedanz und arbeiten als Lastwiderstand. An ihren Steuerelektroden liegt permanent eine negative Spannung an. Am Ausgang des Kreises liegt die Senke des rechten T_L, gekoppelt durch die zwei Ansteuertransistoren T_x und T_y mit dem Wiedergabeverstärker. Dieser Punkt wird auch als Kreiseingang benutzt. Die einzuspeichernden Daten schalten von hier aus die Lage des Flipflop [2.23], [2.24].

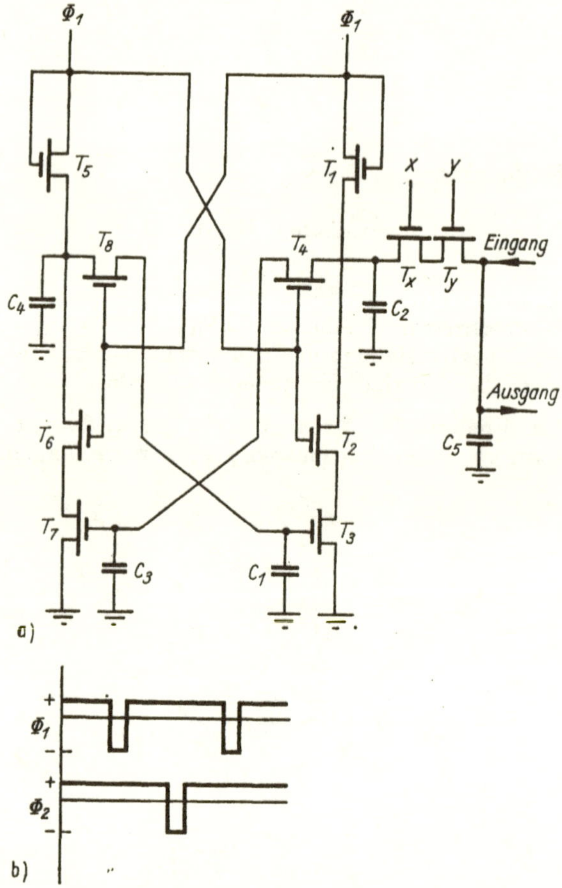

Abb. 2.16a. Dynamischer MOS-Speicherkreis; [2.25]

Abb. 2.16b. Taktphasen

Der dynamische Speicherkreis in Abb. 2.16 ist ein Flipflop mit sog. Refresh-Technik, in dem die Information ununterbrochen zirkuliert. Die Daten werden in Form einer Ladung von der Kapazität C_1 gespeichert, die nur durch die Streukapazität der Steuerelektrode realisiert ist. Dadurch wird das Speicherelement sehr einfach im Aufbau. Die Ladung von C_1 bewirkt eine Vorspannung am Transistor T_3. T_1 liegt normalerweise auf positiver Spannung, wird jedoch durch einen negativen Taktimpuls Φ_1, s. Abb. 2.16, kurzzeitig geschaltet. Während dieser kurzen Zeit wird die Kapazität C_2, ebenfalls eine Streukapazität, negativ aufgeladen. Bevor der nächste Taktimpuls Φ_1 erscheint, liegt ein zeitlich verschobener Taktimpuls Φ_2 an T_2, der diesen schaltet. Da C_1 den Transistor T_3 auf einer Vorspannung hält, kann sich C_2 über T_2 und T_3 entladen. Nach Φ_2 sind deshalb C_1 und C_2 umgekehrt aufgeladen. Weiterhin sorgt der Taktimpuls Φ_2 dafür, daß C_3 über T_4 entladen wird. Dadurch wird T_7 gesperrt und C_4 negativ aufgeladen. Der folgende Taktimpuls Φ_1 schaltet T_8, während T_6 gesperrt bleibt. Damit wird das sich langsam entladende C_1 auf das Potential von C_4 wieder angehoben. In dem Intervall zwischen dem Erscheinen von Φ_1 und Φ_2 liegt C_2 auf negativer Betriebsspannung, trägt also keine Information. Dagegen trägt C_2 im Zeitraum zwischen den Impulsen Φ_2 und dem folgenden Φ_1, s. Abb. 2.16, die im Kreis gespeicherte Information. So können in diesem Intervall die Ansteuertransistoren T_x und T_y geschaltet werden, um die Ladung von C_2 auf C_5 zu übertragen. C_5 ist eine Leitungskapazität. Werden die Transistoren T_x und T_y dagegen zeitgleich mit Φ_2 geschaltet, werden C_2 und C_3 nicht entladen. Der folgende Schaltimpuls Φ_1 schreibt dann die Information neu in C_1 ein und der beschriebene Vorgang beginnt von neuem. Lag zu Beginn an C_1 keine Ladung, so befindet sich die Schaltung wegen der Symmetrie der beiden Schaltungshälften im entgegengesetzten Zustand.

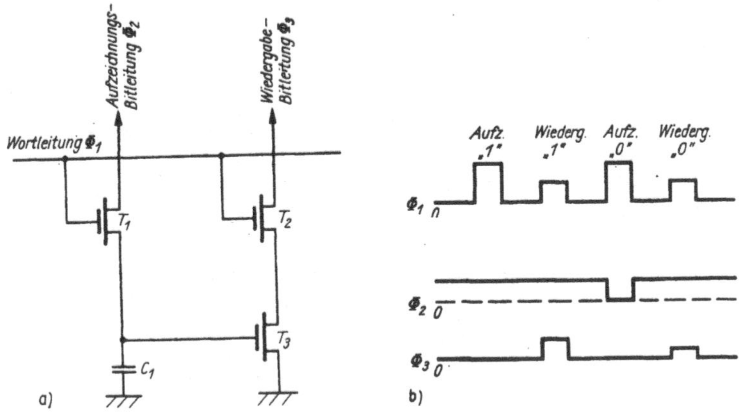

Abb. 2.17a. Dynamischer MOS-Speicherkreis; [2.26]

Abb. 2.17b. Taktphasen

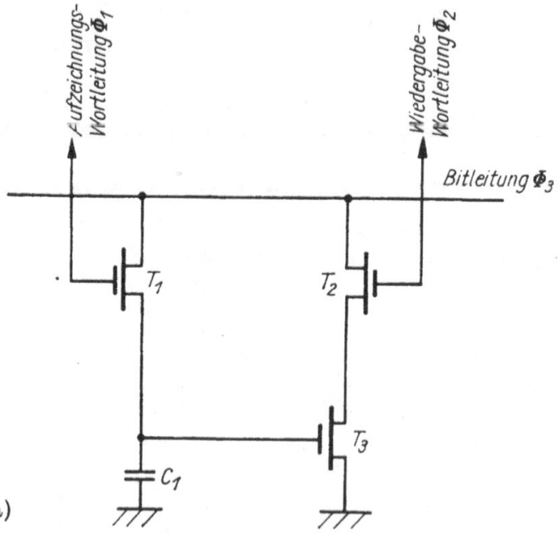

a)

Abb. 2.18a. Dynamischer MOS-Speicherkreis; [2.27]

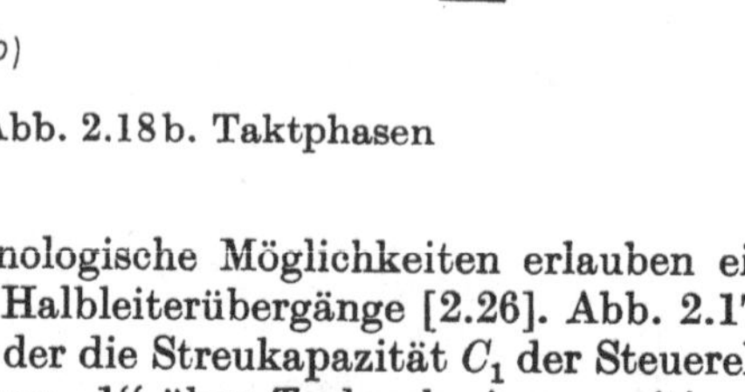

b)

Abb. 2.18b. Taktphasen

Neue technologische Möglichkeiten erlauben eine starke Einschränkung der Zahl der Halbleiterübergänge [2.26]. Abb. 2.17a zeigt eine einfache Anordnung, bei der die Streukapazität C_1 der Steuerelektrode während der Aufzeichnung einer „1" über T_1 durch einen positiven Impuls auf der Wortleitung aufgeladen wird. Die Ladung von C_1 öffnet („1") oder sperrt („0") T_3 und dementsprechend erscheint bei der Wiedergabe (Öffnen von T_2 durch einen positiven Impuls auf der Wortleitung) in der Leseleitung ein Stromimpuls oder nicht. Da hierbei der Ansteuerprozeß über die Wortleitung geschieht, muß eine fälschliche Neuaufzeichnung durch einen niederen Pegelwert vermieden werden, Abb. 2.17b. Dieser Dreipegelbetrieb wird vermieden, wenn zwei getrennte Wortleitungen für Aufzeichnung und Wiedergabe verwendet werden, wie in Abb. 2.18 dargestellt. Dynamische MOS-Speicher dieser Art besitzen eine Zykluszeit in der Größenordnung von 1 µs, sind also für eine mittelschnelle Datenspeicherung geeignet. Die Verlustleistung pro Zelle errechnet sich unter dem Gesichtspunkt, daß die pro Speicherzyklus auf dem Kondensator gespeicherte Blindenenergie als Wirkleistung bei seiner Aufladung umgesetzt wird, zu

$$N_V = \frac{1}{2} CU^2 f_T$$

(U = Spannung über C_1, f_T = Taktfrequenz).

Der Integrationsgrad beträgt bis zu 2048 Bit pro Chip, führt also zu einem wesentlich billigeren (dafür langsameren) Speicher als die konventionelle bipolare Speicherzelle, s. z. B. [2.40]. Abb. 2.19 zeigt eine weitere Vereinfachung der dynamischen Speicherzelle, die 1-Transistorzelle. Der von der Wortleitung gesteuerte Transistor dient hierbei sowohl zum Aufzeichnen als auch zum Wiedergeben der Information. C_1 übernimmt die Speicherfunktion. Der

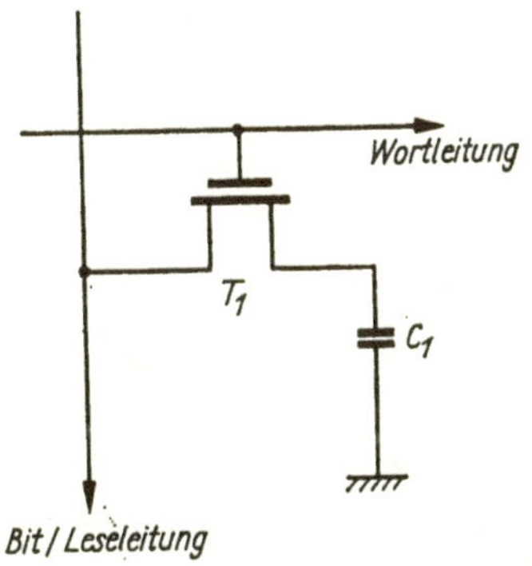

Abb. 2.19. Schaltbild der dynamischen 1-Transistorzelle

Ladungszustand des Kondensators wird über die gemeinsame Bit/Leseleitung hergestellt (Aufzeichnung) bzw. auch wieder abgefragt (Wiedergabe). Nachteilig ist, daß die Speicherzelle bei der Wiedergabe direkt durch die Leseleitung kapazitiv belastet wird, was den Signalpegel vermindert und die Entladung von C_1 bewirkt (Löschen). Es muß das Signal verstärkt und in einem nachfolgenden Takt wieder eingeschrieben werden. So steht der einfachen Speicherzelle ein hoher zusätzlicher elektronischer Aufwand gegenüber.

2.3.4. Verbesserung der nichtlinearen Schaltcharakteristik (CMOS-Technologie)

Jede Realisierung eines Digitalkreises erfordert Elemente mit einer nichtlinearen Schaltcharakteristik in der Art, daß eine kleine Erhöhung der Eingangsspannung zu einem starken Abfall der Ausgangsspannung führt. Wie Abb. 2.20 anschaulich demonstriert, ergibt die Überkreuzschaltung zweier

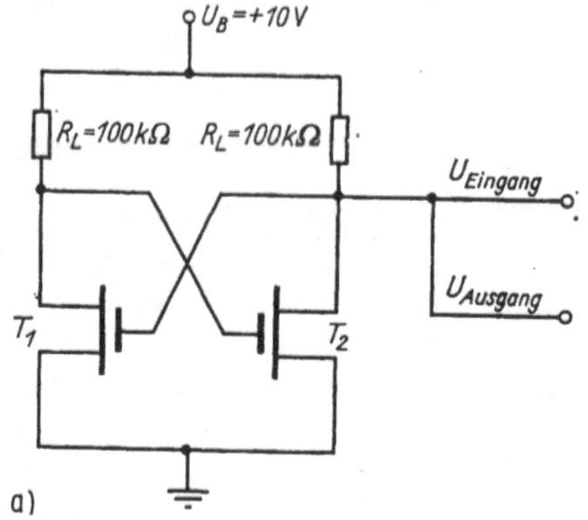

Abb. 2.20a. Bistabile Schaltung mit MOS-Transistoren vom n-Typ

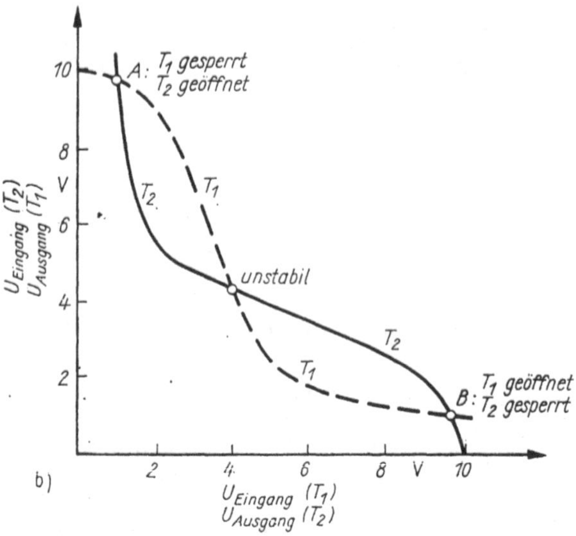

Abb. 2.20b. MOS-Schaltcharakteristik

solcher nichtlinearer Elemente einen bistabilen Kreis. Das bedeutet: eine geringe Spannungserhöhung am Eingang des einen Elementes verursacht einen starken Spannungsabfall am Eingang des anderen. Dessen Ausgangsspannung erreicht dadurch den Sättigungswert, der seinerseits die geringe Eingangsspannung des ersten Elementes erhöht. Abb. 2.20 demonstriert, wie der MOS-Transistor zwar die Forderung nach Nichtlinearität erfüllt, aber zum Beispiel nicht in dem Maße wie ein bipolarer Transistor. Aufgrund der sogar stückweise als linear zu betrachtenden Kennlinie kann der MOS-

Transistor als HF-Verstärker Verwendung finden. Nur in Verbindung mit einem hochohmigen Lastwiderstand ist der MOS-Transistor als digitales Schaltelement brauchbar. Dieser Lastwiderstand war in der Schaltung Abb. 2.15 der Transistor T_L, in der vereinfachten Darstellung Abb. 2.20a ist es der Ohmsche Widerstand R_L. Die Übertragungscharakteristik der zwei über Kreuz geschalteten Transistoren vom *n*-Typ, Abb. 2.20b, zeigt die zwei stabilen Arbeitspunkte *A* und *B* des Flipflop. Sie liegen mit $U_B = 10$ V bei rund 1 V und knapp 10 V. Es ist klar, daß Rauschen und Netzspannungsschwankungen sowie ein- und ausgangsseitige Belastungen um so mehr den Verlust der gespeicherten Daten bewirken, je leichter der Übergang von einem Arbeitspunkt zum anderen ist. Diese Gefahr ist bei dem Übertragungsverhalten des MOS-Transistors (Transistoren vom *p*- und *n*-Typ verhalten sich hier ähnlich) relativ groß.

Einen entscheidenden Schritt zur Verminderung der aufgeführten Nachteile geht die allerdings technologisch aufwendigere und damit teurere, komplementäre MOS-Technik (CMOS = complementary symmetry metal oxide semiconductor) [2.28], [2.51]. Die Schaltcharakteristik dieser Elemente macht den Flipflop zu einem ausgezeichneten Schalt- und Speicherelement. Die hohe Stabilität beruht auf der Serienschaltung von *n*-Typ- und *p*-Typ-Transistoren. Jeweils nur einer der beiden komplementären Transistoren ist leitend (von der Schaltphase abgesehen) und die Nichtlinearität der Reihenschaltung übersteigt wesentlich die des Einzeltransistors. Werden zwei dieser als Inverterstufen bezeichneten Reihenschaltungen zu einem Flipflop verbunden, wie in Abb. 2.21a gezeigt wird, wird ihre Überlagerungscharakteristik extrem nichtlinear, Abb. 2.21b. Die Schaltung ist weitgehend störunempfindlich. Die Ausgangsspannungen liegen ziemlich genau bei 0 V und 10 V.

Da, wie bereits gesagt, jeder Zweig stets einen leitenden und einen gesperrten Transistor hat, besteht zwischen den Ausgangsklemmen und der Batterie immer eine niederohmige Strecke. Das vermindert nicht nur die Lastempfindlichkeit, sondern auch die kapazitive Rauscheinstreuung. Die größere Strombelastbarkeit der Schaltung ermöglicht auch das schnellere Schalten des angekoppelten Wiedergabeverstärkers, was zu höherer Arbeitsgeschwindigkeit führt. Die entscheidend neue Qualität gegenüber allen anderen Halbleiterspeichern ist jedoch der vernachlässigbare Energieverbrauch des CMOS-Flipflop in den Schaltpausen, bedingt dadurch, daß sich in jedem Stromzweig dann stets ein gesperrter Transistor befindet. Der statische Verbrauch liegt bei einigen nW pro Bit und liegt damit 2 bis 3 Größenordnungen unter dem der nichtkomplementären MOS-Speicherzellen. So kann der Speicherinhalt in Batteriebetrieb aufrecht erhalten werden, [2.24]. Eleganter und weniger kostspielig werden die geschilderten Möglichkeiten der CMOS-Speicher durch die ESFI-Technik (Epitaxial Silicon Films on Insulators) gelöst. Dabei werden 1 μm starke einkristalline Siliziumschichten bei 1000 °C epitaktisch auf mechanisch und thermisch gut vorbehandelte isolierende Substrate aufgebracht, die eine Silizium-ähnliche Kristallstruktur besitzen (z. B.

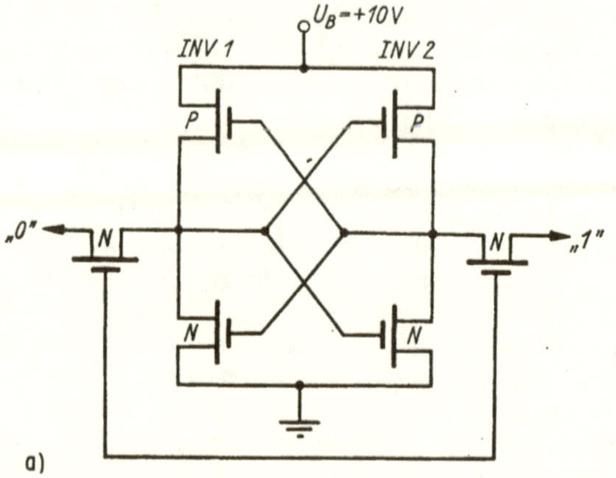

Abb. 2.21a. Bistabile Schaltung mit zwei komplementären Typen von MOS-Transistoren (CMOS); [2.28]

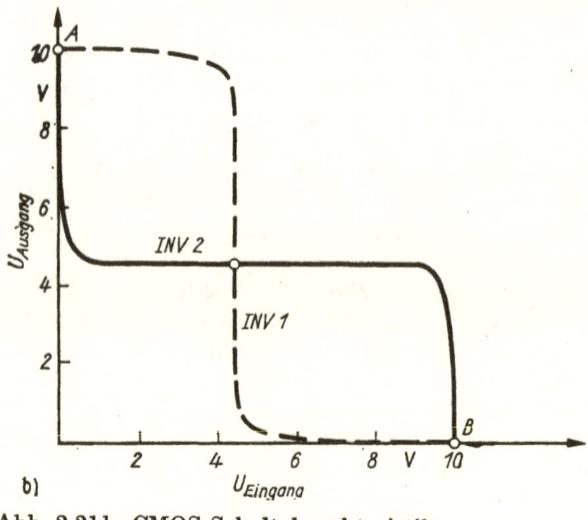

Abb. 2.21b. CMOS-Schaltcharakteristik

Saphir Al_2O_3, Spinell $MgAl_2O_4$; deshalb die Bezeichnung SOS-Technik). Diese Schichten haben wegen der unterschiedlichen thermischen Ausdehnung von Substrat und Schicht eine schlechtere Kristallqualität als Kompaktsilizium [2.41]. Diese Technik unterscheidet sich von den sonst üblichen Isolationsmethoden für die monolithische Integration durch die vollständige galvanische Trennung der Bauelemente gegeneinander [2.47] bis [2.50].

Eine weitere vorteilhafte Möglichkeit für die komplementäre MOS-Technik in Kompaktsilizium ist die Isoplanartechnik, genannt CMOS-Isoplanar oder LOCMOS [2.52]. Ein Bestandteil dieser Technik ist die Silizium-Gate-Technologie. Sie ersetzt die normalerweise aufgedampfte Al-Torelektrode durch hochdotiertes polykristallines Silizium. Die über der dünnen Isolatorschicht angeordnete Siliziumelektrode wirkt selbst maskierend für die Quellen- und Senken-Diffusion und nimmt selbst von der Bor-Dotierung auf. So können die Kapazitäten zwischen Torelektrode und der Quellen- und Senken-Zone vermindert werden. Da gleichzeitig die Schwellenspannung erniedrigt wird und sowohl Tor-Oxid als auch Tor-Elektrode durch Oxidation unempfindlicher gegen nachfolgende Temperatureinflüsse sind, eignen sie sich für eine kombinierte Integration mit Bipolarschaltungen [2.53].

2.4. Umlaufspeicher

Umlaufspeicher auf der Basis von MOS-Elementen zeichnen sich durch geringe Kosten pro Bit aus [2.29]. Abb. 2.22 zeigt das Prinzip eines Schieberegisters, geschaltet als getaktete Verzögerungsleitung. Pro Taktimpuls wird der

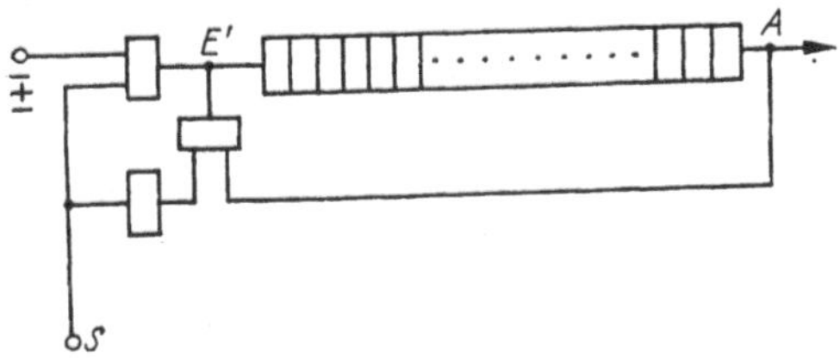

Abb. 2.22. Wirkungsweise eines Halbleiter-Laufzeitspeichers

gesamte Speicherinhalt um einen Speicherplatz versetzt. Die Bit-Rate der Wiedergabe ist durch die Taktfrequenz f_T bestimmt, und für die Umlaufzeit T_p gilt

$$T_p = \frac{n}{f_T},$$

wobei die Stufenzahl n der Kapazität des Speichers entspricht. Der Umlauf der Information geschieht über die Verkopplung des Ausgangs A mit dem Eingang E' über ein UND-Gatter. Soll eine neue Information aufgezeichnet werden, sorgt ein L-Signal am Steuereingang dafür, daß über ein UND-Gatter die Verbindung $E-E'$ geschaltet wird, während über einen Negator das UND-Gatter in der Rückführung $A-E'$ die alte umlaufende Information vernichtet.

Abb. 2.23 zeigt ein integriertes dynamisches MOS-Schaltelement. Den zwei dynamischen Konvertern T_2-T_3 und T_5-T_6 sind je ein Koppeltransistor vorgeschaltet. Durch den Taktimpuls auf Φ_1 werden T_1 und T_3 geöffnet, so daß die am Eingang E' anliegende Information in der parasitären Kapazität C_A gespeichert wird. Durch einen Taktimpuls über die Leitung

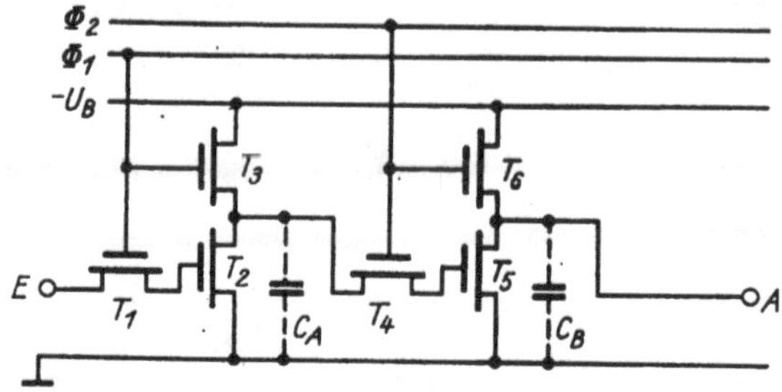

Abb. 2.23. Element eines MOS-Laufzeitspeichers

Φ_2 wird die auf C_A gespeicherte Information weiter auf C_B übertragen. Chips mit 1024 bit weisen mittlere Zugriffszeiten

$$T_z = \frac{1}{2} \cdot \frac{n}{f_T}$$

um 100 µs auf. Zu höheren Übertragungsgeschwindigkeiten gelangt man durch Parallelschalten mehrerer Chips.

Neuere Entwicklungen des dynamischen Schieberegisterspeichers sind die Ladungstransport-Umlaufspeicher, [2.58]. Die wichtigsten Varianten sind der „Eimerkettenspeicher", BBD-Speicher (Bucket Brigade Device) auf bipolarer oder MOS-Technik und der bedeutsamere ladungsgekoppelte CCD-Speicher (Charge Coupled Device) auf MOS-Basis. Im Prinzip sind beide Schaltungen Schieberegister, in denen Analogsignale durch Ladungen verschiedener Größe repräsentiert werden. Geringe Verlustleistungen, hohe Übertragungsgeschwindigkeiten und ein sehr hoher Integrationsgrad werden dadurch erreicht, daß im Gegensatz zum oben beschriebenen Umlaufspeicher das Signal erst am Ende des Schieberegisters, d. h. nach 5 ... 50 bit regeneriert zu werden braucht, was mit einer wesentlichen Vereinfachung der Schiebeketten verbunden ist.

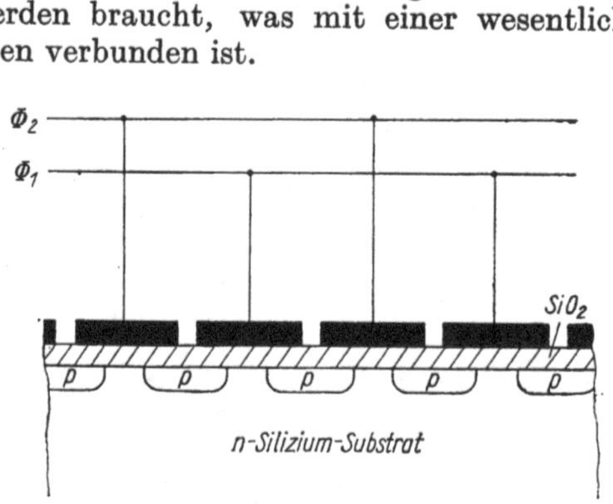

Abb. 2.24. BBD-Struktur (MIS-Technik)

Eine Realisierung des Funktionsprinzips BBD ist in Bipolartechnik möglich; größere Bedeutung hat jedoch die MIS-Technik erlangt. Abb. 2.24 stellt eine solche BBD-Struktur dar. Zwischen den in das Halbleitersubstrat n eindiffundierten p-Gebieten befinden sich Steuerelektroden, die mit den Taktleitungen Φ_1 bzw. Φ_2 verbunden sind. Eine in die p-Inseln aufgebrachte Ladung „0“ oder „L“ kann nun über eine Steuerspannung entgegengesetzter Polarität und geringer Größe zur benachbarten Insel weitergeschoben werden. Die Anordnung benötigt eine möglichst kleine Tor-Quellen-Kapazität und eine sehr große Tor-Senken-Kapazität. Dies ist auch das Merkmal von MOSFETS. Deshalb kann man das BBD als alternierende Folge von Kapazitäten und MOS-Transistoren betrachten. Durch BBD können Verzögerungsleitungen, Schieberegister, aber auch optoelektronische Kameras aufgebaut werden.

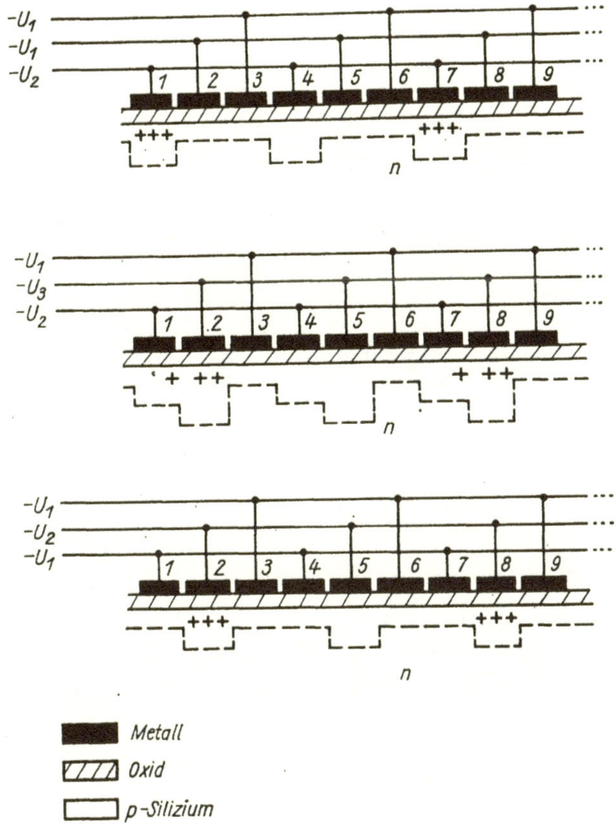

Abb. 2.25. Funktionsweise eines dreiphasigen ladungsgekoppelten Bauelements, nach [2.30]

Abb. 2.25 zeigt schematisch die einfachste Realisierung eines CCD-Elements. Auf dem Halbleiterkristall sind die Metallelektroden, wie auch in Abb. 2.24, hintereinander angebracht, isoliert durch die Oxidschicht (schraffiert). Es befinden sich jedoch im Unterschied zur BBD-Technik keine *p*-leitenden Inseln zwischen den Steuerelektroden. Bei diesem Prinzip müssen alle Metallelektroden möglichst dicht (bis 2 μm) nebeneinander angeordnet sein, damit keine Potentialsprünge auftreten. Die gestrichelten Linien deuten die Potentialmulden an, die den Verarmungszonen unter der Isolatorgrenzfläche entsprechen. Diese werden durch die verschiedenen Phasenspannungen U_1 bis U_3 erzeugt. Entsprechend dem Potentialgefälle können sich, wie im Bild angedeutet, Minoritätsträger bewegen. Eine gerichtete Bewegung gelingt trotz der Symmetrie der Anordnung mit Hilfe der drei Schiebephasen. In Abb. 2.25a und b liegt an den Elektroden 1, 4 und 7 die „Speicherspannung" $-U_2$, die von mittlerer Größe ist, während an den übrigen Elektroden eine kleinere Vorspannung $-U_1$ anliegt, die nur die Verarmung aufrechterhält, d. h. das Eindringen von Majoritätsträgern, in die Verarmungszone verhindert. Das Überfließen der Signalladungen, die Informationsträger sind, von den Elektroden 1 nach 2 und von 7 nach 8 in Abb. 2.25b wird von der „Überführungsspannung" $-U_3$ bewirkt, die den größten Wert hat Abb. 2.25c zeigt den gleichen Zustand wie Abb. 2.25a, jedoch um einen Schritt nach rechts versetzt. Die Zuführung der Signalladung (z. B. in Abb. 2.25a unter den Elektroden 1 und 7 befindlich) geschieht über eine nicht gezeichnete Eingangsdiode und Eingangssteuerelektrode, [2.32].

Die Technologie dreiphasiger CCD-Bauelemente ist einfacher als die Standard-MOS-Technologie, jedoch sind Leitungskreuzungen unvermeidlich. Dies kann durch das zweiphasige CCD-Bauelement umgangen werden, Abb. 2.26. Hier wird ein Potentialgefälle durch die Zweilagenmetallisierung erreicht, wobei die Elektrodenpaare jeweils abwechselnd auf ein höheres und ein niederes negatives Potential geschaltet werden. Bei Drei- und Vierphasenbetrieb ist die Bewegungsrichtung der Signalladungen durch die Reihenfolge der Taktphasen gegeben. Für Zwecke der Bildabtastung können, wie beim

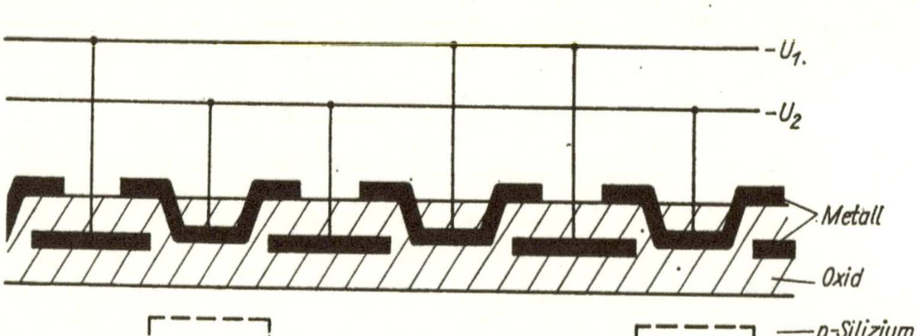

Abb. 2.26. Zweiphasiges ladungsgekoppeltes Bauelement, nach [2.31]

BBD-Bildwandlersystem, auch Lichtquanten zur Trägererzeugung herangezogen werden (CCD-Kamera). Weiterhin können solche integrierten CCD-Strukturen zur Realisierung von Verzögerungsleitungen in analogen Systemen und von Schieberegistern in digitalen Systemen herangezogen werden. Für letztere Anwendung wird der CCD-Speicher aus geschlossenen Schieberegisterschleifen aufgebaut. Da bei der notwendigen Signalauffrischung nur zwischen zwei Informationszuständen unterschieden werden kann, ist der CCD-Speicher in seiner Hauptanwendung nur für binäre Digitalsignale verwendbar. Kleinere Zugriffszeiten und Wortorganisation sind durch die Unterteilung größerer Speicher in mehrere kleine Schleifen möglich. Über den neueren Stand der sich stürmisch entwickelnden Ladungsverschiebespeicher geben u. a. die Literaturstellen [2.21], [2.33]–[2.35] und [2.58]–[2.59] Auskunft, die auch mögliche Betriebsparameter und weitere Anwendungsgebiete erörtern.

2.5. Festwertspeicher

Festwertspeicher ROM (Read Only Memory) finden in der Prozeßautomatisierung, der Rechentechnik und im Fernmeldewesen Anwendung. Sie haben besonders als Programmspeicher in Mikroprozessorsystemen weite Verbreitung gefunden. Man unterscheidet zwischen festprogrammierten und elektronisch programmierbaren ROM. Die festprogrammierten ROM zeichnen sich dadurch aus, daß nur die während des Herstellungsprozesses eingeprägten Informationen wiedergegeben werden können. Dadurch können die Ansteuereinrichtungen und das Speicherelement selbst wesentlich vereinfacht werden. Dies verringert die Verlustleistungen, läßt wegen des Wegfalls der Regenerationszyklen die Geschwindigkeit erhöhen, erhöht die Zuverlässigkeit und vermindert die Kosten.

Mit Entwicklung der integrierten Technik kam es zur Herstellung von bipolaren integrierten Festwertspeicher-Matrizen. Als Koppelelemente fungieren Schottky-Dioden, *npn*-Transistoren oder MOS-Transistoren. In Abb. 2.27 ist die eingespeicherte Information durch das Vorhandensein bzw. Nichtvorhandensein der Verbindung zwischen Emitter und Vertikalleitung zum Spaltendekodierer definiert. Emitterkontakt „vorhanden“ bedeutet „L“, „unterbrechen“ bedeutet „0“. In der angesteuerten Zeile werden durch positive Erregung alle Basis-Emitter-Übergänge leitend, während die nicht angesteuerten horizontalen Leitungen negatives Potential haben. Erhält zusätzlich einer der Transistoren $T_1 \dots T_{32}$ positive Basisspannung, kommt es zum Stromfluß durch die betreffende vertikale Leitung, sofern der angesteuerte Transistor der Matrix einen Emitterkontakt besitzt, also ein „L“ speichert. Ein 1024-bit-Speicher nach [2.36] hat eine Zugriffszeit < 100 ns bei einer Verlustleistung von 350 mW.

In der MOS-Technik geschieht das Festlegen des Speicherinhalts meist dadurch, daß zeilenweise Tormetallisierungen vorgenommen werden und

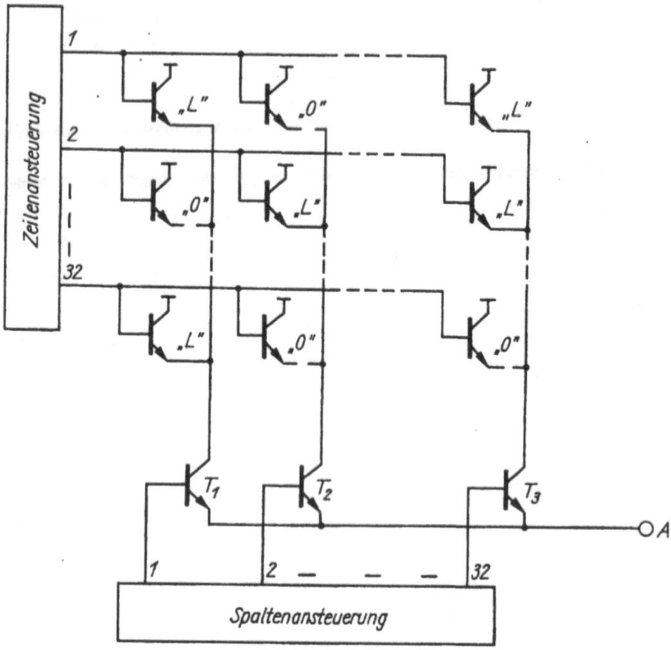

Abb. 2.27. Mikroprogramm-Speichermatrix mit *npn*-Transistoren

spaltenweise Quellen- und Senkengebiete eindiffundiert werden. Entsprechend dem gewünschten Bitmuster erfolgt nur an den gewünschten Kreuzungspunkten zwischen Tormetallisierung und Quellen-Senken-Diffusion die Realisierung von MOS-Transistoren. Und diese Programmierung erfolgt beim Schaltkreisproduzenten.

Mit verschiedenen Methoden lassen sich auch vom Anwender umprogrammierbare Festspeicher (PROM) realisieren. Zum Beispiel kann bei amorphen Halbleitern dadurch ein Speichereffekt erzielt werden, daß der Widerstand durch geeignete Spannungsimpulse reversibel umgeschaltet werden kann [2.60]–[2.62].

Eine weitere Methode bedient sich des Prinzips des Floating Gate, der in das Isoliermaterial eines Feldeffekttransistors eingebetteten Metall- oder Polysiliziumelektrode. Je nach dem Ladungszustand dieser isolierten Elektrode kann, wie beim MIS-Feldeffekttransistor, ein leitender Kanal gesperrt oder erzeugt werden. Die elektrostatische Ladung der Elektrode kann von außen reversibel durch geeignete Mittel aufgebracht werden. Der Aufbau der bekanntesten Art dieser Speicher, des FAMOS (Floating Gate Avalanche Injection MOS) ist in Abb. 2.28 skizziert. Die potentialmäßig fließende Torelektrode ist in eine SiO_2-Schicht eingelagert. Die Aufladung mit Elektronen wird durch einen Lawinendurchbruch erreicht, der durch einen Sperrspannungsimpuls zwischen Senkenzone und Substrat (*pn*-Übergang) ausgelöst wird, [2.63]. Durch Tunnelung gelangen einige der energiereichen Elektronen über die SiO_2-Isolatorschicht auf die Steuerelektrode. Durch die negative Aufladung dieser Tor-Elektrode entsteht an der Halbleiteroberfläche eine Inversionsschicht, und zwischen Quelle und Senke bildet sich ein *p*-leitender Kanal. Durch den Transistor kann ein Strom fließen, ohne daß die Ladungen von der allseitig isolierten Torelektrode abfließen können. Mit solchen Transistoren läßt sich nun eine Speichermatrix aufbauen. Die einmalig aufgezeichnete Information bleibt erhalten. Sie kann durch Abfragen des Leit-

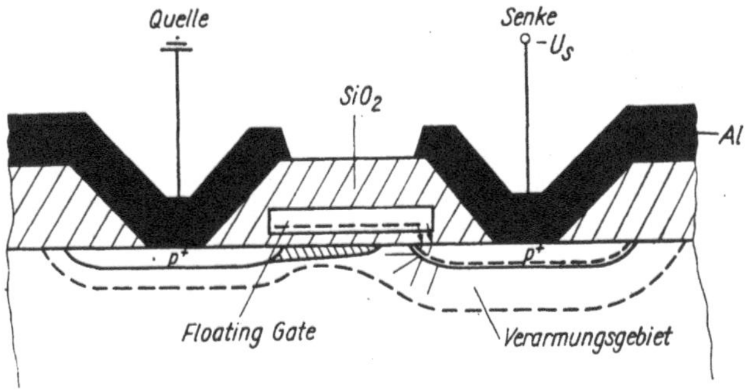

Abb. 2.28 FAMOS-Gatter

wertes zwischen Quelle und Senke beliebig oft ausgelesen werden. Eine Löschung des gesamten Speichers erfolgt durch Ultraviolett- oder Röntgenstrahlung hoher Energie, die durch Überschreiten der Energiebarriere zwischen Tor-Elektrode und Oxid die negativen Ladungen abfließen läßt.

Weitere Typen von „Halbfestwertspeichern" lassen sich unter Verwendung von Feldeffekttransistoren mit dielektrischer Doppelschicht DDC (Dual Dielectric Charge Storage) herstellen. Am bekanntesten sind der MAOS-Speichertransistor mit Aluminiumoxid [2.64] und der MNOS-Speichertransistor mit Siliziumnitrid als äußerem Dielektrikum [2.65], [2.66].

Der MNOS-Transistor (Metal Nitride Oxide Silicon) ist ein Feldeffekttransistor mit isolierter Steuerelektrode, der eine Informationsspeicherung auch bei Ausfall der Betriebsspannung erlaubt [2.20], [2.23]. Es wird die Schichtfolge Si_3N_4-SiO_2 für das Tor-Oxid angewendet (Abb. 2.29a). Das dient zur Verringerung der Schwellspannung und damit der Betriebsspannung. Der folgende Effekt macht das Bauelement als Speicherschaltung verwendbar: legt man kurzzeitig eine große negative Spannung ($\lesssim -25$ V) an die Torelektrode, so gelangen die Elektronen von der Grenzfläche Si_3N_4-SiO_2 durch Tunneleffekt in das Halbleitermaterial und laden dieses positiv auf. Dadurch wird die Schwellspannung von U_{pL} auf U_{pO} verringert (Abb. 2.29b). Diese Ladung bleibt im stromlosen Zustand über 1 Jahr erhalten [2.37], [2.38]. Durch eine Torspannung $U_{pO} < U_T < U_{pL}$ kann diese Information

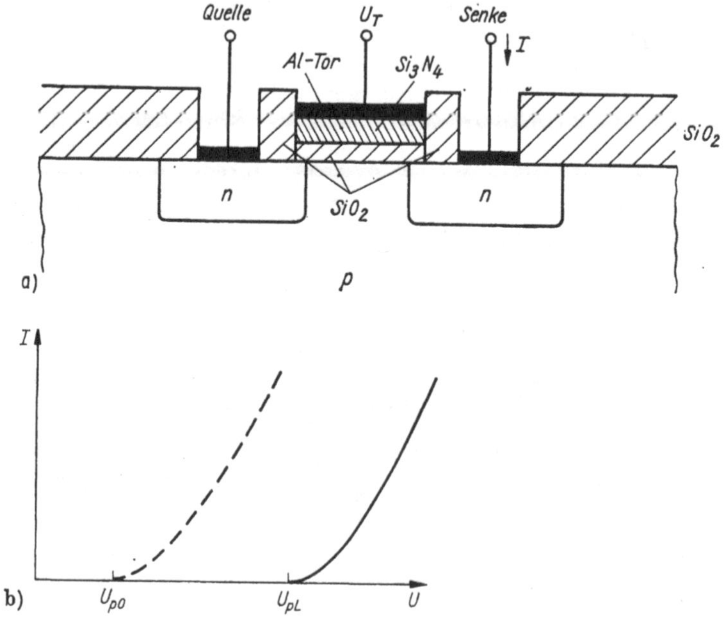

Abb. 2.29 MNOS-Feldeffekttransistor, a) Prinzipaufbau, b) Steuerkennlinie

ausgelesen werden. Im Falle U_{p0} ist der Leitwert des Transistors groß: es fließt ein Strom, im Falle U_{pL} ist das Gegenteil der Fall. Das Speicherelement kann durch einen hohen Spannungsimpuls U_T gelöscht oder erneut mit Information versehen werden.

Jedes Speicherelement enthält einen MNOS-Transistor. Besondere Vorteile hinsichtlich Ansteuerung ergeben sich durch Kombination der MNOS- mit der ESFI-Technik [2.67]. Die notwendige Verbesserung der Speicherzeit, verbunden mit herabgesetzter Höhe und Dauer der elektrischen Umladungsimpulse, gelingt durch Dotieren der beiden Dielektrika mit Wolfram-, Iridium- oder Platin-Atomen, wodurch die Zahl der Haftstellen erhöht wird [2.68].

Wesentlich längere Haltezeiten sollen die MAS-Transistoren (Metal-Aluminium-Oxid-Semiconductor) besitzen [2.39]. Ausführlicher über Neuentwicklungen auf diesem Gebiet berichten [2.11] und [2.21].

Eine Erhöhung der Packungsdichte von elektrisch veränderbaren Festspeichern gelingt, wenn die Information seriell über ein CCD-Register aufgezeichnet und auch wiedergegeben wird. Man spart die Vorrichtung zur koordinatenmäßigen Ansteuerung. Solche CCD-Schaltungen wurden nach verschiedenen Konzeptionen mit MNOS-Kapazitäten oder MNOS-Transistoren kombiniert, [2.69], [2.70]

2.6. Literatur

[2.1] Kaupp, H. R., Crosby, D. R.: Calculated waveforms for tunnel diode locked pair. Proc. of the IRE **49** (1961) 1, S. 146—154

[2.2] Вуль, В. А. Устройства свэрхбыстродейстхющей памяти, Ленинград: Энергия (1970)

[2.3] Herzog, G. B.: Tunneldiode blanced-pair switching analysis, RCA Review **23** (1962), S. 187—214

[2.4] Gottlieb, E. Giorgis, J.: Tunnel diodes. Logic and switching circuits. Electronics (July 1963), S. 26—31

[2.5] Steinbuch, K.: Taschenbuch der Nachrichtentechnik. Springer Verlag Berlin/Heidelberg/New York (1967)

[2.6] Вуль, В. А., Трайто, Б. Г., Яковлев, В. В: Логические и запоминаюшие схемы наносекундного диапазона. Ленинград: Энергия (1970)

[2.7] Noga, K., (Нога, К.): Успехы вычислительной техники в Японии. Электроника **39** (1966) 13

[2.8] Takahashi, S., u. a.: A tunnel diode high speed memory. Proc. I.F.I.P. Congress. North-Holland Publishing Company (Amsterdam 1963)

[2.9] Kononow, B. N., Orlikowski, B. N. (Кононов, Б. Н., Орликовский, А. А.): Примение туннельных диодов в быстродействующих устройствах хранения информации. Изв. вузов., Радиотехника **I** (1963)

[2.10] Dobronrawow, O. E., u. a. (Добронравов, О. Е.): Проектирование схем ЭЦВМ на туннельных диодах. Москва: Энергия (1970)

[2.11] Schneider, H. G. (Herausgeber): Entwurf mikroelektronischer Schaltungen. Akademie-Verlag Berlin (1976)

[2.12] Beaufoy, R. Sparkes, J. J.: The junction transistor as a charge-controlled device. ATE Journal **13** (1957), S. 310—327

[2.13] Kirst, E. A. (Кирст, Э. А.): К переходному процессу в интегральных транзистор-транзисторных логических схемах. Изв. высш. учебн. заведений — Приборостроение **13** (1970) 4, стр. 74—78

[2.14] Nguyen-Huu Anh: Large bipolar memory arrays. Microelectronics **3** (1970) 5, S. 30—35

[2.15] Brehmer, J. W.: A survey of mainframe semiconductor memories. Comp. Des. **9** (1970) 5, S. 63—73

[2.16] Rice, R., Sander, W. B., Greene, F. S.: Design considerations leading to the ILLIAC IV LSI process element memories. IEEE J. of Solid-State Circuits **SC-5** (1970) 5, S. 174—181

[2.17] Lynes, D. J., Hodges, D. A.: Memory using diode-coupled bipolar transistor cells. IEEE J. of Solid-State Circuits **SC-5** (1970) 5, S. 186—191

[2.18] Bryant, R. W., at al.: A high performance LSI-memory system. Comp. Des. **9** (1970) 7, S. 71—77

[2.19] Schuyten, P.: IBM goes all out for IC memory. Electronics **43** (1970) 21, S. 125—127

[2.20] Rhein, D.: Grundlagen der digitalen Speichertechnik. Akademische Verlagsgesellschaft Geest & Portig KG. (Leipzig) 1974

[2.21] Völz, H.: Elektronik. Akademie-Verlag Berlin, 2. Auflage (1979)

[2.22] Salz, C. T.: Characteristics of the MOST's. IEEE Trans. on Electron. Devices **ED-11** (1964) 7. S. 324

[2.23] Kirchner, J.-M.: Halbleiterspeicher, Technologie und Arbeitsweise. Der Fernmelde-Ingenieur **25** (Jan. 1971) 1, S. 1—35

[2.24] Terman, L. M.: MOSFET memory circuits. Proc. IEEE **59** (July 1971) 7, S. 1044—1058

[2.25] Tunzi, B. R.: MOS random-access arrays. Electronics (Jan. 1968), S. 102 to 105

[2.26] Regitz, W. M.: A three transistor cell, 1024 bit, 500 nm, MOS RAM. Intern. Sol. State Circ. Conf. (Febr. 1970)

[2.27] Boysel, L. Chan, W., Faith, J.: Random access MOS memory packs more bits to the chip. Electronics (Febr. 1970), S. 109—115

[2.28] Herzog, G. B., u. a.: Large scale integrated circuit arrays. RCA Interim Tech. Reg. (May 1967, S. 46—47
Herzog, G. B.: COS/MOS: The best of both world. Electronics (Febr. 1969), S. 109—113

[2.29] Kvamme, E. F.: MOS-Speichersysteme. Elektronik **20** (1971), S. 75—78 und S. 133—136

[2.30] Boyle, W. S., Smith, G. E.: Charge-coupled semi-conductor devices. Bell Syst. Techn. J. **49** (1970), S. 577—593

[2.31] Amelio, G. F., Bertram, U. J.: Charge-coupled imaging devices: Design considerations. IEEE Trans. on Electron. Dev. **ED-18** (1971) 11, S. 986 to 992

[2.32] Tompsett, M. F., Boyle, W. S., Smith, G. E.: Charge-coupled devices — a new approach to MIS-structures. IEEE Spectrum **8** (1971) 7, S. 18—27

[2.33] Seitzer, D.: Arbeitsspeicher für Digitalrechner. Springer Verlag Berlin, Heidelberg, New York, 1975

[2.34] Soser, K., Pfleiderer, H.-J.: Ladungsverschiebeschaltungen. Elektronik **23** (1974) 1, S. 3—9

[2.35] Longo, T.: Charge-coupled devices. Electronic Prod. News (April 1974), S. 7—13

[2.36] Barret, J. C., at. al: Design considerations for a high-speed bipolar read-only memory. IEEE J. of Solid-State Circuits **SC-5** (1970) 5, S. 196 to 202

[2.37] Grohman-Bentchkowsky, O.: An integrated metal-nitride-oxide-silicon (MNOS) memory. Proc. IEEE **57** (1969) 6, S. 1190—1192

[2.38] Wegener, H. A. R.: MNOS-memories. Dig. Intermag Conf. Washington 1970 (New York 1970) 11/5

[2.39] Nakanuma, S., Tsujede, T., u. a.: Read-only memory using MAS-transistors. IEEE J. of Solid-State Circuits **SC-5** (1970) 5, S. 203—207

[2.40] Wunsch, J.: Halbleiterspeicher. Lehrgang „Speicher elektronischer Datenverarbeitungsanlagen“ Institut fürEnergetik (Leipzig 1972)

[2.41] Moeller, A.: Herstellungstechnologie und physikalische Grundlagen von Bauelementen für Halbleiterspeicher. NTC-Fachberichte „Digitale Speicher“ Band **58** (1977), S. 79—98

[2.42] Budinsky: Rozvoj bipolàrné logiky I²L. Slaboproudý obzor, Praha **37** (1976) 7, S. 339—345

[2.43] . . . Großintegration auf neuen Wegen. Elektronik, München **25** (1976) 1, S. 79

[2.44] Schlenther, M.: Im Blickpunkt: Bipolare und MOS-Schreib/Lesespeicher (RAMs). Elektronik, München **25** (1976) 10, S. 63

[2.45] Altman, L.: Memories. Electronics, **50** (1977) 2, 81—96

[2.46] Mitterer, R.: Großintegrierte Halbleiterspeicher. NTG-Fachber. „Digitale Speicher“, 58 (1977), 99—105
[2.47] Schlötterer, H.: J. Vac. Sci. Technol., **13** (1976), 26—36
[2.48] Druminsky, M., Kühl, Ch.: Deposition of epitaxial films on spinel and saphire, Influence of substrate preparation. Siemens F & E-Ber., **5** (1976) 7, 139—145
[2.49] Rouen, R. S., Splinter, M. R., Tremain, R. E.: High-voltage SOS/MOS devices and circuit elements: Design, fabrication, and performance. IEEE J. Sol. State Circuit, **SC-11** (1976), 431—442
[2.50] Goser, K., Pomper, M.: Static ESFI MOS (SOS) cells for high-density memories. Siemens F & E-Ber. **4** (1975), 220—225
[2.51] Hume, S.: Electronics (24. 7. 1975) 102—106
[2.52] Brand, B. B. M., Skinmeier, W., Strackmann, A. J.: Philips Techn. Rdsch. **33** (1973) 11, 343—347
[2.53] Wotruba, G.: A large-scale integrated memory circuit using single-transistor cells with a density of 1600 bit/mm² in N-Silicon gate technology. Siemens F & E-Ber. **4** (1975), 207—212
[2.54] Mulder, C., Wulms, H. E.: High speed integrated injection logic; (I²L). IEEE J. Sol. State Circuit, **SC-11** (1976), 379—385
[2.55] . . . Electronics (18. 3. 1976) 80/82
[2.56] Wiedemann, S. K.: IEEE J. Sol. State Circuit, **SC-8** (1973), 232—237
[2.57] Sander, W. B., Shepherd, W. H., Schinelle, R. D.: Electronics (19. 8. 1976) 99—102
[2.58] Séquin, C. H., Tompsett, M. F.: Charge transfer devices. Acad. Press N.Y.—S. Francisco—London (1975)
[2.59] (Sammelheft) IEEE J. Sol. State. Circ. **SC-11** (1976), 4—58
[2.60] Baran, N. Yu., Dorgeshei, N. I.: Sov. Phys., Semicond. **9** (1976), 1167 to 1168
[2.61] Weiser, K.: Prog. Sol. St. Chem. (6B) **11** (1976), 403—445
[2.62] Suntola, T.: Amorphous thin film active elements in switching devices. Thin Solid Films **34** (1976) 1, 9—16
[2.63] Card, H. C., Heasell, E. L.: Modelling of channel enhancement effects on the write characteristics of famous devices. Sol. St. Electron. **19** (1976), 965—968
[2.64] Balk, P.: J. Electron. Mat. **4** (1975), 635—661
[2.65] Kirschner, N.: Speichereigenschaften von MNOS-Transistoren. Siemens F & E-Ber. **5** (1976), 179—182
[2.66] Card, H. C. Elmasry, M. F.: Functional modelling of non-volatile MOS memory devices. Sol. St. Electron. **19** (1976), 863—870
[2.67] Horninger, K. H.: IEEE J. Sol. St. Circ. **SC-9** (1974), 444—446
[2.68] Kasprzak, L. A., Laibowitz, R. B., Ohring, M.: Electrochem. Soc. Fall Meeting (1975), 316—317
[2.69] Goser, K., Knauer, K.: Nonvolatile CCD memory with MNOS storage capacitors. IEEE J. Sol. St. Circ. **SC-9** (1974), 148—150
[2.70] Fagan, J. L., White, M. H., Lampe, D. R.: ISSCC-Dig. Techn. Pap. (1976), 184—185
[2.71] Möschwitzer, A.: Beschreibung wichtiger Begriffe der Halbleiterelektronik. Wiss.-techn. u. ök. Inf./Elektron. Bauelemente (1977) H. 1 VEB Elektronikhandel Berlin

3. Magnetbandspeicherung

3.1. Magnetische Grundbegriffe

3.1.1. Ferromagnetismus

Ursache des Magnetismus ist die Existenz magnetischer Momente in den Atomen der Elemente. Diese magnetischen Momente resultieren z. B. bei den Elementen Fe, Co, Ni aus dem Elektronen-Spin, einer Rotationsbewegung der Elektronen um ihre eigene Achse. Dagegen trägt in den Elementen der Seltenen Erden die Kreisbewegung der Elektronen um den Atomkern in starkem Maße zum magnetischen Moment bei. Die Elektronen, die bei den Elementen der Eisengruppe und ihren Legierungen (FeCoNi) die magnetischen Eigenschaften festlegen, befinden sich innerhalb der Atomstruktur in der dritten Elektronenschale, bei den Seltenen Erden in der vierten Elektronenschale.

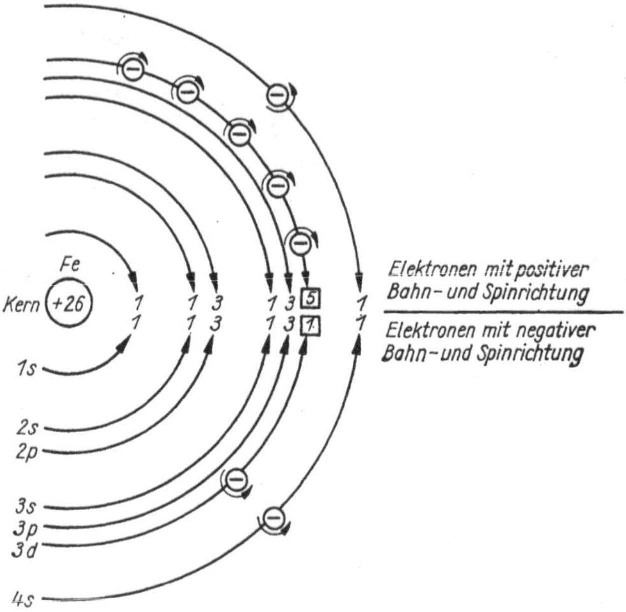

Abb. 3.1. Strukturmodell eines Eisen-Atoms

In Abb. 3.1 sind die Elektronenschalen eines Eisen-Atoms dargestellt, in denen sich modellgemäß eine definierte Anzahl von Elektronen aufhält. Die Elektronen der äußersten Schale 4s sind, wie bei allen Metallen, freie Elektronen. Sie sind im Atomverband, dem Kristallgitter, die Träger der elektrischen Leitfähigkeit. In den inneren Schalen 1s bis 3p befindet sich jeweils die gleiche Anzahl Elektronen mit positivem und negativem Spin, so daß sich die magnetischen Momente kompensieren. In der 3d-Schale dagegen sind fünf Elektronen mit positivem Spin und nur eins mit negativem Spin. Aufgrund der Spinwechselwirkung liegen alle Rotationsachsen parallel zueinander. Die Summe der Spinmomente ist also von Null verschieden. Unter dieser Bedingung wirkt das Atom wie ein Permanentmagnet. Nach der Darstellung der Verhältnisse in Abb. 3.1 (Richtung des Spinvektors senkrecht zur Zeichenebene) würde das Kraftfeld durch das Atom senkrecht zur Zeichenebene von oben nach unten verlaufen.

Das Kraftfeld der Atome bewirkt, daß sich die magnetischen Momente der benachbarten Atome parallel zueinander stellen. Wird im Kristallgitter ein bestimmter Mindestabstand der Atome erreicht, so schließt sich eine große Anzahl von Atomen zu einer magnetisch gleichgerichteten Domäne (Bereich) zusammen. Diese wird auch als Weissscher Bezirk bezeichnet. Die Möglichkeit der Bildung solcher Bezirke ist die Voraussetzung für das Auftreten von Ferromagnetismus.

In einem Pulvermaterial, z. B. das für die Magnetbandherstellung benutzte γ-Fe_2O_3, ist meist die Domänengröße gleich der Kristallitgröße. Sie umfaßt mindestens 10^{18} Moleküle. In einem magnetischen Kontinuum Metallschicht kommt es dagegen zur spontanen Ausbildung einer magnetischen Struktur, die aus verschieden ausgerichteten Weissschen Bezirken besteht. Jeder Bezirk ist dabei bis zur Sättigung magnetisiert, selbst wenn durch die statistische Verteilung der Magnetisierungsrichtungen das Material pauschal betrachtet als ummagnetisiert (gelöscht) erscheint. Man sagt, dieser Bereich ist spontan magnetisiert. An den Grenzen zwischen benachbarten, in unterschiedlicher Richtung spontan magnetisierten Bereichen bilden sich kompliziertere Übergangsstrukturen heraus, deren häufigste Erscheinungen nach dem Erforscher als Blochwände bezeichnet werden.

3.1.2. Magnetisierungsprozeß

Die magnetische Struktur und damit auch der pauschale magnetische Zustand eines Ferromagnetikums können durch Einwirkung eines äußeren Magnetfeldes verändert werden. Dazu gibt es zwei Möglichkeiten:

- Vergrößerung des Volumens von magnetischen Bereichen auf Kosten anderer durch Wandbewegung
- Änderung der Magnetisierungsrichtung im Bereich durch Drehprozesse

In Abb. 3.2a wird illustriert, wie sich schon bei schwachem äußerem Feld H_1 diejenigen magnetischen Bereiche ausdehnen, die ihre größte Magnetisierungskomponente in Feldrichtung haben. Durch den leicht überwiegenden Anteil dieser Bereiche an der pauschalen Magnetisierung des Materials ist dieser Wert M_1 jetzt von Null verschieden. Dies demonstriert die Darstellung $M(H)$ in Abb. 3.3. Wird das Magnetfeld abgeschaltet, nehmen die Blochwände in etwa wieder ihre Ausgangsstellung ein (gestrichelt in Abb. 3.2a) und die pauschale Magnetisierung verschwindet wieder: der Prozeß ist reversibel.

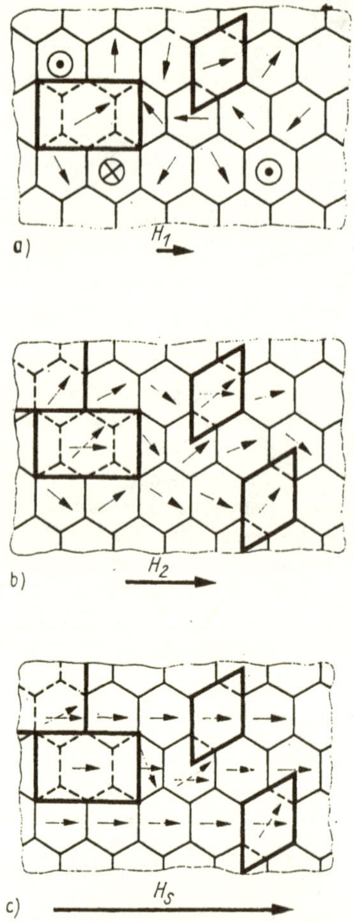

Abb. 3.2. Einfluß eines äußeren Magnetfeldes auf den Magnetisierungszustand eines Ferromagnetikums. gestrichelt: Feldfreier (remanenter) Zustand

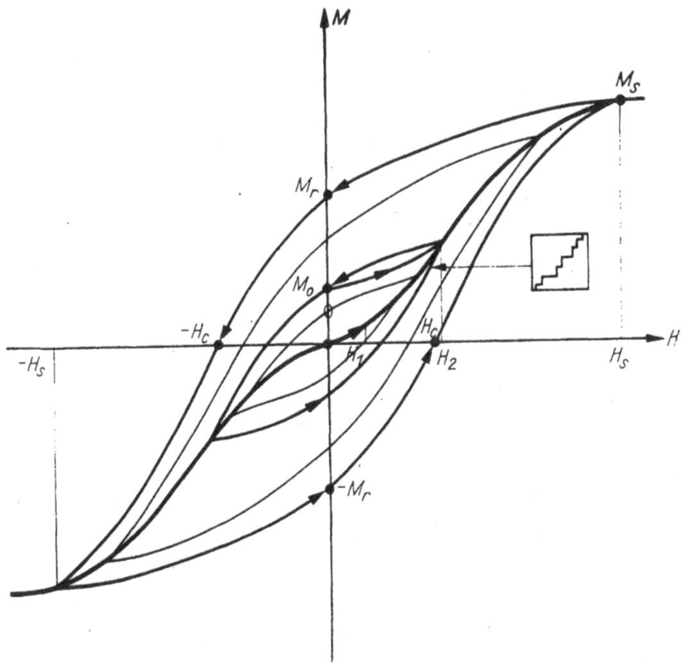

Abb. 3.3. Hysteresekurven eines magnetischen Materials (Vergrößerter Ausschnitt mit Barkhausensprüngen)

Wenn stärkere Felder angelegt werden (H_2 in Abb. 3.2b und Abb. 3.3), bewirken diese neben weiteren Wandverschiebungen eine sprunghafte Änderung der Orientierung des Magnetvektors (BARKHAUSENsprünge). Für jeden WEISSschen Bezirk (oder jedes Magnetteilchen in einer diskontinuierlichen Schicht) kann die erforderliche Sprungfeldstärke verschieden sein. Im allgemeinen klappen mehrere WEISSsche Bezirke oder Einbereichsteilchen nahezu gleichzeitig in eine der Feldrichtung benachbarte Vorzugslage um.

Wird nach diesem Prozeß das äußere Feld abgeschaltet, verbleiben bei einem Dauermagnet- oder Informationsspeicherwerkstoff die meisten Bereiche annähernd in dem eingenommenen Zustand: die Änderung ist irreversibel. Einige wenige Bereiche nehmen jetzt im feldfreien Zustand eine stabilere Lage ein (in Abb. 3.2b gestrichelt). Deshalb ist die verbleibende, d. h. remanente Magnetisierung M_0, etwas geringer als M_2, siehe Abb. 3.3. Bei Werkstoffen, die der Flußleitung dienen, wie Leitbleche, Trafobleche, Magnetköpfe, ist diese verbleibende Remanenz unerwünscht. Hier kommt es darauf an, vorwiegend durch reversible Prozesse eine steile Abhängigkeit $M(H)$ zu erreichen.

Wird das Material erneut bis H_2 ausgesteuert, nimmt die Größe der pauschalen Magnetisierung aufgrund einer Art Verharrungsvermögen der Bereiche einen etwas anderen Verlauf als bei der Abmagnetisierung, erreicht aber bei H_2 wieder etwa den gleichen Wert. Abb. 3.3 zeigt diese geschlossene innere Schleife. Man sagt, innerhalb der Schleife herrscht ein permanenter Zustand des Materials: der Werkstoff verhält sich magnetisch stabil.

Durch weitere Vergrößerung des äußeren Feldes stellen sich die Magnetisierungsvektoren der Bereiche genauer parallel zur Feldrichtung (Abb. 3.2c). Die pauschale Magnetisierung wächst dadurch langsam bis zur Sättigungsmagnetisierung M_s des Materials, die in einem Kontinuum mit der spontanen Magnetisierung identisch ist und sich bei Pulvermaterialien etwa mit dem Volumenfaktor verringert.

Es ist klar, daß dieser Zustand der völligen Ausrichtung aller Bereiche nur unter der großen Kraftwirkung des Sättigungsfeldes H_s stabil ist. Wird dies abgeschaltet, drehen einige Bereiche in eine günstigere Lage (in Abb. 3.2c gestrichelt): es wird der Zustand der Sättigungsremanenz M_r (Abb. 3.3) eingenommen.

3.1.3. Hystereseeigenschaften ferromagnetischer Materialien

Den bisher geschilderten Verlauf der pauschalen Magnetisierung vom ummagnetisierten, feldfreien Zustand bis in die Sättigung (Abb. 3.3) nennt man Neukurve. Der Anstieg der Neukurve im Ursprung ist

$$\left.\frac{\mathrm{d}M}{\mathrm{d}H}\right|_{\substack{H\to 0\\ M\to 0}} = \mu_a - 1 \,. \tag{2.1}$$

μ_a wird als Anfangspermeabilität bezeichnet.

In der oberen Krümmung der Neukurve wird die Maximalpermeabilität

$$\mu_{\max} = \left.\frac{B}{\mu_0 H}\right|_{\max} = 1 + \left.\frac{M}{H}\right|_{\max} \tag{2.2}$$

durchlaufen. Die Zahl $\mu_{\max}$ gibt an, wieviel mal größer die magnetische Induktion B in einem ferromagnetischen Material gegenüber Luft maximal werden kann, s. Tab. 3.1.

Das in Abschnitt 3.1.2 geschilderte Phänomen, daß sich auf dem Rückweg von der Neukurve in den feldfreien Zustand eine größere pauschale Magnetisierung einstellt als auf dem Hinweg, wird als magnetische Nachwirkung oder Hysterese bezeichnet. Auf dieser Eigenschaft beruht im wesentlichen das Prinzip der magnetischen Informationsspeicherung.

Es soll nun die Betrachtung der Hysteresekurve, ausgehend von der erreichten Sättigungsremanenz M_r, für Felder in der Gegenrichtung fortgesetzt werden. Die pauschale Magnetisierung wird dabei wieder vermindert. Die Prozesse, die ablaufen, sind ganz ähnlich den in Abschn. 3.1.2 bespro-

Tab. 3.1.
Magnetische Materialien und ihre Kennwerte

Anwendungsgebiet	Material	Zusammensetzung	μ_a	μ_{max}	H_c [A/cm]	J_s [Wb/m²]
Transformatoren	Supermalloy	NiFeMo	100000	800000	0,3	0,8
	Permenorm	FeNi50	4000	80000	3	1,6
Relais	Permalloy	FeNi45	2500	25000	20	1,6
	Weicheisen	Fe 99,9	200	5000	60	2,15
Magnetköpfe	Mu-Metall	NiFeCuCr	20000	110000	2	0,7
	Permalloy	NiFe	10000	90000	0,02	1,2
	Alfenol	FeAl16	3000	100000	0,02	0,8
	Ferrit	Mn, Zn-Ferrite	2000	4000	0,2	0,4
Magnetbänder	Eisenoxid	γ-Fe_2O_3	1,6	4	250	0,14
	Chromdioxid	CrO_2	1,4	3	400	0,17
	Metallschicht	CoNiP	4	10	800	1
	Metallschicht	CoFe30	2	20	800	2
Bubble-Speicher	Granate der Seltenen Erden		*	*	0,3	0,03
Dünnschichtspeicher	Permalloy	NiFe20	*	*	1	0,9
Kernspeicher	Metalloxidferrite	$MeO \cdot Fe_2O_3$	50	20000	1	0,2

* als Kennwert ungebräuchlich

chenen. Die Feldstärke, die zur völligen Auslöschung, also zum pauschal unmagnetisierten Zustand führt, wird als Koerzitivfeldstärke H_c bezeichnet. Je nach Art des Materials kann H_c zwischen 0,01 A/cm und einigen 1000 A/cm liegen. Materialien mit $H_c > 10$ A/cm heißen hartmagnetisch, die anderen weichmagnetisch. Für Magnetbänder kommen hartmagnetische Werkstoffe mit $H_c > 200$ A/cm in Betracht. Magnetköpfe und andere Flußleitmaterialien sowie die übrigen Speichermaterialien, s. Tab. 3.1, sind weichmagnetisch. Je größer H_c des magnetischen Materials ist, desto stabiler sind die in ihm gespeicherten Informationsstrukturen gegenüber Störfeldern.

Beim Durchlauf der Felderregung bis zur Sättigungsfeldstärke $-H_s$ und wieder zurück nach $+H_s$ ergibt sich für $M(H)$ eine symmetrische reproduzierbare Schleife, die Grenzhystereseschleife. Wird der Magnetisierungszyklus nicht bis zur Sättigung geführt, erhält man die inneren Hystereseschleifen, die jeweils mit ihrer Spitze auf der Neukurve liegen (Abb. 3.3). Ihre Remanenzwerte M_0 liegen entsprechend unterhalb der Sättigungsremanenz M_r. So ist eine Abstufung der zu speichernden Informationswerte möglich. Trägt man diejenigen Remanenzwerte M_0 auf, die sich bei einer bestimmten Maximalaussteuerung $\hat{H}$ ergeben, erhält man die Remanenzkurve des Magnetmaterials, Abb. 3.4. Die Remanenzkurve ist eine wesentliche Arbeitskennlinie in der Magnetband-Speichertechnik. Die höchsten Signalwerte erhält man, wenn die Kurve bis in den Sättigungsbereich ausgesteuert wird (Sättigungsmagnetisierung). Dagegen erlaubt der lineare Bereich eine verzerrungsarme Aufzeichnung.

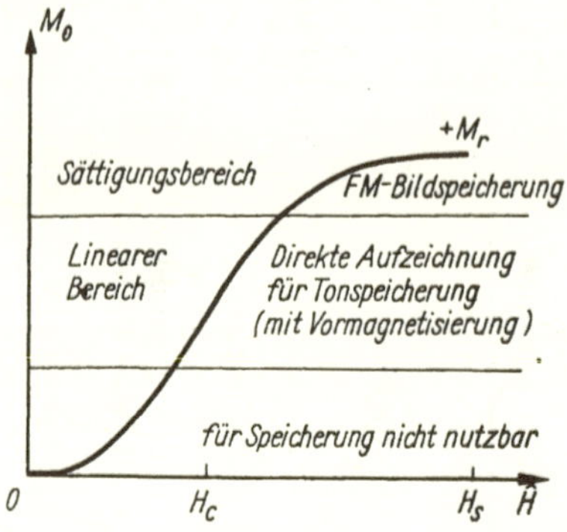

Abb. 3.4. Remanenzkurve und Nutzungsbereiche

In Tab. 3.1 sind von einigen bekannten Werkstoffen, die für Magnetbänder, Magnetköpfe, Transformatoren, Generatoren und Motoren, Übertragerkerne und Relais verwendet werden, die wichtigsten Hysterese-Kennwerte aufgeführt. Die Permeabilität ist außer von der Materialzusammensetzung von der Wärmebehandlung während der Herstellung abhängig. Die in Tab. 3.1 verzeichneten Eigenschaften der hochpermeablen Materialien werden durch eine komplizierte Temperaturbehandlung erreicht. Eine nachträgliche Verformung oder Bearbeitung würde die durch das Glühen erreichte Kristallstruktur wieder rückgängig machen und damit die Permeabilität vermindern. Dies ist z. B. bei der Herstellung von Magnetköpfen unumgänglich und führt zu einer Abnahme der Anfangspermeabilität des Mu-Metall auf 4000. Auch das ständige Schleifen des Magnetbandes am Kopfspiegel führt zu einer Arbeitshärtung an der Oberfläche und zu einer weiteren Abnahme der Permeabilität, insbesondere bei Mu-Metall und Alfenol.

Wird das magnetische Material einem Wechselfeld ausgesetzt, wird die Hystereseschleife je Periode einmal durchlaufen. Die erforderliche Ummagnetisierungs- oder Hysteresisarbeit ist der Fläche der Hysteresekurve und der Ummagnetisierungsfrequenz proportional. Diese Arbeit geht hauptsächlich in Wärmeverluste über. Deshalb verwendet man für den Wechselfeldbetrieb (Magnetköpfe, Transformatoren, Übertrager) Magnetwerkstoffe mit kleiner Fläche der Hystereseschleife, also hauptsächlich kleinem H_c, s. Tab. 3.1. Als Eisenverluste bezeichnet man die Summe von Hystereseverlusten und Wirbelstromverlusten. Bei letzteren handelt es sich um einen Leistungsverlust (z. T. durch Wärmeabgabe), verursacht durch die Induktion kreisförmig verlaufender elektrischer Ströme innerhalb des elektrisch leitenden Magnetmaterials. Entsprechend dem Induktionsgesetz und dem Ohmschen Gesetz werden die Wirbelströme umso stärker, je höher die Frequenz, je größer

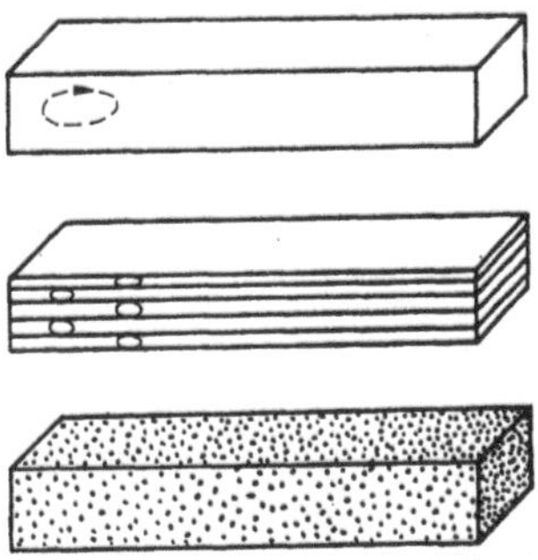

Abb. 3.5. Ausbildung von Wirbelströmen in verschieden stark unterteiltem Kernmaterial

der magnetische Fluß und je kleiner der Ohmsche Widerstand ist. Die Möglichkeit der Ausbildung von Wirbelströmen wird reduziert, wenn die Kerne nicht aus kompakten Metallteilen gebaut, sondern aus dünnen Blechen zusammengesetzt werden, Abb. 3.5. Noch besser ist es, wenn man Eisenpulver mit einem Bindemittel oder gesinterte Pulverwerkstoffe, wie z.B. Ferrite, verwendet.

3.1.4. Magnetischer Kreis

In einem magnetischen Werkstoff, der dem Feld H ausgesetzt wird, erhöht sich gegenüber Luft die Flußdichte B um den Betrag der magnetischen Polarisation dieses Materials:

$$B = \mu_0 H + J = \mu_0 \mu_r H ,$$

$$J = \mu_0(\mu_r - 1) H .$$

Die Polarisation J bzw. die Magnetisierung $M = J/\mu_0$ des magnetischen Stoffes ist von der angelegten Feldstärke H und der Vorgeschichte des Materials abhängig. Den Faktor μ_r bezeichnet man als relative Permeabilität. Für Luft und andere nichtferromagnetische Stoffe ist $\mu_r \approx 1$.

Im Gegensatz zum offenen magnetischen Kreis, der nicht in seiner ganzen Länge aus hochpermeablem Material besteht, wird der magnetische Fluß in einem geschlossenen magnetischen Kreis nahezu vollständig durch das weichmagnetische Material geführt. Ein Beispiel ist der Ringkern. Hat er einen mittleren Radius r und ist er mit einer Spule mit n Windungen bewickelt, die vom Strom I durchflossen wird, beträgt die Feldstärke im Magnetmaterial $H = \frac{In}{2\pi r}$ bei einer Flußdichte von $B = \mu_r \mu_0 H$.

Wird der Ringkern mit einem Luftspalt versehen, den der magnetische Fluß überwinden muß und der ein Streufeld verursacht, liegt die Grundform eines Aufzeichnungsmagnetkopfes vor, s. Abschnitt 3.3.

3.2. Speicherprinzip

Bei der Magnetbandspeicherung findet eine Transformation zeitlich veränderlicher elektrischer Größen mit Hilfe der mechanischen Bewegung in eine ortsfeste Magnetisierungsstruktur statt. Die Realisierung des gewünschten zeitlichen Ablaufs während des Aufzeichnungs- oder Wiedergabevorganges geschieht vorwiegend durch den Transport des Speichermediums zum feststehenden Aufzeichnungs- bzw. Wiedergabewandler. Physikalisch von Bedeutung ist jedoch nur die Relativbewegung, die einem ausschließlich sequentiellen Zugriff zur gespeicherten Information erlaubt. Als Aufzeichnungs- und Wiedergabewandler wird, im Prinzip ähnlich der Bild- und Tonspeicherung, vorwiegend ein hochpermeabler Magnetkopf verwendet, durch dessen Spaltfeld das magnetische Speichermedium bewegt wird. Träger der Magnetschicht kann ein Band, eine Karte, eine Scheibe oder eine Trommel sein Tab. 3.2. Danach richtet sich die spezielle Bewegungsform des Speichermediums, bzw. des Magnetkopfes.

Die wichtigste Eigenschaft dieser mechanischen Magnetspeicher ist ihre große Speicherkapazität, siehe Kapitel 1, und ihr einfacher Aufbau. Diese Vorzüge resultieren aus der konstruktiven Trennung zwischen dem Speicher-

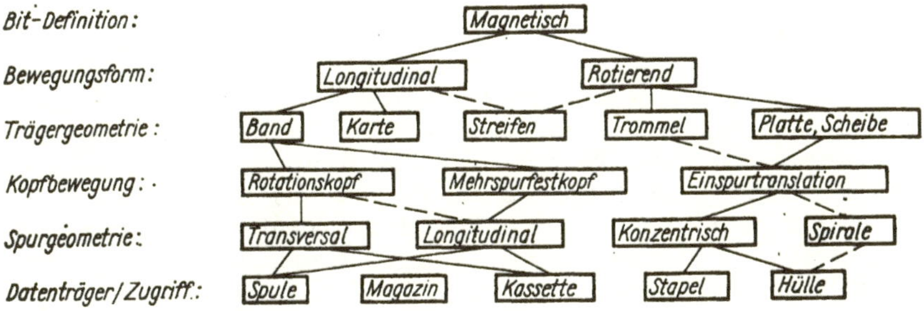

Tab. 3.2.
Wesentliche Entwurfsalternativen der mechanischen Magnetspeicherung

medium und den Funktionsgruppen für Aufzeichnung, Wiedergabe und Ansteuerung. Die folgenden Ausführungen beschränken sich auf die Band-Kopf-Wechselwirkung. Bezüglich der sehr komplexen Gebiete Mechanik und Elektronik wird z. B. auf [3.1] verwiesen.

Beim Aufzeichnungsvorgang wird durch das Streufeld $\boldsymbol{H}(x, y, t)$ des Aufzeichnungskopfes und mit Hilfe des Hystereseverhaltens $M(H)$ der Magnetschicht der Magnetisierungszustand $\boldsymbol{M}_0(\xi)$ im Speichermedium festgelegt:

$$\boldsymbol{H}(x, y, t) \xrightarrow{\mathrm{M(H)}} \boldsymbol{M}(\xi) .$$

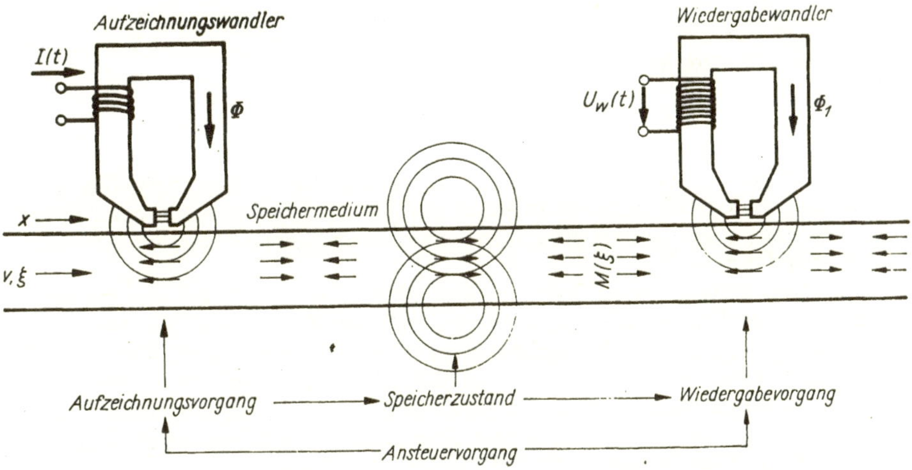

Abb. 3.6. Prinzip der mechanischen Magnetspeicherung

v = Ansteuergeschwindigkeit
ξ = Bandfeste Koordinate in Bewegungsrichtung

Der zeitliche und örtliche Verlauf des Aufzeichnungsfeldes im Speichermedium hängt von der Form, Flankensteilheit und Maximalamplitude der Aufzeichnungsimpulse, den geometrischen Größen des Schicht-Kopf-Systems und auch von der Relativgeschwindigkeit zwischen Speichermedium und dem felderzeugenden Magnetkopf ab.

Die y-Abhängigkeit und die geringe örtliche Konzentration des Aufzeichnungsfeldes $\boldsymbol{H}(x, y, t)$ sowie die endliche Steilheit der Hysteresekurve sind wesentliche Störeinflüsse bei der geforderten eindeutigen Transformation des Signalverlaufes in einen Magnetisierungszustand. Abb. 3.6 zeigt einen Aufzeichnungskopf, der von dem Strom I erregt ist. Das so erzeugte magnetische Streufeld durchdringt die Magnetschicht und magnetisiert sie. Der Magnetisierungsverlauf im Band $M(\xi)$ ist dem Stromverlauf nur angenähert proportional (s. Abb. 3.7). Am Wiedergabekopf ruft das Streufeld des Bandes, das sich mit konstanter Geschwindigkeit v in Pfeilrichtung bewegt, im magnetischen Kern einen Magnetfluß $\Phi_r(t)$ hervor. An den Klemmen der Wiedergabewicklung erscheint die induzierte Spannung $U_w(t)$.

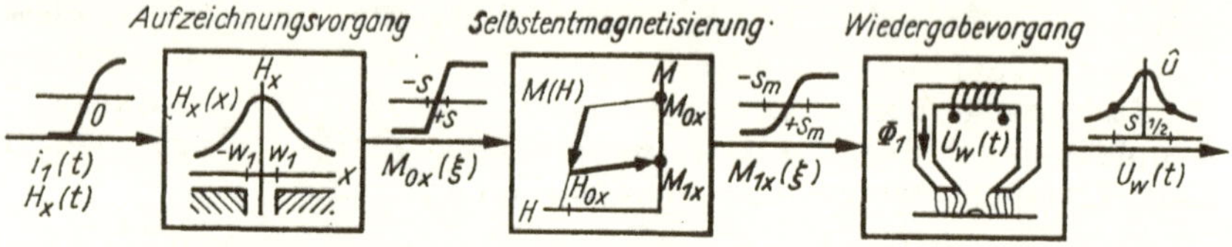

Abb. 3.7. Schematische Darstellung der Signalverarbeitung bei der Magnetband-Impulsspeicherung

3.3. Magnetkopf

Die wesentlichen konstruktiven Bestandteile des Magnetkopfes sind der aus zwei Teilen zusammengefügte Kern aus magnetisch gut leitfähigem Material mit einem unmagnetischen Spalt und die Wicklung (s. Abb. 3.6). Zur Vermeidung von Wirbelstromverlusten ist der Kern wie in einem Transformator aus Blechen weichmagnetischer Legierungen zusammengesetzt, oder es wird Ferrit verwendet.

Das Kernmaterial wird bei der Ausbildung der Spaltzone mit höchster Präzision bearbeitet. Wichtig sind ein definierter Abstand der Spaltpole (Spaltweite w_s), deren Parallelität und Tiefenausdehnung (Spalttiefe d_1). Diese Größen sollten auch bei längerer Betriebsdauer stabil erhalten bleiben.

Die Aufzeichnungseigenschaften eines Magnetkopfes werden durch dessen Spaltfeld bestimmt. Die Feldstärke H_m im Spaltinneren berechnet sich nach Abb. 3.8. Der zwischen den Polflächen des Arbeitsspaltes entstehende magnetische Spannungsabfall ist

$$V_s = \frac{R_s}{R_s + R_F} \Theta .$$

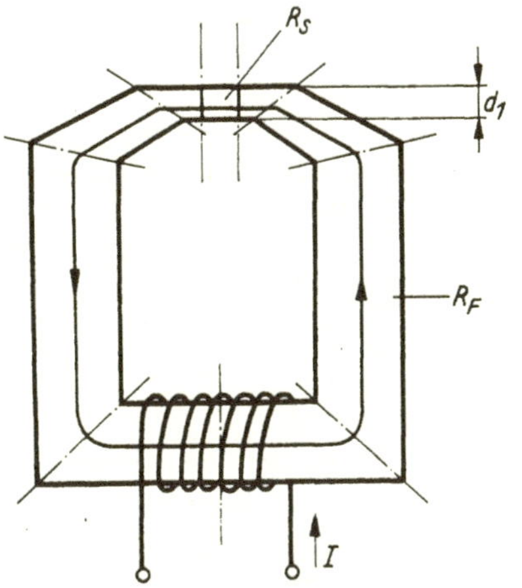

Abb. 3.8. Aufzeichnungskopf

(R_s = magnetischer Spaltwiderstand, $R_s + R_F$ = gesamter Kreiswiderstand). Dabei ist der magnetische Spaltwiderstand R_s von der Spaltweite w_s der Spalttiefe d_s und der Spurbreite h_s abhängig:

$$R_s = \frac{w_s}{\mu_0 d_s h_s}. \tag{3.1}$$

Es gilt für diese Teilstrecke des magnetischen Kreises

$$V_s = H_m \cdot w_s .$$

Infolgedessen wird mit dem Erregerstrom I, der Windungszahl n_1 und der Beziehung $\Theta = I \cdot n_1$

$$H_m = \frac{In_1}{w_s} \frac{R_s}{R_s + R_F} = \frac{In_1}{w} \delta_s . \tag{3.2}$$

Der Ausdruck

$$\delta_s = \frac{R_s}{R_s + R_F}$$

ist mit dem Wirkungsgrad des Kopfes identisch, vgl. Gl. (3.6). Die für den Aufzeichnungsprozeß notwendige Spaltfeldstärke H_m wird von der Amperewindungszahl

$$\Theta = H_m \frac{w_s}{\delta_s}$$

erreicht. Die maximal mögliche Spaltfeldstärke

$$H_{m_s} = \frac{J_s}{\mu_0}$$

wird durch Spaltkantensättigung begrenzt und beträgt entsprechend der Sättigungsfeldstärke des Kernwekstoffes üblicherweise 3000 A/cm (Ferrit) bis 8000 A/cm (AlFeSi). Daraus resultiert auch ein Maximalwert für den Aufzeichnungsstrom I. In verschiedenen Fällen soll die Kopfwicklung möglichst viele Windungen n_1 tragen, um einmal den Aufzeichnungsstrom I nicht zu groß zu machen (wegen günstigerer elektronischer Lösungen), und zum anderen, um den gleichen Kopf als Wiedergabekopf verwenden zu können. Dem steht entgegen, daß die Stromanstiegszeit T_a bei gegebener Kopfinduktivität

$$L = \frac{n_1^2}{R_s + R_F} \tag{3.3}$$

und gegebener Betriebsspannung U des Aufzeichnungsverstärkers begrenzt ist. Eine exponentiell anklingende Erregung, bedingt durch die Induktivität L der Kopfwicklung, zeigt Abb. 3.9.

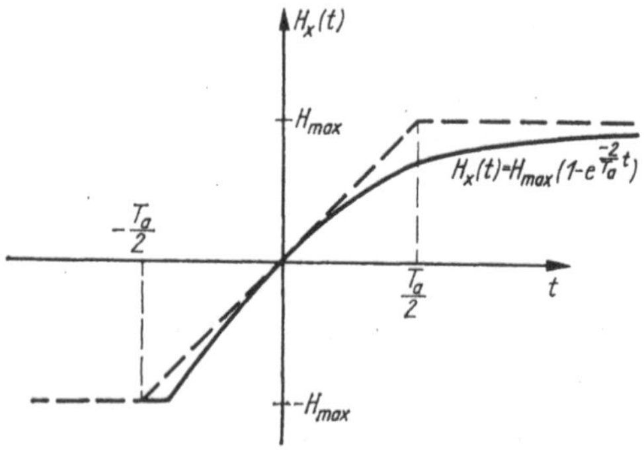

Abb. 3.9. Signalform des Aufzeichnungsfeldes $H_x(t)$

Es ergibt sich bei einer Zeitkonstanten des Aufzeichnungskreises von $\tau = \frac{L}{R}$ mit $R = \frac{U}{I}$ die Anstiegszeit nach der Definition in Abb. 3.9 zu

$$T_a = 2\frac{L \cdot I}{U} \tag{3.4}$$

Die maximale Größe von T_a wird durch mehrere Bedingungen bestimmt und in Abschnitt 3.5.5 berechnet. Mit Hilfe von T_a kann über die Beziehungen (3.1) bis (3.4) eine obere Grenze für die Windungszahl n_1

$$n_1 = \frac{T_a}{2H_{m_s}} \cdot \frac{U}{\mu_0 d_s h_s} \tag{3.5}$$

angegeben werden. Bei bekanntem magnetischen Kreis sind damit auch Aufzeichnungsstrom, Induktivität und Wirkungsgrad bestimmt. Hinweise auf die zweckmäßige Dimensionierung des Aufzeichnungssystems erhält man u. a. auch über eine Minimierung der Aufzeichnungsleistung

$$U \cdot I \approx \frac{(H_{m_s} d_s h_s)^2}{T_a} ;$$

d. h., die Anstiegszeit sollte nicht wesentlich kleiner gewählt werden als erforderlich, während Spalttiefe, Spurbreite und Aufzeichnungsfeld den erforderlichen Wert nicht überschreiten sollten.

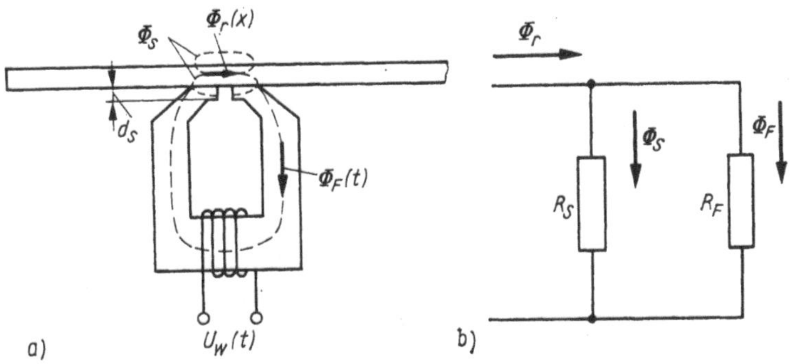

Abb. 3.10. Wiedergabekopf; a) Flußverteilung, b) Ersatzschaltbild

Beim Wiedergabevorgang teilt sich der Fluß nach Abb. 3.10 in den Spaltfluß Φ_s und in den Kernfluß Φ_F. Da nur der magnetische Kernfluß eine Nutzspannung induziert, ist das Verhältnis von Kernfluß zu Gesamtfluß gleich dem Wirkungsgrad δ_s des Magnetkopfes. Er berechnet sich aus dem Verhältnis der magnetischen Widerstände nach Abb. 3.10 zu

$$\delta_s = \frac{\Phi_F}{\Phi_r} = \frac{\Phi_F}{\Phi_s + \Phi_F} = \frac{R_s}{R_s + R_F}. \tag{3.6}$$

Eine zeitliche Magnetflußänderung $\frac{d\Phi_r}{dt}$ im Kern erzeugt an den Enden der Wicklung eine elektrische Spannung von der Größe

$$U_w = -n_2 \delta_s \frac{d\Phi_r}{dt}. \tag{3.7}$$

Die Wiedergabespannung ist damit von der Dimensionierung der Windungszahl und des Kopfwirkungsgrades abhängig. Die Erhöhung von n_2 ist nicht nur durch den begrenzten Wickelraum, sondern auch durch die Wirkung der Kopfresonanz begrenzt, in die außer der Kopfinduktivität L_2 die Kopf-, Leitungs- und Elektronikeingangskapazität eingeht. Die Kopfkapazität besteht im Wesentlichen aus der Kapazität zwischen den Wicklungslagen, also der Spulenkapazität. Die Kapazität zwischen Wicklungslage und Kern kann durch geeignete Zusammenschaltung der symmetrischen Wicklungshälften kurzgeschlossen werden.

Es ist leicht zu verifizieren, daß der Kopfwirkungsgrad dann am größten ist, wenn die Spalttiefe d_s klein, der magnetische Kreis kurz, aber breit und die Kernpermeabilität groß ist.

Seit geraumer Zeit ist es zu Vorschlägen gekommen, miniaturisierte Magnetköpfe in der Technologie der Mikroelektronik, also durch Aufdampfen, Sputtern und Fotoätzen herzustellen, [3.22]. Im Wesentlichen wird dabei der aufgedampfte Leiter von einem spaltbehafteten Magnetfilm umschlossen. Mit dieser Technologie können die heute geforderten dicht nebeneinanderliegenden Köpfe für die Vielspurtechnik gefertigt werden. Dem steht aber noch die geringe mechanische Festigkeit gegenüber Berührung mit dem Speichermedium entgegen [3.23]. Als Wiedergabeköpfe sind auch magnetoresistive Elemente in Form dünner magnetischer Schichten denkbar, [3.24]. Besonders effektiv wird die Wiedergabe, wenn das Element in den Aufzeichnungsspalt eines normalen Ringkernkopfes eingebettet wird. Als Vorteile des magnetoresistiven Elements werden eine hohe Wiedergabespannung und die Frequenzunabhängigkeit derselben (flußempfindlicher Kopf) genannt. Störeinflüsse beim Kontakt mit dem bewegten Speichermedium konnten noch nicht befriedigend kompensiert werden.

3.4. Berechnung des magnetischen Streufeldes

Eine genaue Beschreibung der verschiedenen Phasen des Aufzeichnungs- und Wiedergabevorganges beim Magnetband ist nicht möglich ohne Kenntnis der auf die Magnetschicht wirkenden magnetischen Streufelder. Diese bestimmen wesentlich das im mechanischen Magnetspeicherverfahren erreichbare Auflösungsvermögen.

Als Ausgangspunkt der Berechnung dient die Grundgleichung der MAXWELLschen Feldtheorie

$$\operatorname{div} \boldsymbol{B} = 0 .$$

Weiterhin gilt im nichtmagnetisierbaren Raum

$$\boldsymbol{B} = \mu_0 \boldsymbol{H} .$$

Man erhält die partielle Differentialgleichung

$$\frac{\partial H_x}{\partial x} - \frac{\partial H_y}{\partial y} = 0 . \tag{3.8}$$

H_x ist die Feldkomponente in Bandlaufrichtung, H_y in Schichtnormalenrichtung, s. Abb. 3.11.

Wir stellen die magnetische Feldstärke $\boldsymbol{H}$ in stromfreien Gebieten durch das skalare Potential φ dar:

$$\boldsymbol{H} = -\operatorname{grad} \varphi .$$

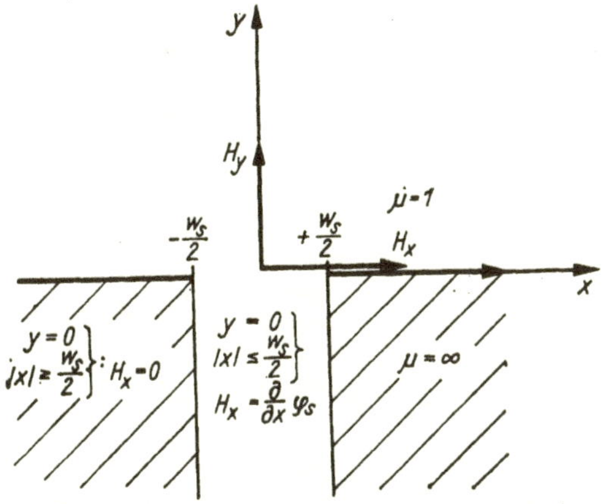

Abb. 3.11. Magnetkopf-Modell zur Feldberechnung

Dadurch wird (3.8) zu der LAPLACEschen Differentialgleichung

$$\frac{\partial^2}{\partial x^2}\varphi + \frac{\partial^2}{\partial y^2}\varphi = 0 \tag{3.9}$$

oder

$$\Delta\varphi = 0\,.$$

Für das vorliegende Problem erweist sich der Ansatz

$$\varphi = \int\limits_{-\infty}^{+\infty} A(k)\, \mathrm{e}^{-\mathrm{ky}}\, \mathrm{e}^{\mathrm{jkx}}\, \mathrm{d}k \tag{3.10}$$

als zweckmäßig. Die Konstante $A(k)$ wird durch die in Abb. 3.11 angeschriebene Randbedingung bei $y = 0$ bestimmt. Hier am Kopfspiegel muß wegen der als unendlich angenommenen Kopfpermeabilität die Feldkomponente H_x verschwinden. Nur innerhalb des Spaltes existiert das Spaltfeldpotential φ_s.

Der Ansatz (3.10) stellt ein FOURIER-Integral dar, in dem die Integrationsvariable k die Bedeutung einer Ortsfrequenz bzw. Wellenzahl hat

$$k = \frac{\omega}{v} = \frac{2\pi}{\lambda}.$$

Wegen der notwendigen Symmetrieeigenschaft des Lösungsansatzes bezüglich k braucht die Randbedingung formal nur für $k \geqq 0$ erfüllt zu werden. Dementsprechend können in (3.10) die Integrationsgrenzen geändert werden:

$$\varphi = 2\,\mathrm{Re}\left\{\int\limits_{0}^{+\infty} A(k)\, \mathrm{e}^{-\mathrm{ky}}\, \mathrm{e}^{\mathrm{jkx}}\, \mathrm{d}k\right\}. \tag{3.11}$$

Da eine reale Feldstärke- bzw. Potentialfunktion keinen imaginären Anteil besitzen kann, darf bei einer Integration von 0 bis ∞ nur der Realteil Re als Lösung betrachtet werden. Mit Hilfe von (3.11) kann die Formulierung der Randbedingung geschehen. Dabei wird das Spaltpotential φ_s als FOURIER-Transformierte $\check{\varphi}_s$ in Integralform geschrieben.

Es wird näherungsweise, nach [3.17] angesetzt, daß sich das vom Aufzeichnungsstrom I verursachte Potential von Spaltkante zu Spaltkante $y = 0$ linear ändert:

$$\varphi_s = \begin{cases} -H_m \dfrac{w_s}{2} & x \leqq -\dfrac{w_s}{2} \\ H_m x & |x| \leqq \dfrac{w_s}{2} \\ +H_m \dfrac{w_s}{2} & x \geqq \dfrac{w_s}{2} \end{cases} . \tag{3.12}$$

Dieser Vorgabe liegt weiterhin ein Kopfmodell mit unendlich ausgedehntem Kopfspiegel, scharfen Spaltkanten und unendlicher Kernpermeabilität μ zugrunde.

Die FOURIER-Transformierte lautet

$$\check{\varphi}_s = \frac{H_m}{\pi} \frac{1}{jk} \frac{\sin k \dfrac{w_s}{2}}{k} . \tag{3.13}$$

Zur Berechnung der Konstanten $A(k)$ schreiben wir mit (3.11) und (3.13)

$$2 \operatorname{Re} \left\{ \int_0^{+\infty} \check{\varphi}_s \, e^{jkx} \, dk \right\} = 2 \operatorname{Re} \left\{ \int_0^{+\infty} A(k) \, e^{-ky} \, e^{jkx} \, dk \right\} \Bigg|_{y=0}$$

Die Gleichheit der FOURIER-Integrale wird durch die Identität der Integranden erzwungen. Es ergibt sich

$$A(k) = \check{\varphi}_s .$$

Dies in (3.11) eingesetzt, ergibt

$$\varphi = \frac{2H_m}{\pi} \int_0^{+\infty} e^{-ky} \cdot \frac{\sin k \dfrac{w_s}{2}}{k} \sin kx \frac{dk}{k} . \tag{3.14}$$

(3.14) wird über $\boldsymbol{H} = -\operatorname{grad} \varphi$ wieder in die Felddarstellung gebracht. Es ergibt sich nach Ausführung der Integration am Ort $y = a_1$

$$H_x = \frac{H_m}{\pi} \left(\arctan \frac{1 + \dfrac{2x}{w_s}}{\dfrac{2a_1}{w_s}} + \arctan \frac{1 - \dfrac{2x}{w_s}}{\dfrac{2a_1}{w_s}} \right) . \tag{3.15}$$

Aufgrund des geringen Einflusses der y-Komponente H_y soll diese für die vereinfachten Betrachtungen zum Aufzeichnungsprozeß nicht weiter beachtet werden. Die y-Komponente des Kopffeldes bewirkt beim Aufzeichnungsvorgang einen verwaschenen und unsymmetrischen Magnetisierungsübergang. Dieser Effekt wird dadurch zurückgedrängt, daß die Speicherschichten eine schwere Magnetisierbarkeit in y-Richtung bekommen. Dies geschieht bei den sehr dünnen Metall- und Ferritschichten bereits durch die Wirkung der Streufeldenergie. Bei den dickeren Teilchenschichten wird das anisotrope Verhalten durch Ausrichten der länglichen Teilchen in x-Richtung während des Herstellungsprozesses (Magnetfeldeinwirkung) erreicht.

In der Regel sind die angenommenen scharfen Spaltkanten nur eine rechnerische Vereinfachung. Die Spaltkanten sind in der Praxis durch die mechanische Bearbeitung abgerundet oder andersartig deformiert. Bei der nachfolgend zu behandelnden Sättigungsaufzeichnung liegt der Betriebsfall für die Aufzeichnungsflußdichte, insbesondere beim Betrieb hochkoerzitiver Metallschichtbänder eng an die Grenze zur Spaltkantensättigung, [3.30]. Auch dies wirkt über die Permeabilität vermindernd wie eine Abrundung der Spaltkanten. Der Einfluß dieses Effekts auf die Feldstärkekomponente H_x kann mit Hilfe der empirisch modifizierten Formel (3.15) nach [3.18] zu

$$H_x(x) = \frac{H_m}{\pi}\left(\arctan\frac{1+\frac{2x}{w_s}}{\frac{2a_1}{w_s}+\frac{H_m}{H_{m_s}}} + \arctan\frac{1-\frac{2x}{w_s}}{\frac{2a_1}{w_s}+\frac{H_m}{H_{m_s}}}\right) \tag{3.16}$$

abgeschickt werden. In Abb. 3.12 ist der H_x-Verlauf nach (3.16) mit

$$\frac{a^*}{w_s} = \frac{a_1}{w_s} + \frac{H_m}{2H_{m_s}}$$

als Parameter dargestellt. Die Maximalfeldstärke $H(0)$, die in der Magnetschicht am Ort a_1 über der Spaltmitte herrscht, ist wegen $H_y(0) = 0$ eine reine Längskomponente

$$H_x(0) = H_m \frac{2}{\pi} \arctan\frac{w_s}{2a^*}. \tag{3.17}$$

Sie spielt bei der Impulsspeicherung eine große Rolle, da sie die maximale Feldaussteuerung der Magnetschicht angibt. Auch der Differentialquotient $\frac{\mathrm{d}H_x(x)}{\mathrm{d}x}$ am Aufzeichnungsort x_1 beeinflußt maßgeblich die Impulsaufzeichnung. Er berechnet sich aus (3.16) zu

$$\left.\frac{\mathrm{d}H_x(x)}{\mathrm{d}x}\right|_{x_1} = -\frac{2}{\pi}\frac{H_m}{a^*}\frac{4\frac{x_1}{w_s}}{\left(\frac{2a^*}{w_s}\right)^2 + 2\left[1+\left(\frac{2x_1}{w_s}\right)^2\right] + \left(\frac{w_s}{2a^*}\right)^2\left[1-\left(\frac{2x_1}{w_s}\right)^2\right]^2}. \tag{3.18}$$

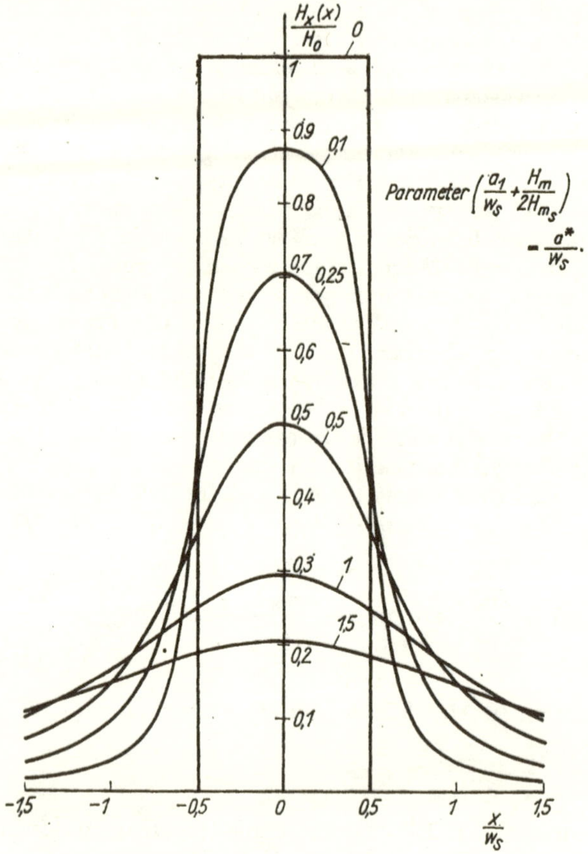

Abb. 3.12. Feldstärkeverlauf $H_x(x)$ im Abstand $y = a_1$ von der Magnetkopfoberfläche

Die Annahme der unendlichen Kernpermabilität ist für die Berechnung des Feldverlaufs realer Köpfe ($\mu > 100$) immer ausreichen, da erst bei $\mu < 30$ die Feldlinien nicht mehr senkrecht zur Spiegeloberfläche austreten und auch erst dann der für die Impulsaufzeichnung wesentliche Differentialquotient $\frac{\partial H_x(x)}{\partial x}$ kleiner wird [3.19], [3.29].

Auch die Annahme einer unendlichen Ausdehnung der Polfläche ist für die Praxis ausreichend gut. Denn die Spurbreite ist stets groß gegen die Spaltweite. Ebenso führt die Verkürzung der Feldausläufer durch die endliche Pollänge in x-Richtung und die Feldumkehr am Ende der Polschuhe zu keiner wesentlichen Veränderung des Differentialquotienten $\frac{\partial H_x(x)}{\partial x}$ [3.20]. Felder beliebiger Kopfform werden mit den Hilfsmitteln der konformen Abbildung berechnet, s. auch [3.21].

3.5. Aufzeichnungsvorgang

Das Auflösungsvermögen einer Impuls-Aufzeichnung wird durch den endlichen Anstieg des Magnetisierungssprunges begrenzt. Schon beim Aufzeichnungsvorgang muß deshalb eine kürzestmögliche Anstiegslänge angestrebt werden, d. h., der Aufzeichnungsvorgang muß optimal verlaufen.

Bei der üblichen Impulsaufzeichnung ändert das Aufzeichnungsfeld mehr oder weniger schnell seine Polarität, ohne auf Null zu verharren (s. Abb. 3.9). Das führt dazu, daß die Bandelemente, die in einer Richtung magnetisiert waren, im Augenblick der Umpolung mehr oder weniger stark ummagnetisiert werden. Die Geometrie des durch diesen Vorgang bewirkten Magnetisierungsüberganges (von $-M_r$ auf $+M_r$ oder umgekehrt) richtet sich nach der Form des Aufzeichnungsfeldes, des Aufzeichnungsstromes und der Hystereseeigenschaft des Schichtmaterials [3.2], [3.3]. Nach der Berechnung des Aufzeichnungsfeldes im vorhergehenden Abschnitt können nun die Aussteuerungsverhältnisse abgeleitet werden, unter denen die Sättigungs-Aufzeichnung mit höchster Speicherdichte abläuft, [3.4].

Um den Zusammenhang zwischen dem Aufzeichnungsfeld, den entmagnetisierenden Streufeldern und dem Magnetisierungsverlauf in der Ummagnetisierungszone exakt zu erfassen, ist die analytische Darstellung der Hysteresekurve $M(H)$ im 2. und 4. Quadranten erforderlich. Es hat sich hierfür weitgehend die Approximation durch die rechtwinklige Hyperbel nach [3.17] durchgesetzt, in die drei Parameter: remanente Magnetisierung M_r, Koerzitivfeldstärke H_c und Anfangspermeabilität μ_a eingehen. Für die nachfolgenden vereinfachenden Betrachtungen, die sich nicht mit der Form des Magnetisierungsüberganges, sondern nur mit dessen wichtigster Kenngröße, dem Maximalanstieg beschäftigen, kann ein einfaches, im Übergangsbereich um $M_x \approx 0$ lineares Modell verwendet werden. Das hat überdies den Vorteil, daß ein vierter wichtiger Parameter, die Maximalsteilheit der Hysteresekurve $(\mu_m - 1)$, Abb. 3.13, in der Rechnung Berücksichtigung findet.

Der Anstieg des Magnetisierungsüberganges wird gebräuchlicherweise mit Hilfe des Ausdrucks

$$\frac{\mathrm{d}M(\xi)}{\mathrm{d}(\xi)} = \frac{\mathrm{d}M(H)}{\mathrm{d}H} \cdot \frac{\mathrm{d}H(\xi)}{\mathrm{d}\xi}$$

abgeschätzt. Da Ort, Zeitpunkt und Größe der auf das Bandelement $\mathrm{d}\xi$ einwirkenden Feldstärke im allgemeinen sowohl vom Aufzeichnungsfeld $H(x)$ als auch vom entmagnetisierenden Eigenfeld $H_x(\xi)$ sowie von der Signalform

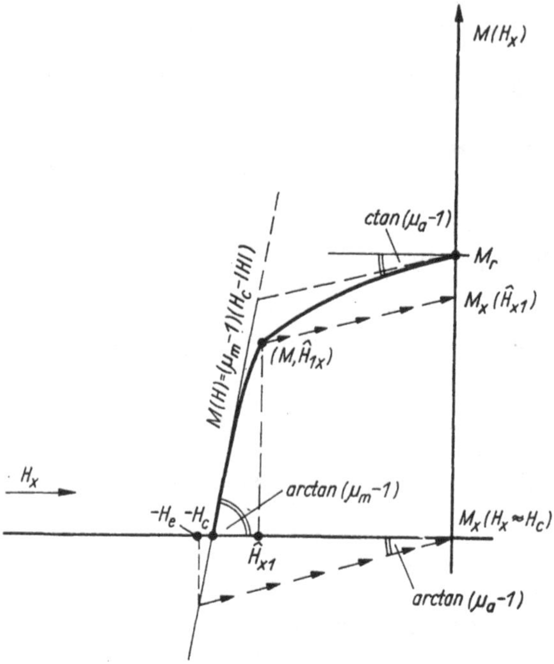

Abb. 3.13. Zur Berechnung des Aufzeichnungsvorganges

$H(t)$ abhängen, gilt mit der Transformationsgleichung des Ansteuervorganges

$$x = \xi - vt \tag{3.19}$$

und unter Beachtung des nichtlinearen kausalen Zusammenhangs zwischen Feldverlauf und fixiertem Magnetisierungsübergang ein totales Differential der Form

$$\frac{\mathrm{d}M(\xi)}{\mathrm{d}\xi} = \begin{cases} \dfrac{\mathrm{d}M(H)}{\mathrm{d}H}\left(\dfrac{\partial H(x)}{\partial x} + \dfrac{\partial H(\xi)}{\partial \xi}\right) & \text{bei } \dfrac{\partial H(x)}{\partial x} \leqq \dfrac{1}{v}\dfrac{\partial H(t)}{\partial t} \quad \textbf{statischer Fall} \\[2ex] \dfrac{\mathrm{d}M(H)}{\mathrm{d}H}\left(\dfrac{1}{v}\dfrac{\partial H(t)}{\partial t} + \dfrac{\partial H(y)}{\partial \xi}\right) & \phantom{\text{bei }} \dfrac{\partial H(x)}{\partial x} \geqq \dfrac{1}{v}\dfrac{\partial H(t)}{\partial t} \quad \textbf{dynamischer Fall} \end{cases} \tag{3.20}$$

Wenn das Signalfeld $H(t)$ schneller aufgebaut wird als das Aufzeichnungsfeld $H(x)$ durch die Bandbewegung im Element $\mathrm{d}\xi$ abklingen kann, spricht man von einem statischen, sonst von einem dynamischen Fall der Impulsaufzeichnung.

Der Anstieg im Nulldurchgang der x-Magnetisierung, der bei $(-x_1, \xi = 0, t_1)$ festgelegt sein soll, ist im statischen Fall

$$\left.\frac{dM_x(\xi)}{d\xi}\right|_{M_x=0} = \left.\frac{dM_x(\hat{H}_x)}{d\hat{H}_x}\right|_{|H_x|=H_e} \left(\left.\frac{\partial H_x(x)}{\partial x}\right|_{x_1} + \left.\frac{\partial H_x(\xi)}{\partial \xi}\right|_{\xi=0}\right) \tag{3.21}$$

und im dynamischen Fall

$$\left.\frac{dM_x(\xi)}{d\xi}\right|_{M_x=0} = \left.\frac{dM_x(\hat{H}_x)}{d\hat{H}_x}\right|_{|H_x|=H_e} \left(\frac{1}{v}\left.\frac{\partial H_x(t)}{\partial t}\right|_{t_1} + \left.\frac{\partial H_x(\xi)}{\partial \xi}\right|_{\xi=0}\right). \tag{3.22}$$

Dabei ist unter $\hat{H}_x(\xi)$ die Maximalfeldstärke zu verstehen, der das Bandelement $d\xi$ nach der Polaritätsumkehr ausgesetzt war. Denn diese maximale Feldstärke allein bestimmt wegen der Hystereseeigenschaften der Magnetschicht den Nulldurchgang im remanenten Magnetisierungsverlauf.

$M_x(\hat{H}_x)$ ist die remanente Magnetisierung, die sich nach Wirkung der Maximalfeldstärke $\hat{H}_x$ einstellt. Demzufolge ist

$$\frac{dM_x(\hat{H}_x)}{d\hat{H}_x}$$

der Anstieg der Remanenzkurve, der bei einer Anfangspermeabilität μ_a gleich $(\mu_m - 1)$, vermindert um $(\mu_a - 1)$ ist:

$$\left.\frac{dM_x(\hat{H}_x)}{d\hat{H}_x}\right|_{|\hat{H}_x|=H_e} = \mu_m - \mu_a\,. \tag{3.23}$$

Der Nulldurchgang der remanenten Magnetisierung $M_x = 0$ wird, wie aus Abb. 3.13 zu ersehen ist, durch ein Aufzeichnungsfeld der Größe $|\hat{H}_x| = H_e$ festgelegt. An diesem Ort $\xi = 0$ ist das antisymmetrische Eigenfeld $H_x(\xi)$ immer gerade Null. Durch die Divergenz der Magnetisierung bildet sich sofort bei der Fixierung der Übergangszone ein entmagnetisierendes Feld $H_x(\xi)$, das der Magnetisierung entgegenwirkt. Der sich einstellende Gleichgewichtszustand zwischen Magnetisierungsverlauf, Aufzeichnungsfeld und Entmagnetisierungsfeld kann exakt nur über eine selbstkonsistente iterative Rechnung beschrieben werden, wobei das Aufzeichnungsfeld schrittweise erhöht wird. In dieser Weise wurde die Vektorverteilung der Magnetisierung während und nach der Einwirkung des Aufzeichnungsfeldes berechnet [3.26].

Unter der üblichen Beschränkung auf das zweidimensionale Modell, das nur die x-Komponente der Magnetisierung berücksichtigt, die vereinfachend über den Querschnitt der Schicht als konstant angesehen wird (zulässig nur bei $d \ll a$, d. h. bei dünnen Schichten oder Teildurchdringung der Schicht, wie sie bei Video- und Instrumentationsaufzeichnung angewendet wird), können alle Schritte des Speicherprozesses, wie Aufzeichnung während der Fortbewegung der Schicht, Abklingen des Aufzeichnungsfeldes, Einfluß des Entmagnetisierungsfeldes und Wiedergabevorgang berechnet werden, [3.27], [3.28].

Trotzdem erweisen sich diese zeitaufwendigen iterativen Verfahren als zu schwerfällig gegenüber den notwendigen Parametervariationen bei Systemoptimierungen. Auch lassen sie die physikalischen Bedeutungen und Zusammenhänge der Systemparameter nicht mehr erkennen. Aus diesem Grunde soll im folgenden versucht werden, einfache analytische Zusammenhänge zwischen den wesentlichen physikalischen Größen des Speicherprozesses zu gewinnen. Ihr Nutzen liegt darin, daß sie nicht nur gute qualitative Aussagen und Extrapolationen erlauben, sondern auch für die komplexe systemtechnische Optimierung Ausdrücke hinreichender Genauigkeit liefern. Es kann nach [3.25] für den üblicherweise als Resultat des Aufzeichnungsvorganges angenommenen Magnetisierungsverlauf

$$M_x(\xi) = \frac{2}{\pi} M \arctan \frac{\pi}{s} \xi \tag{3.24}$$

mit der charakteristischen Übergangsbreite s das interne selbstentmagnetisierende Eigenfeld $H_x(\xi)$ berechnet werden. Mit der Linearmodell-Vorstellung nach [3.27] und [3.5], die $M(H)$ im Bereich des Magnetisierungswechsels, (s. Abb. 3.13) durch die Geraden $M = \pm(\mu_m - 1)(H_c - |H|)$ und weiterhin in diesem irreversiblen Entmagnetisierungsbereich die magnetische Leitfähigkeit μ_m berücksichtigt, ist das Eigenfeld im Innern der Magnetschicht, die sich im mittleren Abstand a_1 vom Kopfspiegel entfernt befindet,

$$H_x(\xi) = 4H_c d \frac{\mu_m - 1}{\mu_m} \left(\frac{\xi}{\xi^2 + \left(\frac{s}{\pi} + 2a_1\right)^2} - \frac{\xi}{\xi^2 + \left(\frac{s}{\pi}\right)^2} \right). \tag{3.25}$$

Diesen Verlauf zeigt Abb. 3.14a mit $\frac{d}{s} = 0{,}1$ und $\mu_m \to \infty$. Genauere Feldberechnungen, auch unter Berücksichtigung des Kopfspaltes, sind in [3.1] ausgeführt.

Der Maximalwert ist nur unwesentlich von a_1/s abhängig und beträgt etwa

$$|H_x(\xi)|_{\max} = 2\pi \frac{d}{s} H_c \frac{\mu_m - 1}{\mu_m} \leqq H_c \frac{\mu_m - 1}{\mu_m}. \tag{3.26}$$

Der am Ort $\xi = 0$ auftretende Feldgradient, der zur Berechnung von (3.21),

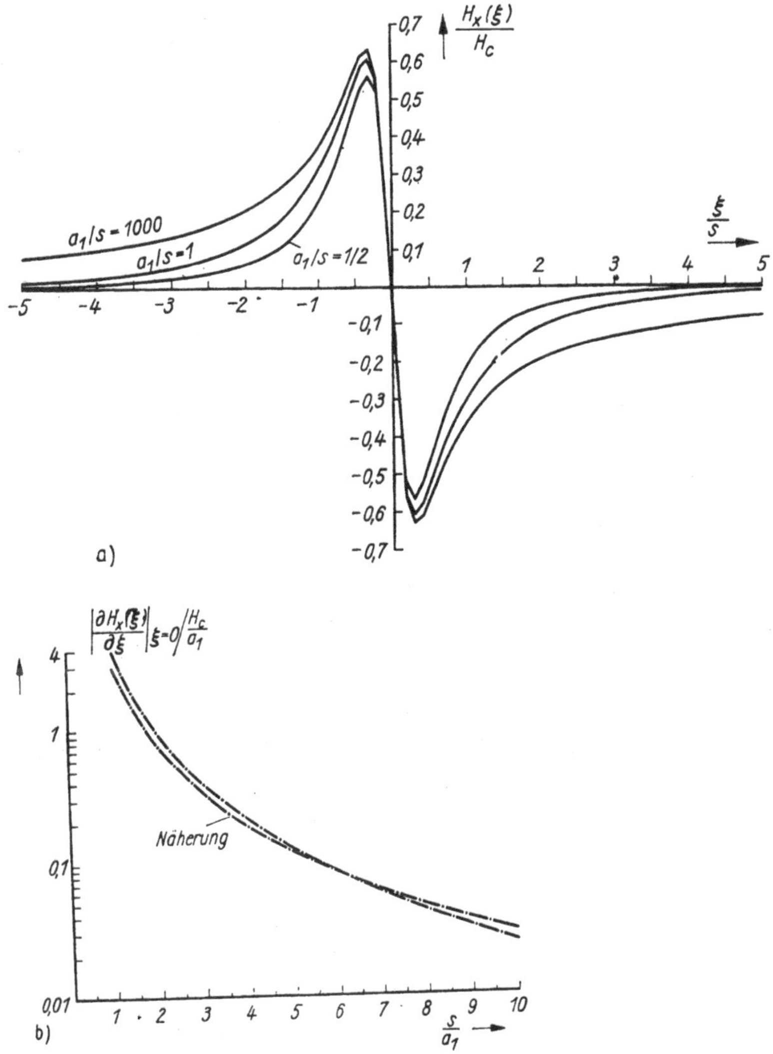

Abb. 3.14. Entmagnetisierendes Eigenfeld eines Überganges

$$M_x(\xi) = \frac{2}{\pi} M \arctan \frac{\pi}{s} \xi;$$

a) $H_x(\xi)/H_c$ für $\frac{d}{s} = 0{,}1$

b) $\left.\frac{\partial H_x(\xi)}{\partial \xi}\right|_{\xi=0} \Big/ \frac{H_c}{a_1}$ für $\frac{d}{a_1} = 0{,}1$

bzw. (3.22) benötigt wird, lautet

$$\left.\frac{\partial H_x(\xi)}{\partial \xi}\right|_{\xi=0} = -16\pi^2 \frac{H_c d a_1}{s^2} \frac{\mu_m - 1}{\mu_m} \frac{\frac{s}{\pi} + a_1}{\left(\frac{s}{\pi} + 2a_1\right)^2}. \tag{3.27}$$

Abb. 3.14b zeigt diesen Verlauf für $\frac{d}{a_1} = 0{,}1$ und $\mu_m \to \infty$. Die untere Kurve entspricht der Approximation für große a_1. Die Abweichung beträgt für die wichtigsten Anwendungsfälle maximal 20%, denn der Feldgradient ist, wie anschaulich auch aus Abb. 3.14a hervorgeht, weitgehend unabhängig von a_1, Davon wird bei der Ableitung von Gl. (3.32) Gebrauch gemacht.

3.5.1. Statischer Fall

Die Bezeichnung statischer Fall ist daher berechtigt, daß die Aufzeichnung ausschließlich im Zeitpunkt t_1 fixiert wird. Die weiteren Betrachtungen sind deshalb zeit- und geschwindigkeitsunabhängig. Der Ort, an dem das maximal einwirkende Aufzeichnungsfeld

$$\hat{H}_x(\xi) = H_x(t)$$

den Wert $\pm H_e$ erreicht, soll mit x_1 bezeichnet werden:

$$\hat{H}_x(x_1) = \pm H_e\,.$$

x_1 errechnet sich durch Umformung von (3.16) mit (3.17) zu

$$x_1 = a^* \sqrt{\frac{w_s}{a^*} \cot\left(\frac{2H_e}{H_e(0)} \arctan \frac{w_s}{2a^*}\right) + \left(\frac{w_s}{2a^*}\right)^2 - 1}\,. \tag{3.28}$$

x_1 wird in den zur Berechnung von (3.21) benötigten Ausdruck $\left.\frac{\partial H_x(x)}{\partial x}\right|_{x_1}$ nach (3.18) eingesetzt.

Abb. 3.15 zeigt den Verlauf dieses „Aufzeichnungsgradienten", normiert auf $\frac{H_e}{a^*}$, als Funktion von $\frac{H_x(0)}{H_e}$. Das Maximum liegt bei einem Aussteuerverhältnis von

$$\frac{H_x(0)}{H_e} = (2 \dots 2{,}6) \approx 2{,}5\,\frac{H_c}{H_e}, \tag{3.29}$$

s. auch [3.4]. Dieses optimale Aussteuerungsverhältnis wird auch experimentell bestätigt [3.2]. Nach [3.4] liegt dann der Aufzeichnungsgradient in der Größenordnung von

$$\left.\frac{\partial H_x(x)}{\partial x}\right|_{x_1} = \frac{H_c}{a^*}. \tag{3.30}$$

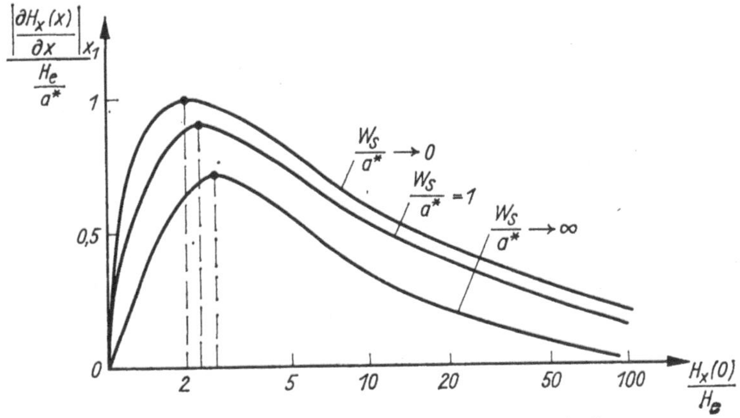

Abb. 3.15. Aufzeichnungsgradient als Funktion der Feldaussteuerung

Wir wollen ein Magnetband betrachten, das sich im Abstand a_1 über den Kopfspiegel bewegt. In Schichtmitte $a_1 = a + \frac{d}{2}$ wirkt der aussteuerungsabhängige Feldgradient

$$\left.\frac{\partial H_x(x)}{\partial x}\right|_{x_1} = \frac{H_c}{a + \frac{d}{2} + \frac{w_s}{2} \frac{H_m}{H_{m_s}}} \,. \tag{3.31}$$

Mit (3.21), (3.23) und (3.27) wird der Anstieg der Magnetisierung im Nulldurchgang und daraus die Anstiegslänge s gemäß Abb. 3.7 abgeschätzt

$$s = \frac{1}{\left|\frac{\partial H_x(x)}{\partial x}\right|} \left(\frac{M_r}{(\mu_m - \mu_a)} + \sqrt{\left(\frac{M_r}{\mu_m - \mu_a}\right)^2 + \left|\frac{\partial H_x(x)}{\partial x}\right|_{x_1} 4\pi^2 H_c d \frac{\mu_m - 1}{\mu_m}} \right) . \tag{3.32}$$

Diese „charakteristische“ Breite s des Magnetisierungsüberganges ist von den Schichtparametern M_r, H_c, μ_m, μ_a, d, dem Kopfparameter H_{m_s}, dem Systemparameter a und dem Betriebsparameter $H_m = \frac{I n_1 \delta_s}{w_s}$ abhängig.

Entsprechend der Beziehung (3.30), die sich bei der Wahl des optimalen Aufzeichnungsstromes einstellt, gilt für die minimale Aufzeichnungsbreite

$$s = \frac{M_r a^*}{(\mu_m - \mu_a) H_c} + \sqrt{\left(\frac{M_r a^*}{(\mu_m - \mu_a) H_c}\right)^2 + 4\pi^2 d a^* \frac{\mu_m - 1}{\mu_m}} \,, \tag{3.33}$$

jedoch mit der aus (3.26) folgenden Grenzbedingung

$$s \geqq 2\pi d \,.$$

Tab. 3.3 enthält den Kennwert s für fünf charakteristische Speichermedien. Für $\frac{H_m}{H_{m_s}}$ wurde 1 angenommen: $a^* = a_1 + \frac{w_s}{2}$.

3.5.2. Dynamischer Fall

Der Einfluß der endlichen Anstiegszeit des Aufzeichnungsstromes bzw. -feldes äußert sich ebenfalls in einer endlichen Breite des Magnetisierungsüberganges. Zur Berechnung soll angenommen werden, daß jedes Bandelement wenigstens einmal der Sättigungsfeldstärke ausgesetzt ist. Dadurch bleibt der Charakter der Impulsaufzeichnung gewahrt; die Remanenzkurve hat dann nach wie vor ihren steilsten Anstieg beim Nulldurchgang, der zum Zeitpunkt t_1 (bei $|H_x(t)| = H_e$) gebildet wird. Es gilt mit $H_{max} = H_x(0)$ nach Abb. 3.9

$$t_1 = \frac{T_a}{2} \ln \frac{1}{1 - \frac{H_e}{H_x(0)}}. \tag{3.34}$$

Der Feldanstieg zu diesem Zeitpunkt beträgt

$$\left.\frac{\partial H_x(t)}{\partial t}\right|_{H_x(t_1)=H_e} = \frac{2\big(H_x(0) - H_e\big)}{T_a}. \tag{3.35}$$

Wird der ungünstigste Fall für die in (3.29) angegebene Feldaussteuerung eingesetzt, folgt

$$\left.\frac{\partial H_x(t)}{\partial t}\right|_{t_1} = 2\frac{H_c}{T_a}. \tag{3.36}$$

In der Praxis der Magnetspeichertechnik ist die Flankensteilheit des Aufzeichnungsstromes von der Induktivität und Güte des Magnetkopfes sowie von der Leistung der Aufzeichnungselektronik abhängig. Um den materiellen Aufwand minimal zu halten, darf deshalb die Impulsanstiegzeit nicht kleiner gewählt werden als erforderlich. Die erforderliche Größe von T_a ist dann erreicht, wenn entsprechend (3.20) die Bedingung

$$\frac{1}{v}\left.\frac{\partial H_x(t)}{\partial t}\right|_{t_1} \geqq \left.\frac{\partial H_x(x)}{\partial x}\right|_{x_1} \tag{3.37}$$

erfüllt ist. Dann wird der aufgezeichnete Magnetisierungsübergang unabhängig von der Anstiegszeit. Die mögliche Anstiegszeit ergibt sich daraus mit (3.30) und (3.36) zu

$$T_a \leqq 2\frac{a^*}{v}, \tag{3.38}$$

vgl. auch [3.31].

3.5.3. Nulldurchgangsverschiebung

Bis jetzt wurde vorausgesetzt, daß die Aufzeichnungsbedingung $|H_x(x_1)| = H_e$ nur vom Aufzeichnungsfeld an der ablaufenden Kante bestimmt ist. Es wurde aber schon darauf hingewiesen, daß jeder Magnetisierungsübergang, d. h. auch jeder zu x_1 benachbarte Übergang, ein Eigenfeld erzeugt. Es läßt sich leicht verifizieren, daß das Eigenfeld des vorangehenden Überganges am Ort x_1 stets das gleiche Vorzeichen wie das Aufzeichnungsfeld aufweist, dagegen der gleichzeitig an der auflaufenden Kante gebildete, das entgegengesetzte Vorzeichen [3.32]. Die Addition bzw. Subtraktion der Felder führt zu einer positiven bzw. negativen Verschiebung des Nulldurchgangs von x_1 nach x_1'. Im folgenden soll abgeschätzt werden, wie groß eine solche Verschiebung maximal sein kann, und von welchen Größen sie hauptsächlich beeinflußt wird. Die Verschiebung ist dann maximal, wenn nur einer der beiden Nachbar-Übergänge gebildet wird und dieser gleichzeitig mit dem Maximalwert des Eigenfeldes einwirkt. Die Lage des vorauseilenden Nachbarn hängt allein von der aufzuzeichnenden Informationsfolge ab. Der nacheilende Übergang wird an der auflaufenden Kante des Aufzeichnungskopfes nur dann gebildet, wenn die alte, zu überschreibende Magnetisierung das entgegengesetzte Vorzeichen hatte. Wird auf ein gelöschtes Band aufgezeichnet, wird der nacheilende Übergang stets gebildet. Die resultierenden Eigenfelder haben dann nur den halben Maximalwert. In (3.26) wurde ein Maximalwert für das Eigenfeld abgeschätzt. Wird für s der nach (3.33) für viele praktische Fälle ausreichende vereinfachte Ausdruck

$$s \approx 2\pi \sqrt{da^*} \tag{3.39}$$

eingesetzt, ergibt sich

$$|H_x(\xi)|_{\max} \approx \sqrt{\frac{d}{a^*}}\, H_c \quad \text{mit} \quad a^* = a + \frac{d}{2} + \frac{w_s}{2} \frac{H_m}{H_{m_s}}\,. \tag{3.40}$$

Die maximal mögliche Ortsverschiebung

$$\Delta x = x_1' \dot{-} x_1'' \tag{3.41}$$

errechnet sich analog zu (3.28) aus

$$x_1', x_1'' = a^* \sqrt{\frac{w_s}{a^*} \cot\left(2\, \frac{H_e \pm \sqrt{\frac{d}{a^*}}\, H_c}{H_x(0)} \arctan \frac{w_s}{2a^*}\right) + \left(\frac{w_s}{2a^*}\right)^2 - 1}\,. \tag{3.42}$$

Wird Δx auf die Länge des Bitabstandes normiert, erhält man das gebräuchliche Maß für den „Nullshift“- bzw. „Peakshift“-Fehler, da die Verschiebung der Nulldurchgänge Spitzenverschiebungen im Wiedergabesignal entsprechen. Bei der Aufzeichnung auf gelöschtes Band verringert sich der Peakshiftfehler, da hierbei der halbe Wert von (3.40) eingesetzt werden muß.

Es gibt noch eine zweite Ursache für die Nulldurchgangsverschiebung bei Aufzeichnung, die im allgemeinen sogar größer ist als die bisher behandelte. Diese ergibt sich aus der von der Information abhängigen unterschiedlichen Maximalfeldstärke $H_x(0)$. Abb. 3.16 zeigt dies an einem Beispiel. Die exponentiell an- und abklingende Erregung ist durch die Induktivität der Kopf-

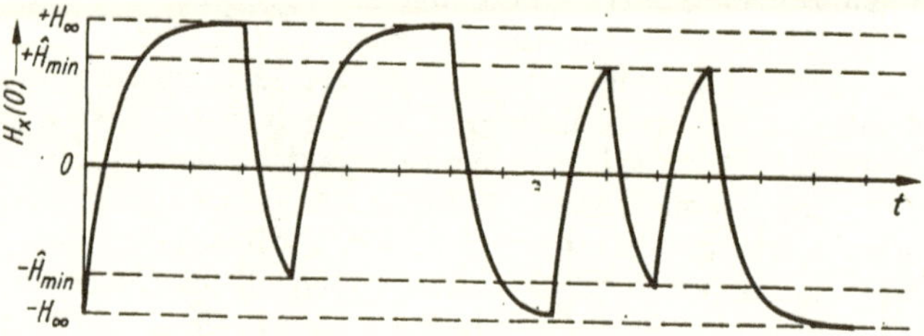

Abb. 3.16. Beispiel für eine Feldaussteuerung in Abhängigkeit von der Flußwechselfolge

wicklung bedingt. In Abhängigkeit von der zeitlichen Folge der Erregungswechsel errechnet sich der kleinste Wert für $H_x(0)$ zu

$$\hat{H}_{\min} = H_\infty \left(1 - 2\,e^{-2\frac{T_{\min}}{T_a}}\right). \tag{3.43}$$

$T_{\min}$ ist der engste Flußwechselabstand, T_a ist die Anstiegzeit $\frac{2L}{R}$ des Aufzeichnungskreises. Analog zu (3.41) und (3.42) ergibt sich ein Ausdruck

$$\frac{\Delta x}{a^*} = \sqrt{\frac{w_s}{a^*}\cot\left(2\frac{H_e}{H_\infty}\arctan\frac{w_s}{2a^*}\right) + \left(\frac{w_s}{2a^*}\right)^2 - 1} - \sqrt{\frac{w_s}{a^*}\cot\left(2\frac{H_e}{\hat{H}_{\min}}\arctan\frac{w_s}{2a^*}\right) + \left(\frac{w_s}{2a^*}\right)^2 - 1}\,. \tag{3.44}$$

Die Abhängigkeit der Ortsverschiebung $\frac{\Delta x}{a}$ vom Verhältnis $\frac{H_e}{H_\infty}$ ist in Abb. 3.17 dargestellt, vgl. auch mit [3.28]. Für ein typisches System mit den Parametern $w_s = 2\ \mu\text{m}$, $a^* = 1\ \mu\text{m}$, $\frac{H_e}{H_\infty} = 0{,}4$ und $\frac{\hat{H}_{\min}}{H_\infty} = 0{,}95$ ergibt sich aus Abb. 3.17 eine Verschiebung um $\Delta x = 0{,}055\ \mu\text{m}$. Das entspricht bei einer Flußwechseldichte von 1000 Flw/mm einem maximalen Peakshiftfehler von 5%. Soll dieser Wert verkleinert werden, muß $\frac{\hat{H}_{\min}}{H_\infty}$ durch Eingriff in den Aufzeichnungskreis (Verringerung der Zeitkonstanten bzw. der Anstiegzeit) verändert werden. Im allgemeinen ist aber das 5%-Kriterium für die Limitierung der Anstiegszeit ausreichend. Mit $\frac{\hat{H}_{\min}}{H_\infty} = 0{,}95$ in (3.43)

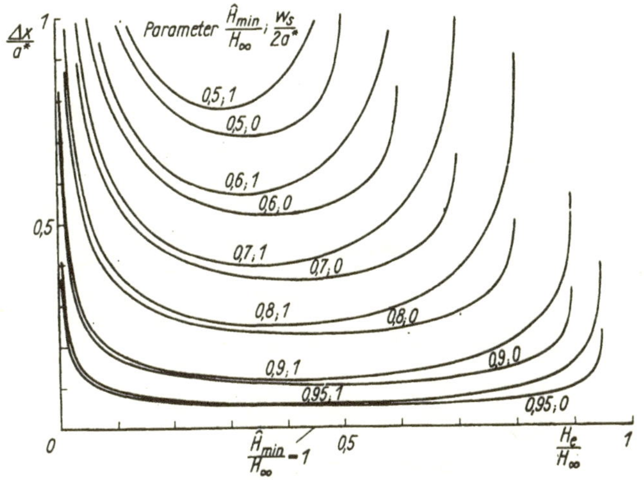

Abb. 3.17. Darstellung von $\frac{\Delta x}{a^*}$ als Funktion von $\frac{H_e}{H_\infty}$ mit $\frac{\hat{H}_{\min}}{H_\infty}$; $\frac{w_s}{2a^*}$ als Parameterpaar

eingesetzt, erhalten wir für die Anstiegszeit T_a des Aufzeichnungskreises die Bedingung

$$T_a \leqq 0{,}54 T_{\min}. \tag{3.45}$$

3.5.4. Überschreib-Bedingung

Soll eine Neuaufzeichnung ohne vorherige Löschung der alten Aufzeichnung erfolgen, so muß jedes Bandelement mit Sicherheit der Sättigungsfeldstärke H_s des Magnetbandes ausgesetzt werden. Nur dann wird die Vorgeschichte restlos ausgelöscht. Da es eine durch die Sättigungsmagnetisierung M_s des Magnetkopfmaterials bestimmte maximale Feldaussteuerung H_{m_s} gibt, existiert auch ein Minimalwert der Aufzeichnungsspaltweite w_s, bei dem noch ein sicheres und optimales Aufzeichnen bei vorgegebener Koerzitivfeldstärke H_c des Magnetbandes möglich ist; siehe dazu auch [3.33]. Mit (3.17) und (3.29) kann man die Koerzitivfeldstärke des Magnetbandes, die eine weitgehend optimale Sättigungsaufzeichnung gewährleistet, analytisch berechnen:

$$\frac{H_c}{H_{m_s}} = \frac{1}{1{,}25\pi} \arctan \frac{w_s}{2a^*}. \tag{3.46}$$

Abb. 3.18 gibt die Bandkoerzitivfeldstärke H_c als Funktion der Aufzeichnungsspaltweite w_s nach (3.46) an. Parameter sind das materialabhängige

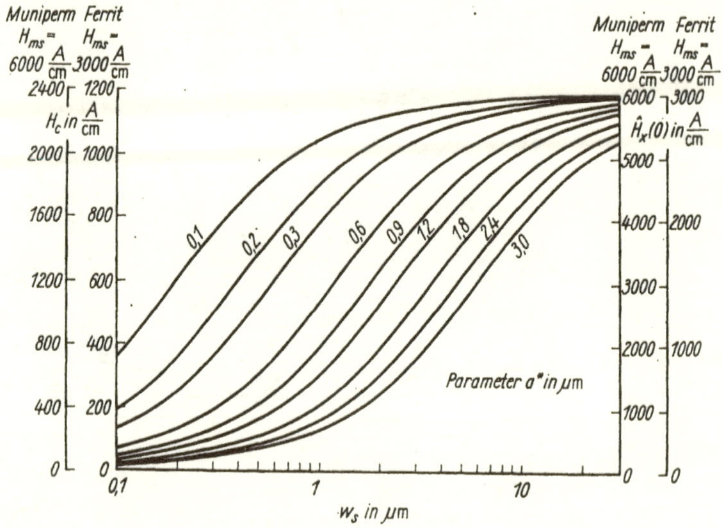

Abb. 3.18. Maximalfeldstärke $H_x(0)$ und Koerzitivfeldstärke H_c in Abhängigkeit von der Aufzeichnungsspaltweite w_s

H_{m_s} und der effektive Band-Kopf-Abstand a^*. Es wird mit Werten von $H_{m_s} = 3000$ A/cm bei Ferrit und von 6000 A/cm bei Permalloy als Kopfmaterial gerechnet. Die Abstufung von a^* erlaubt, alle Umstände, die den Band-Kopf-Kontakt beeinflussen, wie Bandzug, Bandsteifigkeit, Umschlingungswinkel, Spiegelform, Andruckelemente, Kopfverschmutzung u. a., sowie die Spaltkantensättigung über $\frac{H_m}{H_{m_s}}$ zu berücksichtigen. Es läßt sich aus (3.16), (3.17) und (3.26) derjenige Ortsbereich $\bar{x}$ ermitteln, in dem die Aufzeichnungsfeldstärke $H_x(x)$, vermindert um den größtmöglichen Betrag der selbstentmagnetisierenden Feldstärke $H_x(\xi)$, größer oder gleich der Sättigungsfeldstärke H_s des Magnetbandes

$$|H_x(x)| - |H_x(\xi)|_{\max} \geqq H_s$$

ist:

$$\bar{x} = 2a^* \sqrt{\frac{w_s}{a^*} \cot \left(2 \frac{H_s + \frac{2\pi d}{s} H_c}{H_x(0)} \arctan \frac{w_s}{2a^*} \right) + \left(\frac{w_s}{2a^*} \right)^2 - 1} \; . \tag{3.47}$$

$\bar{x}$ ist damit derjenige Bereich des Kopffeldes, in dem ein sicheres Überschreiben ohne vorherige Löschung möglich ist. Abb. 3.19 zeigt den Verlauf von

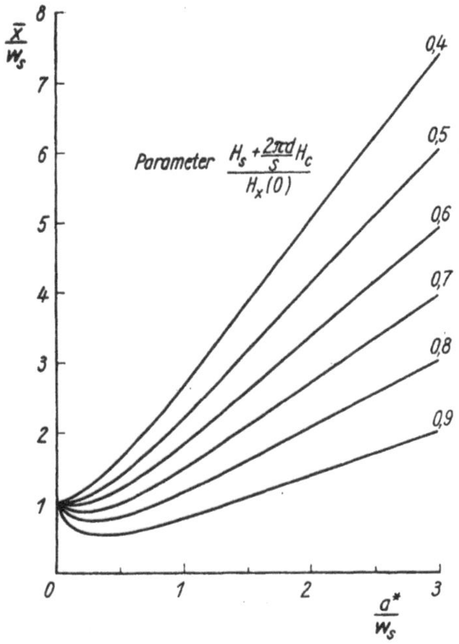

Abb. 3.19. Darstellung von $\frac{\bar{x}}{w_s}$ als Funktion von $\frac{a^*}{w_s}$ mit $\frac{H_s + \sqrt{\frac{d}{a^*}} H_c}{H_\infty}$ als Parameter

$\frac{\bar{x}}{w_s}$ über $\frac{a^*}{w_s}$ für verschiedene

$$\frac{H_s'}{H_x(0)} = \frac{H_s + \frac{2\pi d}{s} H_c}{H_x(0)}$$

mit s nach (3.39).

Der Feldstärkewechsel von $\pm H_s'$ auf $\mp H_s'$ muß im Zeitintervall

$$\Delta T \leqq \frac{\bar{x}}{v} \tag{3.48}$$

erfolgen, wenn jedes Bandelement kurzzeitig einem Feld $H_x(x) \geqq H_s'$ ausgesetzt sein soll. Damit erhalten wir eine weitere Bedingung für die Zeitkonstante, diesmal in Abhängigkeit vom Aussteuerungsverhältnis

$$T_a \leqq 2 \frac{\Delta T}{\ln \frac{1 + \frac{H_s'}{H_x(0)}}{1 - \frac{H_s'}{H_x(0)}}} = 2\alpha \frac{w_s}{v}. \tag{3.49}$$

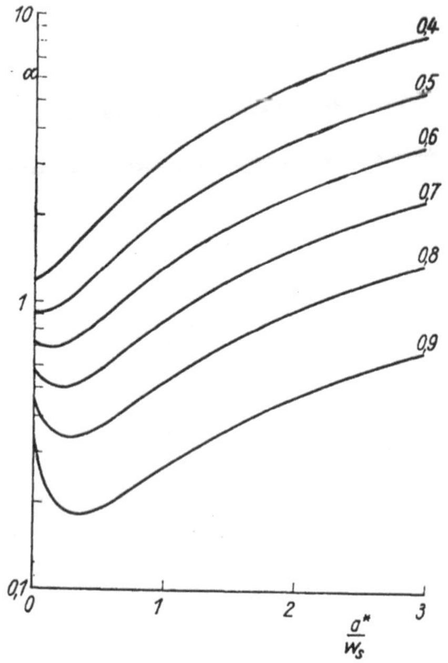

Abb. 3.20. Darstellung der normierten Zeitkonstanten $\alpha = \frac{v}{2w_s} T_a$ für exponentiellen Stromverlauf mit dem Parameter $H'_s/H_x(0)$

Dann ist mit (3.47) und (3.48)

$$T_a \leqq \frac{4a^*}{v} \frac{\sqrt{\frac{w_s}{a^*} \cot\left(2 \frac{H'_s}{H_x(0)} \arctan \frac{w_s}{2a^*}\right) + \left(\frac{w_s}{2a^*}\right)^2 - 1}}{\ln\left(\frac{1 + \frac{H'_s}{H_x(0)}}{1 - \frac{H'_s}{H_x(0)}}\right)} \tag{3.50}$$

In Abb. 3.20 ist T_a nach (3.50) normiert auf $\frac{2w_s}{v}$ über $\frac{a^*}{w_s}$ mit dem Parameter

$$\frac{H'_s}{H_x(0)} = \frac{H_s + \sqrt{\frac{d}{a^*}}\, H_c}{H_x(0)}$$

aufgetragen.

3.5.5. Anstiegszeit-Kriterien

In den vorangegangenen Ausführungen sind drei Bedingungen für die Zeitkonstante T_a abgeleitet worden:

$$T_a \leqq \begin{cases} 2\,\dfrac{a^*}{v} & \text{statisches Kriterium nach (3.38),} \\ 0{,}54\; T_{\min} & \text{Nullshift-Kriterium nach (3.45),} \\ 2\alpha\,\dfrac{w_s}{v} & \text{Überschreib-Kriterium nach (3.47—50), } (\alpha \text{ nach Abb. 3.20}). \end{cases}$$

Wegen des gleichen zeitlichen Verlaufs von Aufzeichnungsstrom $i(t)$ und Spaltfeldstärke $H(t)$ sind auch die Berechnungen für die Anstiegszeiten gleich, solange unterhalb der Materialsättigung gearbeitet wird und Verlustwiderstände und Kapazitätseinflüsse vernachlässigbar sind. Analog zu den Berechnungen für exponentiell anklingenden Aufzeichnungsstrom können auch die Anstiegszeitkriterien für rampenförmig anklingenden Aufzeichnungsstrom berechnet werden. Hierfür ergibt sich

$$T_a \leqq \begin{cases} \dfrac{4a^*}{v} & \text{statisches Kriterium,} \\ T_{\min} & \text{Nullshift-Kriterium,} \\ \dfrac{\bar{x}}{v} \cdot \dfrac{H_x(0)}{H_s'} & \text{Überschreib-Kriterium } (\bar{x} \text{ nach Abb. 3.19}). \end{cases}$$

3.6. Selbstentmagnetisierung

Auch nachdem das Aufzeichnungsfeld abgeschaltet und der hochpermeable Kopfspiegel entfernt wurde, verursachen die während des Aufzeichnungsvorganges in die Speicherschicht eingeprägten magnetischen Pole ein Streufed $H(\xi)$, das der Magnetisierung im Schichtinneren entgegenwirkt. Es ist bei Abwesenheit des Magnetkopfes, also während der eigentlichen Informationsspeicherung am größten. Je nach der $M(H)$-Abhängigkeit des Schichtmaterials kommt es zu einer weiteren mehr oder weniger starken ortsabhängigen Verminderung der Magnetisierung und damit zu einer weiteren Verschlechterung der Speichereigenschaften (Abb. 3.21a):

$$M_{0x}(\xi) \to H_{0x}(\xi) \xrightarrow{\text{M(H)}} M_x(\xi) \xrightarrow{\text{M}_\text{p}\text{(H)}} M_{1x}(\xi)\,.$$

Wie beim Aufzeichnungsvorgang kann auch für die durch Selbstentmagnetisierung auftretende Verbreiterung der Übergangsregion zwischen zwei

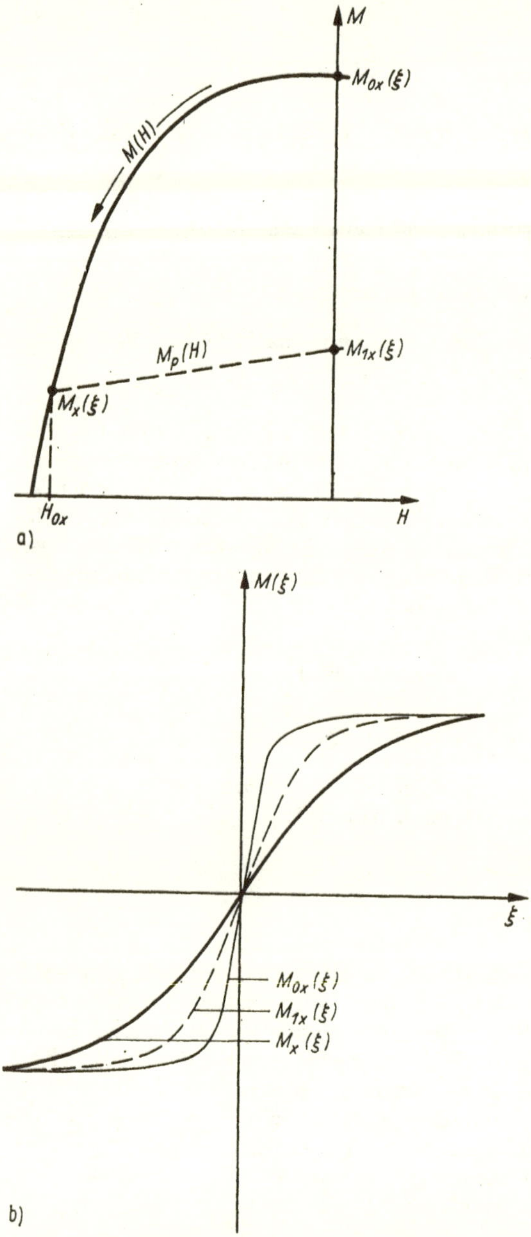

Abb. 3.21. Erklärung des Selbstentmagnetisierungsvorganges; a) anhand der Beziehungen $M(H)$, b) anhand der Beziehungen $M(\xi)$; Zeichenerklärung: M_{0x} = Aufzeichnungs-, M_x = Entmagnetisierungs-, M_{1x} = Wiedergabezustand

magnetischen Polaritäten eine „charakteristische Ausdehnung“ [3.5]

$$s_m = \frac{\pi}{2} \frac{\frac{M_r}{H_c} - \mu_a\left(1 - \frac{1}{\mu_m}\right)}{\ln(1+2)\sqrt{\mu_a \mu_m}} \cdot d \tag{3.51}$$

angegeben werden, die von den untereinander physikalisch abhängigen Schichtparametern d, M_r, H_c, μ_m und μ_a bestimmt ist. Ausdruck (3.51) berücksichtigt den rein irreversiblen Anteil des Prozesses, der zum Magnetisierungsverlauf M_{1x} nach Abb. 3.21b führt.

Im Zusammenwirken mit dem vom Aufzeichungsvorgang fixierten Magnetisierungsübergang M_{0x} nach (3.24) läßt sich nach [3.6] ein Magnetisierungsverlauf

$$M_{1x} = \frac{2}{\pi} M_r \arctan \frac{\xi}{s_\square} \tag{3.52}$$

mit

$$s_\square = \frac{1}{\pi}\sqrt{s^2 + s_m^2} \tag{3.53}$$

angeben.

3.7. Wiedergabevorgang

3.7.1. Reziprozitätstheorem

Gelangt das Magnetband in Kontakt mit dem hochpermeablen Wiedergabekopf, erzeugt das Streufeld der Magnetisierung in dem Magnetkern ein Magnetfluß $\Phi_1(t)$.

Die Flußverteilung kann durch eine einfache Reziprozitätsüberlegung mit Hilfe des bereits berechneten Kopffeldes ermittelt werden. Nach dem Theorem von der Gleichheit der Gegeninduktivitäten gilt zwischen einem von dem Strom i_1 verursachten Magnetfluß $\mathrm{d}\Phi_2$ durch das Flächenelement 2 und einem von dem Ringstrom $\mathrm{d}i_2$ um dieses Flächenelement verursachten Fluß $\mathrm{d}\Phi_1$ durch die Fläche 1 folgende Beziehung [3.1]: (s. Abb. 3.22)

$$\frac{\mathrm{d}\Phi_1}{\mathrm{d}i_2} = \frac{\mathrm{d}\Phi_2}{i_1}. \tag{3.54}$$

Dabei ist $\mathrm{d}\Phi_1$ der von dem Volumenelement $h\,\mathrm{d}y\,\mathrm{d}\xi$ der Magnetschicht (ausgedrückt durch den äquivalenten Ringstrom $\mathrm{d}i_2$) verursachte Fluß durch den Wiedergabekopf. Da sich dieser Fluß im direkten Verfahren wegen der unbestimmbaren Potentialverhältnisse im Spalt nicht berechnen läßt, geschieht die Rechnung über den „reziproken“ Fluß $\mathrm{d}\Phi_2$. Das ist der Magnet-

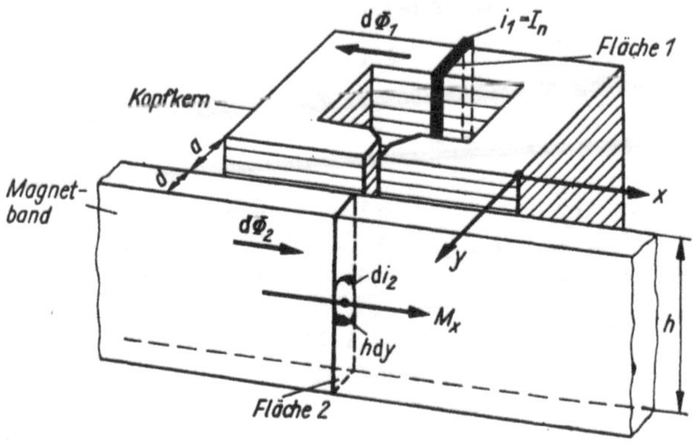

Abb. 3.22. Zum Reziprozitätstheorem

fluß, der die von dem Ringstrom $\mathrm{d}i_2$ berandete Fläche durchsetzt und von einem den Kern des Wiedergabekopfes umfließenden Strom i_1 verursacht wird. Dann gilt

$$\Phi_1 = \int\limits_{(y)} \int\limits_{(\xi)} \mathrm{d}\Phi_2 \frac{\mathrm{d}i_2}{i_1}. \tag{3.55}$$

Die Flußberechnung wird über die Flußdichte auf eine Feldberechnung zurückgeführt:

$$\mathrm{d}\Phi_2 = h\mu_0 H_x \,\mathrm{d}y\,. \tag{3.56}$$

H_x ist das Spaltfeld des vom Strom i_1 erregten Wiedergabekopfes. Der äquivalente Ringstrom $\mathrm{d}i_2$ wird aus der Bedingung

$$M_x = H_x = \frac{\mathrm{d}i_2}{\mathrm{d}\xi} \tag{3.57}$$

berechnet. Es ergibt sich

$$\Phi = \mu_0 h \int\limits_{a}^{a+d} \mathrm{d}y \int\limits_{-\infty}^{+\infty} \left(M_{1x} \frac{H_x}{i_1}\right) \mathrm{d}\xi\,. \tag{3.58}$$

Dieser Ausdruck erweist sich bei ausführlicher Darstellung mit (3.24) als Faltungsintegral:

$$\Phi_1(\xi) = \mu_0 h \int\limits_{a}^{a+d} \mathrm{d}y \int\limits_{-\infty}^{+\infty} M_{1x}(\xi - x)\, \frac{H_x(x, y)}{i_1}\, \mathrm{d}x\,, \tag{3.59}$$

siehe dazu auch [3.7].

Die reziproke Feldstärke H_x entspricht dem bekannten Aufzeichnungsfeld des Magnetkopfes. Dabei ist der äquivalente Ringstrom i_1 gleich der Amperewindungszahl In.

3.7.2. Wiedergabe einfacher Magnetisierungsverläufe

a) Magnetisierungssprung

Es soll für $M_{1x}(\xi)$ unter Vernachlässigung der endlichen Aufzeichnungsbreite s ein Sprung von $-M_r$ auf $+M_r$ bei $x = \xi$ angenommen werden (s. Abb. 3.23). Gl. (3.59) wird mit $\mu_0 M_r = J_r$ und $i_1 = In$ zu

$$\Phi_1(\xi) = \frac{J_r h}{In} \int\limits_{a}^{a+d} \left[- \int\limits_{-\infty}^{\xi} H_x \,\mathrm{d}x + \int\limits_{\xi}^{\infty} H_x \,\mathrm{d}x \right] \mathrm{d}y$$

$$= \frac{-2 J_r h}{In} \int\limits_{0}^{a+d} \int\limits_{0}^{\xi} H_x \,\mathrm{d}x \,\mathrm{d}y \,. \tag{3.60}$$

Wir übergehen den etwas umfangreichen analytischen Ausdruck für den Flußverlauf und berechnen aus (3.60) sofort die in der Wicklung des Kopfes

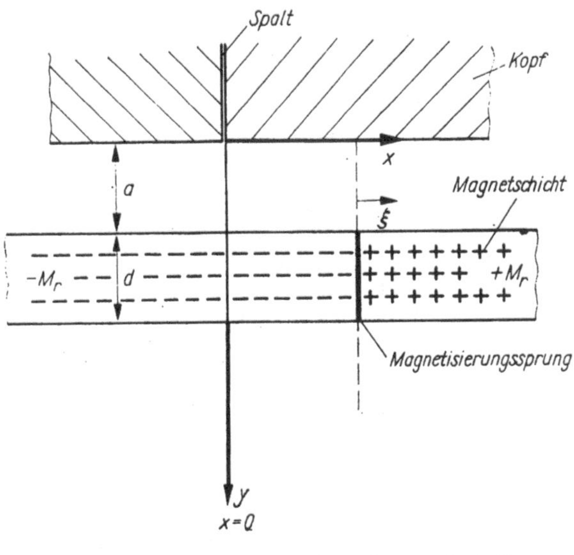

Abb. 3.23. Zur Wiedergabe einer Sprungfunktion

induzierte Spannung U_w. Mit (3.7) ist

$$U_w(t) = -n\,\frac{\mathrm{d}\Phi_1}{\mathrm{d}t} = -nv\,\frac{\mathrm{d}\Phi_1}{\mathrm{d}\xi}.$$

Wir differenzieren (3.60) und erhalten

$$U_w(t) = 2v_0\,\frac{J_r h}{I}\int\limits_a^{a+d} H_x(\xi)\,\mathrm{d}y\,. \tag{3.61}$$

Ausdruck (3.61) zeigt, daß der Wiedergabeimpuls mit dem Verlauf des über die Schichtdicke integrierten Kopffeldes identisch ist [3.8]. Wir wollen zunächst für $H_x(\xi)$ einen aus (3.16) ableitbaren Ausdruck für kleine Spaltweiten verwenden. Dann ist mit $\xi = vt$

$$U_w(t) = \frac{2}{\pi}\,nvJ_r h\delta_s\int\limits_a^{a+d}\frac{y}{y^2+\xi^2}\,\mathrm{d}y = \frac{1}{\pi}\,nvJ_r h\delta_a\,\ln\frac{(vt)^2+(a+d)^2}{(vt)^2+a^2} \tag{3.62}$$

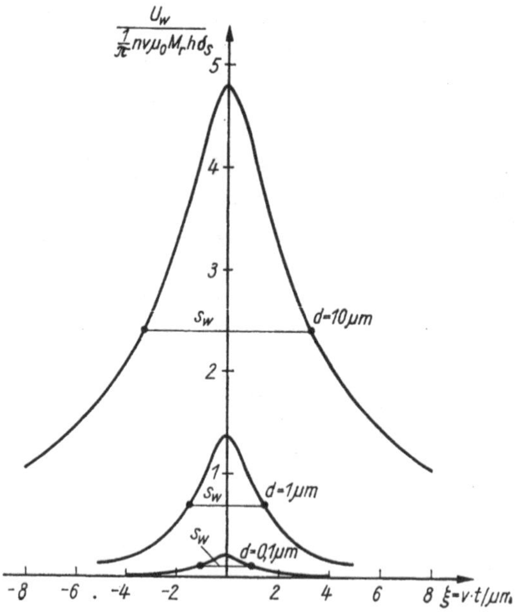

Abb. 3.24. Wiedergabeimpulse, berechnet nach (3.62); Parameter: Schichtdicke d; $a = 1$ µm

Abb. 3.24 zeigt diesen Verlauf für einige Werte von d. Der Impulsspitzenwert liegt bei $t = 0$ und beträgt

$$\hat{U}_w = \frac{2}{\pi} nvJ_r h\delta_s \ln\left(1 + \frac{d}{a}\right). \tag{3.63}$$

Die Breite des Impulses bei $\frac{\hat{U}_w}{2}$, die Impulshalbwertsbreite, errechnet sich aus (3.62) und (3.63) zu

$$s_w = 2vt_{1/2} = 2a \sqrt{1 + \frac{d}{a}}. \tag{3.64}$$

b) Harmonische Magnetisierung

Die folgende Betrachtungsweise gilt für periodische Magnetisierungsverläufe, wie sie vorwiegend bei den Verfahren der Fernsehbild- und Meßwertspeicherung auftreten. Es ist aber auch im Hinblick auf die Optimierung von Digitalmagnetbandspeichern wichtig, einen Überblick über die Zusammenhänge zwischen dem Wiedergabespannungsfrequenzgang und den Schichtparametern zu haben.

Die Grundwelle, die im folgenden ausschließlich betrachtet wird, soll mit

$$M_{1x}(\xi) = M_0 \cos k\xi \tag{3.65}$$

bezeichnet werden, wobei $k = \frac{2\pi}{\lambda}$ und λ die aufgezeichnete Wellenlänge sind.

Der Nutzfluß durch den Wiedergabekopf ist ($w_s = 0$) nach (3.59) mit (3.65) und (3.16)

$$\Phi_1(t) = \frac{\mu_0}{\pi} hM_0\delta_s \int\limits_{a}^{a+d} dy \int\limits_{-\infty}^{+\infty} \frac{y}{y^2 + x^2} \cos k(\xi - x)\, dx$$

$$= \mu_0 hM_0 d\delta_s\, e^{-ka} \frac{1 - e^{-kd}}{kd} \cos k\xi\,. \tag{3.66}$$

Die Wiedergabespannung ergibt sich bei induktiver Abtastung mit (3.7) sowie mit $\mu_0 M_0 = J_0$ zu

$$U_w(t) = hJ_0 d\delta_s \omega\, e^{-ka} \frac{1 - e^{-kd}}{kd} \sin \omega t\,. \tag{3.67}$$

3.7.3. Reales Band-Kopf-System

Für die Berechnung komplizierterer Magnetisierungsverläufe ist es zweckmäßig, das Faltungsintegral (3.59) in ein FOURIER-Integral umzuwandeln. Der Nutzfluß Φ_1 durch den Wiedergabekopf lautet für homogene Längsmagnetisierung

$$\Phi_1(t) = 2\pi\mu_0 h \int\limits_{a}^{a+d} dy \int\limits_{-\infty}^{+\infty} \breve{M}_{1x}(k) \frac{\breve{H}_{0x}(k)}{i_1} e^{jk\xi} \, dk \,. \tag{3.68}$$

$\breve{M}_{1x}(k)$ bzw. $\breve{H}_{0x}(k)$ sind die FOURIER-Transformierten von $M_{1x}(\xi)$ bzw. $H_{0x}(\xi)$ entsprechend der Definition

$$\breve{f}(k) = \frac{1}{2\pi} \int\limits_{-\infty}^{+\infty} f(\xi) \, e^{-jk\xi} \, d\xi \,.$$

Die Kreiswellenzahl k ist der Ortsfrequenz proportional:

$$k = \frac{2\pi}{\lambda} = \frac{\omega}{v}.$$

Es kann mit [3.10] gezeigt werden, daß für ein reales Band-Kopf-System mit der geometrischen Wiedergabespaltweite w_s, bzw. der magnetischen Spaltweite

$$w_s' = w_s \sqrt{\frac{1{,}5\mu_a + 1}{\mu_a + 1}} \tag{3.69}$$

der Ausdruck (3.69) in die Form

$$\Phi_1(t) = \delta_s \mu_0 h d \int\limits_{-\infty}^{+\infty} \breve{M}_{1x}(k) \, e^{-|k|a} \, \frac{1 - e^{-|k|\mu_a d}}{|k|_{\mu_a d}} \cdot \frac{\sin k \frac{w_s'}{2}}{k \frac{w_s'}{2}} \cdot e^{jk\xi} \, dk \tag{3.70}$$

überführt werden kann, [3.9], [3.6], [3.10].

Der Integrand des FOURIER-Integrals entspricht der Spektralverteilung des Signals, $\breve{M}_{1x}$ ist die FOURIER-Transformierte des Magnetisierungsverlaufs $M_{1x}(\xi)$.

a) Einzelimpuls

Wird für den Magnetisierungsverlauf einer Impulsaufzeichnung die Funktion (3.52)

$$M_{1x} = \frac{2}{\pi} M_r \arctan \frac{\xi}{s_\square} \tag{3.71}$$

angenommen, so kann unter der Bedingung der absoluten Konvergenz von (3.71) mit

$$\breve{M}_{1x} = \frac{M_r}{jk\pi} \, e^{-|k| s_\square} \tag{3.72}$$

gerechnet werden.

Es kann aus (3.70) mit (3.72) der Wiedergabespannungsverlauf $u(t) = -n_2 \frac{d\Phi_1}{dt}$ berechnet werden, [3.11]. Statt dieses sehr umfangreichen Ausdrucks existiert für den Fall hoher Speicherdichten, die bei effektiven Schichtdicken kleiner als 3 µm erreicht werden, eine Näherungslösung

$$u(t) = \frac{2}{\pi} \delta_s n_2 h v \frac{J_r d}{w_s} \arctan \frac{w_s(s_w + s_\square)}{(s_w + s_\square)^2 - \left(\frac{w_s}{2}\right)^2 + (vt)^2} \tag{3.73}$$

mit

$$s_w = a_2 + \frac{d}{2} \mu_a , \tag{3.74}$$

[3.6]. Ausdruck (3.73) erlaubt eine einfache explizite Darstellung des Impulsspitzenwertes $\hat{u}$. Es ist

$$\hat{u} = \frac{4}{\pi} \delta_s n_2 h v \frac{J_r d}{w_s} \arctan \frac{w_s}{2(s_w + s_\square)} . \tag{3.75}$$

Die Impulshalbwertsbreite $s_{1/2}$ (bei $\hat{u}/2$) läßt sich mit (3.73) und (3.75) in die einfache Form

$$s_{1/2} = 2\sqrt{(s_w + s_\square)^2 + \left(\frac{w_s}{2}\right)^2} = 2\sqrt{\left(s_w + \frac{1}{\pi}\sqrt{s^2 + s_m^2}\right)^2 + \left(\frac{w_s}{2}\right)^2} \tag{3.76}$$

auflösen.

Über die erreichbare Speicherdichte eines konzipierten Magnetband-Systems, oder umgekehrt über die zu fordernden Magnetband-Kennwerte bei vorgegebener Speicherdichte, gibt der Ausdruck

$$D = \frac{2}{s_{1/2}} \tag{3.77}$$

übersichtsmäßig Aufschluß; s. dazu Tab. 3.3.

Bei dieser Speicherdichte ist der Wiedergabepegel durch die Impulsüberlagerung gegenüber $\hat{u}$ um etwa 10 dB reduziert, und die Impulsverschiebung zweier benachbarter Einzelimpulse beträgt etwa 25%; siehe [3.34]. Die effektive magnetische Schichtdicke der verschiedenen Medien wurde so bestimmt, daß etwa die gleiche Wiedergabespannung und damit gleicher Signal-Rausch-Abstand bzw. vergleichbare Fehlerraten erreicht werden.

Bei der Berechnung wurde a) ein effektiver Band-Kopf-Abstand $a = a_1 = = a_2 = 0{,}6$ µm und eine Spaltweite $w_s = 1$ µm bzw. b) für ein sehr hochwertiges Band-Kopf-System $a = 0{,}3$ µm und $w_s = 0{,}5$ µm vorausgesetzt. Die Tabelle zeigt, daß durch die Metallschicht-Magnetbänder ein Optimierungsgrad des Speichermediums erreicht wurde, der die Leistungsfähigkeit des Speichersystems wesentlich von den Parametern a und w_s bestimmen läßt. Hier-

Tab. 3.3.
Ausgewählte Magnetschichten und ihre Parameter

	Material	J_r[T]	H_c [A/cm]	μ_a	μ_m	d [µm]	s [µm]	s_m [µm]	$s_\square$ [µm]	D_{LSP} [Flw/mm]	s_w [µm]	$s_{1/2}$ [µm]	D_{10dB} [bit/mm]	w_s [µm]	a [µm]
A	Eisen-3-Oxid isotrop	0,1	200	2,5	5	2	16 14	4,5	5,3 4,8	60 66	4,4 4	19 18	100 110	1,0 0,5	0,6 0,3
B	Eisen-3-Oxid anisotrop	0,11	250	1,5	8	1,5	10 9	3,5	3,4 3,1	94 100	2,1 1,8	11 9	180 210	1,0 0,5	0,6 0,3
C	C_rO_2 anisotrop	0,15	400	1,4	10	1	6 5	1,3	1,9 1,6	170 200	1,3 1,0	6 5	310 380	1,0 0,5	0,6 0,3
D	Metallschicht isotrop	1,0	600	4,0	35	0,1	1,7 1,2	0,5	0,6 0,40	580 800	0,8 0,5	2,9 1,9	700 1100	1,0 0,5	0,6 0,3
E	Metallschicht anisotrop	1,5	800	2,0	50	0,05	1,2 0,8	0,3	0,4 0,3	800 1200	0,6 0,4	2,3 1,4	900 1500	1,0 0,5	0,6 0,3

für müssen technisch sinnvolle Grenzen in der Größenordnung $a = 0{,}3\ \mu m$ und $w_s = 0{,}25\ \mu m$ gesehen werden.

Zu Formel (3.77) muß bemerkt werden, daß sie etwa die mögliche Speicherdichte für ein Gerät mit mittlerem elektronischem Aufwand angibt. Mit optimierten Methoden der Kanalkodierung und Signalregenerierung kann der Kennwert D um den Faktor 3 überschritten werden. Dabei bleiben jedoch die Proportionen zwischen den verschiedenen Speichermedien bei gleichem technischem Aufwand gewahrt.

b) Impulsfolgen

Präzisere Aussagen über den Zusammenhang zwischen Signalamplitude und Speicherdichte erhält man durch die lineare Superposition von Einzelimpulsen zu Impulsfolgen. Es muß zunächst diskutiert werden, unter welchen Bedingungen diese lineare Superposition zulässig ist. Dies ist sicher dann der Fall, wenn sich der nichtlineare Aufzeichnungs- und Entmagnetisierungsprozeß, verursacht durch die nichtlineare Hysteresekurve, bei jedem Magnetisierungswechsel weitgehend unabhängig von den vorausgehenden und nachfolgenden vollzieht.

Nach (3.52) ist die über den Aufzeichnungs- und Entmagnetisierungsvorgang eines Einzelimpulses summierte „charakteristische Ausdehnung" gleich $\pi s_\square$. Solange diese Größe kleiner als der Abstand benachbarter Magnetisierungsübergänge bzw. Flußwechsel ist, wird in der Praxis die Rechnung mit linearer Superposition als genügend genau angenommen werden können.

Dies bedeutet eine Grenze für die Gültigkeit der folgenden Betrachtungsweise bei einer Flußwechseldichte D_{LSP} von

$$D_{LSP} = \frac{1}{\pi s_\square}. \tag{3.78}$$

Tab. 3.3 enthält die Zahlenwerte für verschiedene Band-Kopf-Parameterkombinationen. Zu beachten ist, daß bei den heute üblichen Kanalkodierungen 1 Bit durch (1 ... 2) Flußwechsel repräsentiert wird. Also gilt für die vergleichbare Speicherdichte $D = (0{,}5 \ldots 1)\ D_{LSP}$.

Im einfachsten Fall der äquidistanten Magnetisierungswechsel ergibt sich der Signalverlauf $f(t)$ aus der Summe der zeitlich um $m\Delta T$ versetzten und im Vorzeichen alternierenden Einzelimpulse $u(t)$:

$$f(t) = \sum_{m=-\infty}^{+\infty} (-1)^m\, u(t - m\,\Delta T)\,, \tag{3.79}$$

wobei $2\Delta T = \frac{1}{f_0} = \frac{2\pi}{\omega_0}$ die Periodendauer des Signals ist.

Oft ist es zur Berechnung von Signalverzerrungen oder elektronischen Regenerierungsschaltungen zweckmäßig, das Signal in seinen Spektralkomponenten zu zerlegen. Dann ist allgemein

$$f(t) = \sum_{n=-\infty}^{\infty} C_n \, e^{jn\omega_0 t} \tag{3.80}$$

mit den Fourier-Koeffizienten

$$C_n = \frac{1}{T} \int_0^T f(t) \, e^{-jn\omega_0 t} \, dt . \tag{3.81}$$

Für den Verlauf (3.79) ergibt sich

$$C_n = \frac{1}{2\Delta T} \int_{-\Delta T}^{+\Delta T} \sum_{m=-\infty}^{+\infty} (-1)^m u(t - m\,\Delta T) \, e^{-jn\omega_0 t} \, dt$$

$$= \frac{1}{2\Delta T} \sum_{m=-\infty}^{+\infty} (-1)^m \int_{-\Delta T}^{+\Delta T} u(t - m\,\Delta T) \, e^{-jn\omega_0 t} \, dt$$

und unter Annahme einer um $t = 0$ symmetrischen Impulsfunktion $u(t)$ weiter:

$$C_n = \frac{1}{2\Delta T} \left[\int_{-\infty}^{+\infty} u(t) \, e^{-jn\omega_0 t} \, dt - \int_{-\infty}^{+\infty} u(t - \Delta T) \, e^{-jn\omega_0 t} \, dt \right]$$

$$= \frac{\pi}{\Delta T} [\check{U}(n\omega_0) - \check{U}(n\omega_0) \, e^{+jn\omega_0 \Delta T}] ,$$

d. h.

$$C_n = \begin{cases} \dfrac{2\pi}{\Delta T} \check{U}(n\omega_0) & \text{für ungerades } n, \\ 0 & \text{für gerades } n. \end{cases} \tag{3.82}$$

$\check{U}(n\omega_0)$ ist die Fourier-Transformierte von $U(t)$. Wird $u(t)$ für ein reales Band-Kopf-System aus dem Fourier-Integral für den Magnetfluß (3.71) und (3.72) berechnet, erhält man

$$\check{U}(n\omega_0) = \frac{1}{\pi} \delta_s n_2 h_2 J_r d \, e^{-\frac{n\omega_0}{v}(s_\square + a_2)} \frac{1 - e^{-\frac{n\omega_0}{v}\mu_a d}}{\frac{n\omega_0}{v}\mu_a d} \cdot \frac{\sin\left(\frac{n\omega_0}{v}\frac{w_s'}{2}\right)}{\frac{n\omega_0}{v}\frac{w_s'}{2}} . \tag{3.83}$$

Aus (3.82) und (3.83) errechnet sich die Spektralfunktion $\hat{U}_n = |C_n + C_{-n}|$ (für positive n) zu

$$\hat{U}_n(\omega_0) = |C_n + C_{-n}| = \frac{4}{\pi}\,\delta_s n_2 h J_r d\omega_0\, e^{-\frac{n\omega_0}{v}(s_\square + a_2)}$$

$$\times \frac{1 - e^{-\frac{n\omega_0}{v}\mu_a d}}{\frac{n\omega_0}{v}\mu_a d} \cdot \frac{\sin\left(\frac{n\omega_0}{v}\frac{w_s'}{2}\right)}{\frac{n\omega_0}{v}\frac{w_s'}{2}}\,. \qquad (3.84)$$

Abb. 3.25 zeigt schematisch das Linienspektrum der Impulsfolge (3.79) nach (3.84).

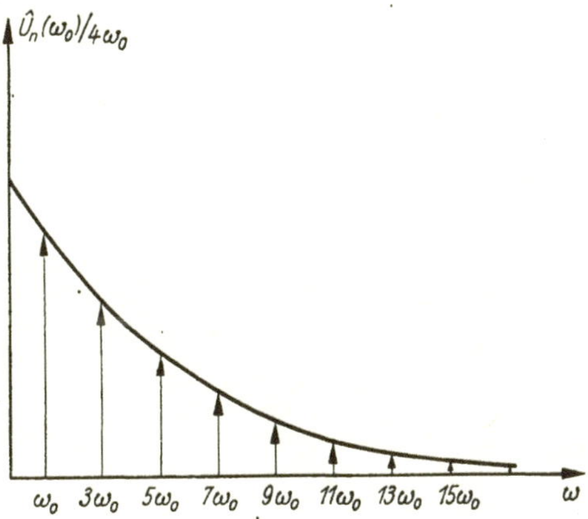

Abb. 3.25. Normiertes Linienspektrum $\hat{U}_n(\omega_0)/4\omega_0$ einer Impulsfolge der Grundfrequenz ω_0 und Spektraldichteverlauf des entsprechenden Einzelimpulses als Hüllkurve

Von grundlegender Bedeutung für die Charakterisierung eines Speichersystems ist die Abhängigkeit der Sinusgrundwelle $U_0(k)$ einer alternierenden Impulsfolge von der aufgezeichneten Wellenlänge. Diese Funktion wird auch als Frequenzgang des Band-Kopf-Systems bezeichnet und stellt eine sowohl für Impuls- als auch für Sinusspeicherung (dabei ohne Faktor $4/\pi$) geltende fundamentale Beziehung dar

$$\hat{U}_0(k) = \frac{4}{\pi}\,\delta_s n_2 h J_r dvk\, e^{-k(s_\square + a_2)}\, \frac{1 - e^{-k\mu_a d}}{k\mu_a d} \cdot \frac{\sin k\frac{w_s'}{2}}{k\frac{w_s'}{2}}\,. \qquad (3.77)$$

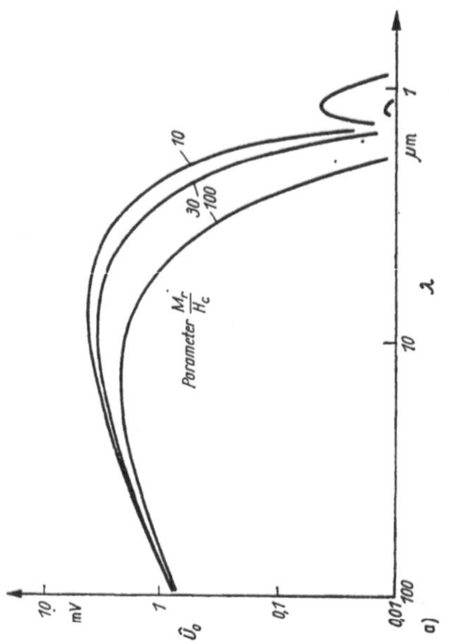

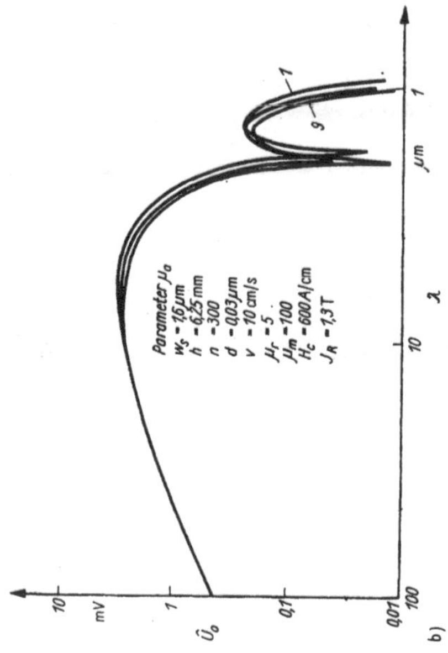

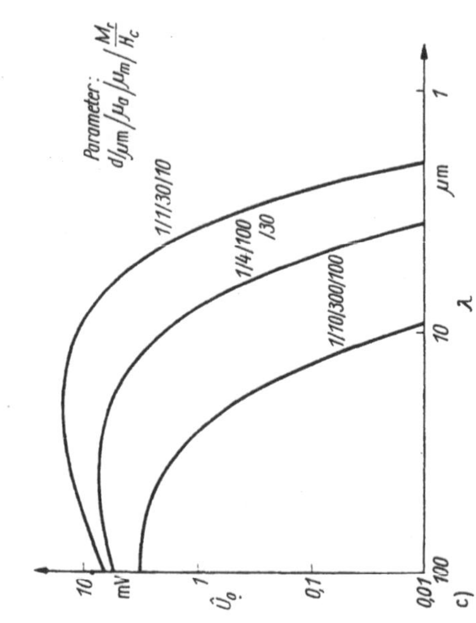

Abb. 3.26. Wiedergabespannungsfrequenzgang in Abhängigkeit;

a) vom Verhältnis M_r/H_c,
b) von der Permeabilität μ_a,
c) von möglichen Kombinationen der magnetischen Parameter

In den folgenden Diagrammen ist eine Auswahl von (nach Formel (3.77)) berechneten Frequenzgängen für verschiedene Parameter dargestellt. Für die Band-Kopf-System-Konstante $\delta_s n_2 J_r v$ wurde 100 mV angenommen. Abb. 3.26a demonstriert die Abhängigkeit vom Verhältnis M_r/H_c, Abb. 3.26b die μ_a-Abhängigkeit. Abb. 3.26c zeigt einige Frequenzgänge von technologisch möglichen Kombinationen von M_r/H_c, μ_a und μ_m.

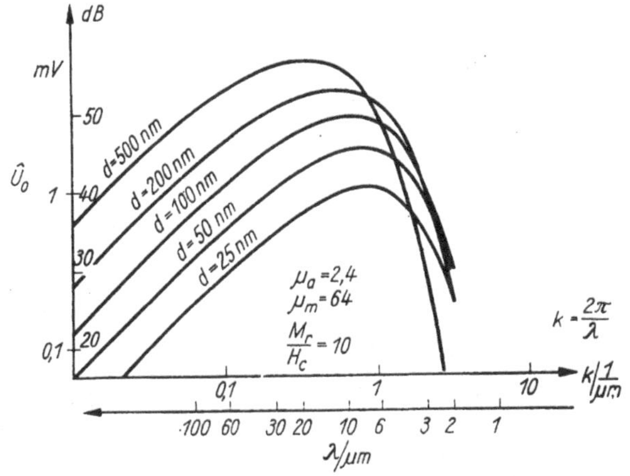

Abb. 3.27. Frequenzgang, berechnet nach (3.77); Parameter: Schichtdicke d

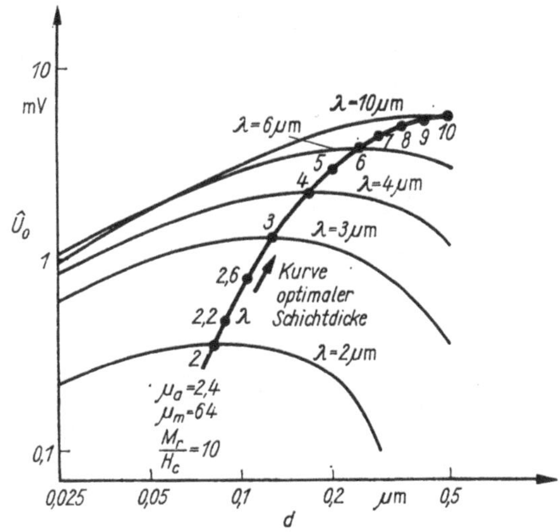

Abb. 3.28. Relative Wiedergabespannung als Funktion der Schichtdicke; Parameter: Wellenlänge λ

In Abb. 3.27 wird die Schichtdickenabhängigkeit des Frequenzganges bei konstanten magnetischen Parametern nachgewiesen. Für die magnetischen Werte eines Metallschicht-Magnetbandes wird die Wiedergabespannung $\hat{U}_0$ bei verschiedenen Wellenlängen als Funktion der Schichtdicke in Abb. 3.28 dargestellt. Solche Darstellungen können der Ermittlung der optimalen Schichtdicke für das jeweils interessierende Anwendungsgebiet dienen.

3.8. Speichermedium

Wie aus den vorangehenden Abschnitten folgt, kann die Leistungsfähigkeit einer Speicherschicht hinreichend durch die Schichtdicke d und die Hysteresekenngrößen Remanenz $J_r = \mu_0 M_r$, Koerzitivfeldstärke H_c, Anfangspermeabilität μ_a und differentielle Maximalpermeabilität μ_m charakterisiert werden.

Die traditionelle Speicherschicht besteht aus einer Dispersion von Einbereichsteilchen des ferrimagnetischen Oxids γ-Fe_2O_3, eingebettet in ein organisches Bindemittel. Die Teilchen werden durch einen Dispergierprozeß mit Binde- und Lösungsmittel benetzt und gleichmäßig verteilt. Die so entstehende Suspension wird in einer Dicke von (1 ... 12) µm auf eine Polyesterfolie aufgegossen und vorwiegend in Band-, Platten- oder Kartenform geschnitten oder auf eine starre Platte aufgebracht. Rezeptur und Herstellungsprozeß streben eine ebene glatte Schicht an, die fehlerfrei und verschleißfest ist, sowie eine gleichmäßige Verteilung der magnetischen Teilchen aufweist. Die magnetischen Eigenschaften solcher Produkte sind in Tabelle 3.3 aufgeführt, die auch die erreichbaren Speicherdichten D enthält. Es muß noch zwischen isotropen und anisotropen Schichtstrukturen unterschieden werden. Letztere weisen die Vorteile einer höheren Remanenz J_r, einer größeren Steilheit der Hysteresekurve μ_m (entsprechend einer engeren Verteilung der Schaltfeldstärken der Teilchen) und einer kleineren Anfangspermeabilität μ_a auf. Die Forderung nach höheren Speicherdichten kann durch folgende Maßnahmen erfüllt werden:

1. Erhöhung der Koerzitivfeldstärke H_c
2. Erhöhung der remanenten Magnetisierung J_r
3. Verminderung der Schichtdicke d.

Eine wesentliche Erhöhung der Koerzitivfeldstärke gelingt durch Verwendung höherremanenter nadelförmiger CrO_2-Teilchen mit einem Achsenverhältnis von 20:1, wodurch eine starke Formanisotropie erzeugt wird. Dagegen weisen die niederremanenten anisotropen γ-Fe_2O_3Teilchen nur ein Achsenverhältnis von 6:1 auf [3.12].

Die weitere Erhöhung der remanenten Magnetisierung ist durch den Übergang von den Metalloxiden zu den Metallen möglich. So weisen Schichten, die ganz oder teilweise aus Fe-, Co- oder Fe-Co-Ni-Einbereichsteilchen aufgebaut sind, eine Remanenz von (0,3 ... 0,5) V_s/m^2 auf.

Die Grenze der Leistungsfähigkeit heute gebräuchlicher und in Entwicklung befindlicher Schichten aus Oxid- oder Metallpulver ist sowohl durch die magnetischen Eigenschaften als durch die traditionelle Beschichtungstechnik gegeben. Es gilt heute als unwahrscheinlich, daß pulverförmige Schichten unter 1 µm Dicke mit ausreichender Gleichmäßigkeit aufgebracht werden können. Die Forderungen der Computer- und Videotechnik nach höheren Speicherdichten haben deshalb verschiedene Studien zur Anwendung neuer — aus der Dünnfilm-Technologie übernommener — Herstellungsverfahren angeregt.

Durch Arbeiten aus den Jahren 1962/66 wurde es möglich, ferromagnetische dünne Schichten autokatalytisch, bzw. elektrolytisch auch auf flexible Kunststoff-Substrate aufzubringen, nachdem ähnliche Verfahren vorher zur Magnettrommelbeschichtung angewendet wurden. Die Koerzitivfeldstärke solcher Co-Ni-P-Schichten erreicht Werte bis zu 1000 A/cm. Auch die Hochvakuum-Verdampfung von Metallen und das Vakuum-Sputtern von Ferrit, wird angewendet. Die Koerzitivfeldstärke hängt dabei vom Winkel zwischen Dampfstrahl und Schichtnormaler ab und erreicht Werte bis 1600 A/cm. Die Schichtdicke kann bis unter 0,1 µm verringert werden. Die Vorteile dieser Schichten gehen aus Tabelle 3.3 hervor. Als Nachteile werden genannt: mangelnde Gleichmäßigkeit der magnetischen Eigenschaften, Korrosionsanfälligkeit bei erhöhter Temperatur und Luftfeuchtigkeit, schlechte Abriebeigenschaften, verursacht durch geringe Haftfestigkeit und Härte, sowie durch die geringe Schichtdicke [3.13].

Die hochkoerzitiven Schichten besitzen im allgemeinen einen komplizierten geometrischen Aufbau. Sie bestehen aus eng gepackten, magnetisch voneinander isolierten ferromagnetischen Bereichen. Die hieraus resultierenden magnetischen Eigenschaften sind theoretisch beschreibbar durch ein Ensemble von Einbereichsteilchen, zwischen denen eine Streufeldkopplung besteht. Da diese magnetische Wechselwirkung direkt von der Magnetisierungsverteilung abhängt und außerdem ihre große Reichweite eine Beschränkung der Betrachtung auf nächste Nachbarn verbietet, ist eine exakte Berechnung des Ummagnetisierungsverhaltens bisher nur in idealisierten Spezialfällen gelungen [3.15] [3.16]. Vorherrschend ist gegenwärtig deshalb nicht die Beschreibung des Speichermediums durch mikroskopische Größen (wie Strukturparameter, magnetische Parameter der Einbereichsteilchen), sondern durch phänomenologische magnetische Kenngrößen wie Remanenz, Koerzitivfeldstärke und Permeabilität. Diese Größen können aus der makroskopisch gemessenen, d. h. über eine Probefläche von etwa 1 cm^2 gemittelten Hystereseschleife bestimmt werden. Sie sind dann in der Speichertheorie verwendbar, wenn die Anzahl der an der Aufzeichnung beteiligten Mikrobereiche groß ist. Denn nur dann wird das magnetische Verhalten des betrachteten Gebietes durch die pauschale Hystereseschleife richtig charakterisiert. Diese Übereinstimmung ist sicher nicht mehr vorhanden, wenn die Speicherstrukturen in die Größenordnung der Reichweite der Wechselwirkungsfelder kommen. Für Oxidpartikelschichten ist dies nur unwesentlich mehr als die

Partikelgröße von 1 μm, während bei den Metallschichten mit hoher Sättigungsmagnetisierung diese Reichweiten wesentlich über der Partikelgröße liegt. Bei streifend aufgedampften Metallschichten mit Partikelgrößen von 0,1 μm beträgt diese Reichweite z. B. etwa 1 μm [3.16].

Zur weiteren Verdeutlichung der Unterschiede im magnetischen Verhalten von Schichten verschiedener Technologien sind in Abb. 3.29 die Hysteresisschleifen dargestellt. Analog zu Tabelle 3.3 zeigt die Darstellung typische J-H-Schleifen für A) sphärische Teilchen von γ-Fe_2O_3, B) orientierte längliche Teilchen von γ-Fe_2O_3, C) orientierte längliche Teilchen von CrO_2, D) isotrope Elektrolytschichten und E) anisotrope Aufdampfschichten, [3.14].

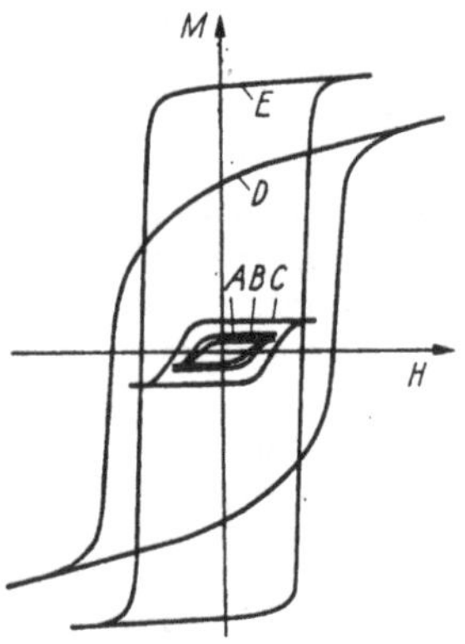

Abb. 3.29. Hystereseschleifen der Technologien $A-E$ (s. Text und Tabelle 3.3)

Es wird deutlich, daß die Medien mit zunehmender technologischer Entwicklung wesentliche Verbesserungen der Parameter im Sinne der Speichertheorie aufzuweisen haben. So weisen die metallischen Medien gegenüber den oxidischen ein wesentlich höheres Energieprodukt ($\sim J_r H_c$) auf. Die ähnliche Tendenz zeigt sich in abgeschwächter Form auch beim Vergleich zwischen anisotropen und isotropen Schichten.

3.9. Literatur

[3.1] Völz, H.: Grundlagen der Magnetischen Signalspeicherung. Band I (1968), Band II (1970), Band III (1972), Band IV (1968), Band V (1975), Band VI (1968), Akademie-Verlag Berlin
Scholz, Ch.: Magnetbandspeichertechnik. Verlag Technik Berlin (1969)

[3.2] Barkouki, M. F., Stein, J.: Theoretical and experimental evaluation of RZ and NRZ recording characteristics. IEEE Trans. Electronic Computers **EC-12** (April 1963) 2, S. 92—100

[3.3] Chapman, D. W.: Optimizing the digital magnetic recording process. Proc. IEEE **51** (Jan. 1963) 1, S. 247—248

[3.4] Siakkou, M.: Der Aufzeichnungsvorgang beim Dünnschicht-Magnetband. IET **4** (1974) 2, S. 105—110

[3.5] Siakkou, M.: Der Magnetisierungsverlauf im Metallschicht-Magnetband. IET **4** (1974) 5, S. 295—301

[3.6] Siakkou, M.: Wiedergabe- und Speichereigenschaften von Dünnschicht-Magnetbändern. IET **4** (1974) 6, S. 305—310

[3.7] Geurst, J. A.: The reciprocity principle in the theory of magnetic recording. Proc. IEEE **51** (1963), S. 1573—1577

[3.8] Eldridge, D. F.: Magnetic recording and reproduction of pulses. IRE Trans. on Audio **AU-8** (March—April 1960), S. 42—57

[3.9] Siakkou, M.: Zur Wiedergabe beliebiger Magnetisierungsstrukturen mit einem Magnetkopf endlicher Spaltweite und einem Magnetband beliebiger Permeabilität. IET **4** (1974) 6, S. 311—316

[3.10] Siakkou, M.: Die permeabilitätsabhängige Spalt- und Schichtdickendämpfung in der Magnetbandspeichertechnik. Journal für Signalaufzeichnungsmaterialien **1** (1973) 6, S. 453—459

[3.11] Mallinson, J. C.: Applications of Fourier-Transforms in digital magnetic recording theory. IEEE Trans. on Magn. **MAG-10** (1974) 1, S. 69—77

[3.12] Speliotis, D. E., Morrison, J. R.: Recent advances in magnetic recording materials. Trans. New York Academy of Sciences **28** (June 1966) 8, S. 1005—1019

[3.13] Bate, G., Alstad, J. K.: A critical review of magnetic recording materials. IEEE Trans. on Magn. **MAG-5** (Dec. 1969) 4, S. 821—839

[3.14] Korolkow, W. R. Münster, E. Siakkou, M.: Моделирование кривой размагничивания магнитных лент. Труды ВНИИТР **5** (24) (1974) S. 21—31

[3.15] Jakobs, J. S.: An approach to elongated fine particle magnets. Phys. Rev. **100** (1955), S. 1060—1067

[3.16] Münster, E.: Magnetic Anisotropy of thin metallic film tapes deposited at obliged incidence. IEEE Trans. on Magn. **MAG-7** (1971) 2, S. 263—267

[3.17] Karlqvist, D.: Calculation of the magnetic field in the ferromagnetic layer of a magnetic drum. Trans. Roy. Inst. Techn. Stockholm **86** (1954) S. 1—27

[3.18] Goron, A. D.: (Горон, А. Д.): Влияние частичного насыщения полюсных наконечников записывающей головки на ее поле. Радиотехника, **29** (1974) 6, 80—82

[3.19] Hodder, W. K., Monson, J. F.: Field Analysis for Magnetic Heads with eddy currents or complex permeability. IEEE Trans. on Magn. **MAG-7** (1971), S. 686—689

[3.20] Potter, R. I.: Analytic Expression for H_c Fringe Field of Finite Pole Tip Length Recording Heads. IEEE Trans. on Magn. **MAG-11** (1976), S. 80ff.

[3.21] Mallinson, J. C.: On recording head field theory. IEEE Trans. on Magn. **MAG-10** (1974) 3, S. 773—75

[3.22] LAZZARI, J. R.: Integrated Magnetic Recording Heads Applications. AIP Proc. Conf. Magnetisms Magn. Mater. **18** (1973), S. 980ff.

[3.23] BROCK, G. W., SHELLEDY, F. B.: Batch-fabricated Heads from an Operational Standpoint. IEEE Trans. on Magn. **MAG-11** (1975), S. 1218–1220

[3.24] POTTER, R. I.: Digital magnetic recording theory. IEEE Trans. on Magn. **MAG-10** (1974) 3, S. 502–508

[3.25] TJADEN, D. L. A., TERCIC, E. J.: Theoretical and experimental investigations of digital magnetic recording on thin media. Philips Res. Repts. **30** (1975), S. 120–161

[3.26] SUZUKI, K.: Theoretical study of vector magnetization distribution using rotational magnetization model. IEEE Trans. on Magn. **MAG-12** (1976), S. 224ff.

[3.27] SIAKKOU, M.: Berechnung magnetischer Felder unter Berücksichtigung des Hystereseverhaltens bei Magnetbändern. Z. elektr. Inform. u. Energietechnik **3** (1973) S. 340–348

SIAKKOU, M.: Berechnung statischer entmagnetisierender Felder bei der Magnetband-Impulsspeicherung. Z. elektr. Inform. u. Energietechnik **4** (1974) S. 241–246

[3.28] DAVIES, A. V.: Effects of the writing process and crosstalk on the timing accuracy of pulses in NRZ digital recording. IEEE Trans. on Magn. **MAG-3** (1967) 3, S. 217–222

[3.29] STEELE, C. W., MALLINSON, J. C.: Theory of low permeability heads. IEEE Trans. on Magn. **MAG-8** (1972) 3, S. 503–505

[3.30] BERTRAM, H. N., STEELE, C. W.: Poltip saturation in magnetic recording heads. IEEE Trans. on Magn. **MAG-12** (1976) 6, S. 702–706

[3.31] FLUITMAN, I.: Effect of nonzero write field reise time in digital magnetic recording. IEEE Trans. on Magn. **MAG-12** (1976) 3, S. 218–223

[3.32] KOSTYSHYN, B.: The write process in magnetic recording. IEEE Trans. on Magn. **MAG-7** (1971) 4, S. 880–885

[3.33] SANSOM, D. J.: Recording head design calculations. IEEE Trans. on Magn. **MAG-12** (1976) 3, S. 230–233

[3.34] KÖSTER, E.: Grundlagen der magnetischen Datenaufzeichnung. NTG-Fachberichte **58** (1977)

4. Bubble-Domänen-Speicher

Einachsig anisotrope magnetische dünne Schichten mit rechteckiger Hystereseschleife weisen physikalische Eigenschaften auf, die es gestatten, definierte bewegliche magnetische Bereiche (Domänen) zu bilden.

a) Wandverschiebespeicher (DOT-Memory):

Liegt die Anisotropieachse in der Schichtebene, so lassen sich durch ein örtlich konzentriertes Magnetfeld, das größer als die „Keimbildungsfeldstärke" H_s ist, kleine bewegliche magnetische Bereiche definiert bilden. Ein solcher Bereich kann durch ein kleineres Steuerfeld H, das aber größer als die „Wandbewegungsfeldstärke" H_0 ist,

$$H_s > H > H_0 ,$$

vergrößert werden, ohne daß es zu einer weiteren Bereichbildung kommt.

Wird die Ausdehnung des Bereiches durch spezielle Ausbildung von Fortbewegungspfaden in der dünnen Schicht in eine definierte Richtung gelenkt besteht die Möglichkeit der Informationsverschiebung und damit der Informationsspeicherung nach dem Laufzeitspeicher-Prinzip. Derartige Anordnungen werden als Wandverschiebespeicher bezeichnet [4.1]. Näheres dazu s. Kapitel 5.6.

b) Stachelwandspeicher (Crosstie Memory):

Wird eine Permalloy-Schicht geeigneter Dicke als gezackte Streifenbahn in Richtung der leichten Achse ausgeführt, so liegt der Magnetisierungsvektor in der Schichtebene und zunächst parallel zu den Kanten der Streifenbahn. Wirkt dagegen ein kurzer magnetischer Impuls in Richtung der schweren Achse, kommt es zu einer Polbildung an den Zackenenden und zur Ausbildung der sogenannten Stacheldrahtwände an den Einschnürungen der Streifenbahn. Stacheldrahtwände bilden gemeinsam mit den Bloch-Linien die Substruktur einer Néel-Wand. Durch geeignete Impulsfolgen bewirken komplizierte magnetostatische und dynamische Prozesse ein definiertes Vorwärtsschreiten der Stacheldrahtwand. Die Anwendung als Schiebespeicher ist deshalb in Aussicht gestellt; näheres s. Kapitel 5.7.

c) Blasenspeicher (Bubble Memory):

Dünne Schichten, die eine unaxiale Anisotropie senkrecht zur Schichtebene aufweisen, bilden ohne äußeres Magnetfeld streifenförmige, antiparallel magnetisierte Bereiche, so wie dies in Abb. 4.1a gezeigt ist. Wird in Richtung der Anisotropieachse, also senkrecht zur Schichtebene, ein Magnetfeld angelegt, schrumpfen die Domänen, die eine der Feldrichtung entgegengesetzte Magnetisierungsrichtung aufweisen, zusammen (Abb. 4.1b). Bei einer bestimmten Feldstärke nehmen die Domänen Zylinderform an. Diese Zylinder-Domänen können durch ein inhomogenes Zusatzfeld senkrecht zur Schichtebene wie kleine Magnete bewegt werden. Bei der magnetooptischen Abbildung mittels FARADAY-Effekt erscheinen sie im Mikroskop wie bewegliche „Bläschen"; daher der Name „bubble".

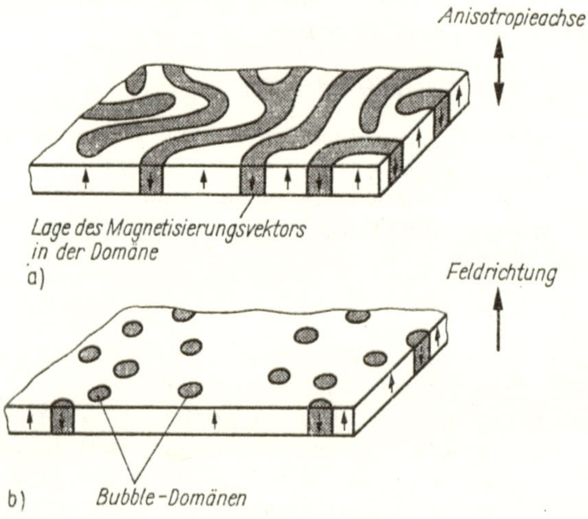

Abb. 4.1. Bubble-Domänen; a) im feldfreien Zustand entartet, b) unter Wirkung eines senkrecht zur Schichtebene wirkenden Feldes

4.1. Statische Stabilität der Zylinderdomänen

Der stabile Gleichgewichtszustand der Zylinderdomänen wird durch zwei gegenläufige Kraftwirkungen aufrechterhalten. Die eine Kraft resultiert aus der angelegten Feldenergie und der Domänenwandenergie, welche in Richtung Domänenverkleinerung und Wandverkleinerung wirkt. Die zweite Kraftwirkung entspringt der magnetostatischen Energie, die sich durch Vergrößerung von Domäne und Wand im allgemeinen vermindert. Die Gesamtenergie des rotationssymmetrischen Systems ist

$$E = 2\pi\mu_0 M_s H_A r^2 h + 2\pi r h \sigma_W - E_M . \tag{4.1}$$

Der erste Term ist die Wechselwirkungsenergiedichte $2\mu_0 M_s H_A$ zwischen dem äußeren Feld H_A und der spontanen Magnetisierung M_s einer Zylinderdomäne, multipliziert mit deren Volumen $\pi r^2 h$ (Radius r und Höhe h, letztere mit der Schichtdicke der Substanz identisch). σ_W ist die 180°-Wandenergieflächendichte, die sich nach [4.2] näherungsweise aus der isotropen Austauschkonstanten A und der Anisotropiefeldstärke H_K zu

$$\sigma_W = \sqrt{8\mu_0 A H_K M_s} \tag{4.2}$$

für eine Wandstärke l_W von

$$l_W = \frac{\sigma_W}{\frac{2}{\pi}\mu_0 H_K M_s} \tag{4.3}$$

berechnen läßt. E_M ist die magnetostatische Energie.

Das Energieminimum, das dem Gleichgewichtszustand (noch nicht notwendigerweise einem stabilen Zustand) entspricht, wird durch die partielle Ableitung nach dem Domänenradius gewonnen. Es gilt

$$\frac{\partial E}{\partial r} = 4\pi\mu_0 M_s H_A r h + 2\pi h \sigma_W - \frac{\partial E_M}{\partial r}. \tag{4.4}$$

Dieser Ausdruck beschreibt die Kraftwirkung, der die Domänenwand ausgesetzt ist. Ist $\frac{\partial E}{\partial r}$ größer als Null, schrumpft die Domäne, ist sie kleiner als Null, dann wächst die Domäne. Unter der Bedingung $\frac{\partial E}{\partial r} = 0$ ist sie stabil oder metastabil. Wir erhalten

$$0 = H_A + \underbrace{\frac{\sigma_W}{2\mu_0 r M_s}}_{H_W} - \underbrace{\frac{\partial E_M/\partial r}{4\pi\mu_0 M_s r h}}_{H_M}. \tag{4.5}$$

Der zweite Term H_W ist der Feldanteil der Wandenergie, der dritte Term H_M kann als mittlere Vertikalkomponente des magnetischen Feldes an der Domänenwandoberfläche interpretiert werden [4.3]. In Abb. 4.2 ist der qualitative Verlauf der Terme von (4.5) über dem Radius r aufgetragen. Mit Hilfe dieser Darstellung sind wir in der Lage, die stabile Domänengröße graphisch zu bestimmen. Bemerkenswert ist zunächst, daß das Wandfeld H_W wegen des Verlaufs $\sim 1/r$ der Ausbildung kleiner Bubble-Radien entgegenwirkt. Auch das magnetostatische Feld H_M hat den höchsten Wert bei $r = 0$, ändert sich aber langsamer als H_W. So gibt es bei $H_A = 0$ nur einen Schnittpunkt zwischen den beiden Kurven, der aber einem metastabilen Gleichgewicht entspricht. In diesem Zustand ist die Domäne gegenüber Radiusschwankungen instabil. Bei Anlegen eines Vormagnetisierungs-Gleichfeldes H_A bildet sich ein zweiter Schnittpunkt heraus, der eine Lösung für den stabilen Domänenradius r_D ist. Bei weiterer Vergrößerung von H_A streben die beiden Schnitt-

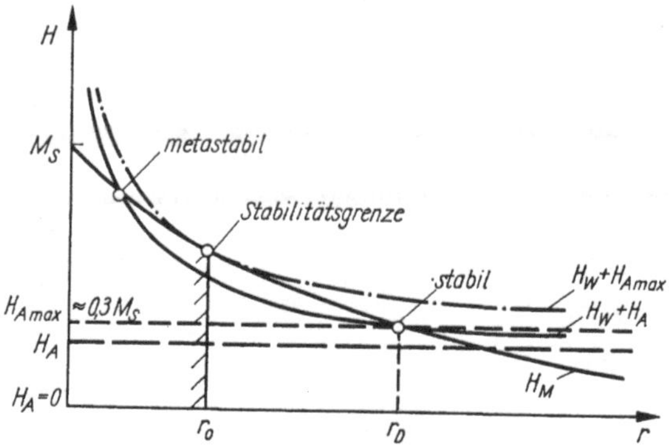

Abb. 4.2. Graphische Lösung der Zylinderdomänen-Stabilität

punkte zu einer gemeinsamen Lösung r_0, dem minimalen stabilen Bubble-Durchmesser. Eine weitere Erhöhung des Vormagnetisierungsfeldes läßt die Domänen zusammenbrechen. Auch für das maximale r_D gibt es eine Begrenzung. Diese liegt bei etwa $r_D \approx 3r_0$ und äußert sich in einer elliptischen Verformung der Zylinderdomäne. Sehr große Domänen fließen in Strukturen nach Abb. 4.1a auseinander. Zu bemerken ist noch, daß der in Abb. 4.2 dargestellte Verlauf von H_M für eine isolierte Domäne in einer unendlich ausgedehnten Platte gilt. In einer realen Struktur können die benachbarten Domänen über ihr Streufeld das äußere Feld H_A vergrößern, wodurch die Domäne kleiner wird als im isolierten Zustand.

Für den Vergleich verschiedener Materialien und die Optimierung der Speicheranordnung hat sich die Normierung der geometrischen Parameter als zweckmäßig erwiesen. Dividiert man die Kraftgleichung (4.4) durch $2\pi h^2 \mu_0 M_s^2$, erhält man anstelle (4.5)

$$0 = \frac{2r}{h}\frac{H_A}{M_s} + \frac{l}{h} - \frac{\frac{\partial E_M}{\partial r}}{2\pi h^2 \mu_0 M_s^2}, \tag{4.6}$$

wobei l der charakteristische Materialparameter

$$l = \frac{\sigma_W}{\mu_0 M_s^2} \tag{4.7}$$

ist. Abb. 4.3 zeigt den stabilen Bereich der Zylinderdomänen als Funktion der normierten Schichtdicke h/l. Bei kleinen Schichtdicken laufen die Grenzdurchmesser d_0 und d_2 nach der Funktion $h/l \cdot \exp \frac{\pi l}{h}$, während sie bei großen Schichtdicken zu $\sqrt{h/l}$ proportional sind. Es ergibt sich aus Abb. 4.3, daß der schmalste stabile Domänendurchmesser $3{,}9l$ ist, und zwar bei einer Schichtdicke von $3{,}3l$. Für die Anwendung werden eine zu bevorzugende

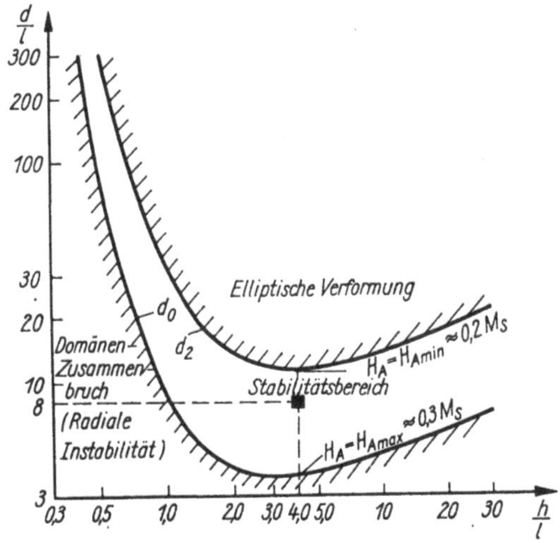

Abb. 4.3. Zylinderdomänen-Durchmesser als Funktion der Schichtdicke

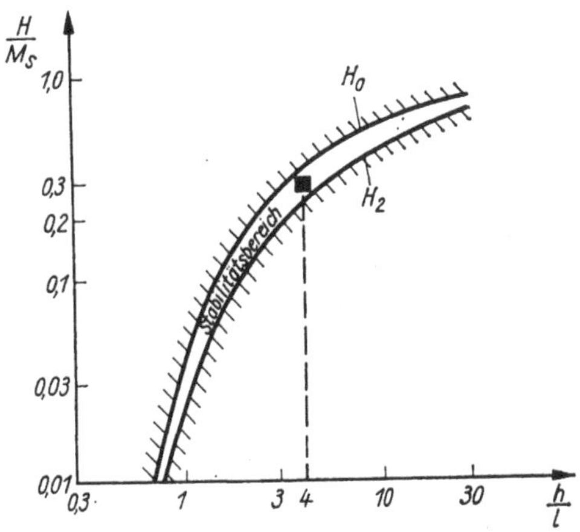

Abb. 4.4. Grenzfeldstärken H_0 und H_2 für die radiale und elliptische Instabilität als Funktion der normierten Schichtdicke h/l; nach [4.4]

Schichtdicke von

$$h_{opt} = 4\,l \tag{4.8}$$

und ein Domänendurchmesser von

$$d_{opt} = 8\,l \tag{4.9}$$

vorgeschlagen [4.4, [4.5]. Dieser optimale Arbeitspunkt liegt inmitten des Stabilitätsbereiches. Er ist in den Abb. 4.3, 4.4 und 4.5 als schwarzes Quadrat gekennzeichnet.

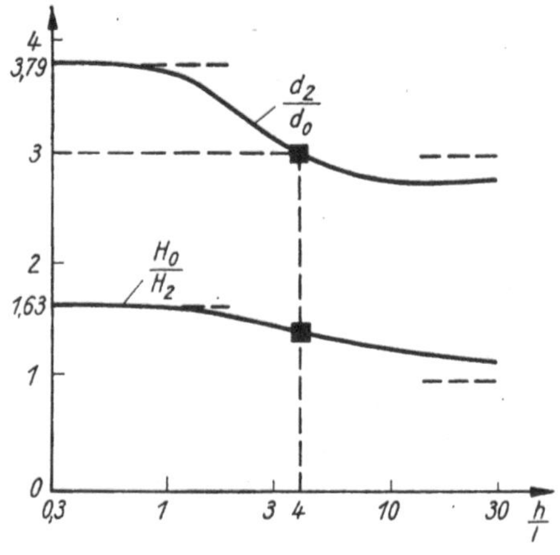

Abb. 4.5. Verhältnis der Grenzdurchmesser d_2/d_0 und der Grenzfeldstärken H_2/H_0 als Funktion der normierten Schichtdicke h/l; nach [4.4]

Abb. 4.4 zeigt den schmalen Bereich, in dem sich die Feldstärke des äußeren Vormagnetisierungsfeldes bewegen kann. Die funktionelle Abhängigkeit dieser Verläufe ist bei dünnen Schichten $\exp(-\pi l/h)$, bei dicken $\sqrt{l/h}$.

Für die praktische Anwendung ist die Variationsbreite des stabilen Bereichsdurchmessers und der Vormagnetisierungsfeldstärke von Bedeutung. Abb. 4.5 zeigt, daß das Verhältnis der beiden Grenzdurchmesser d_2/d_0 nur wenig um den Wert 3 mit der Schichtdicke variiert. Dagegen beträgt das Verhältnis der beiden Grenzfeldstärken H_0/H_2 im günstigsten Fall, d. h. bei dünnen Schichten, nur 1,63 und geht bei dicken Schichten sogar gegen 1.

Das Modell zur Ableitung der Stabilitätskriterien bezüglich l arbeitet unter der Annahme, daß die Magnetisierung streng in der Schichtnormalen liegt und daß die Wandbreite vernachlässigbar klein ist. Diese beiden Bedingungen hängen jedoch sehr von dem Verhältnis H_K/M_s ab. Sowohl die Drehung des Magnetisierungsvektors in Gegenwart entmagnetisierender Felder als auch das Verhältnis von Domänendurchmesser zu Wandbreite ist proportional zu H_K/M_s. Ferner besteht die Bedingung, daß im Material keine störenden Ummagnetisierungskeime gebildet werden dürfen. Das bedeutet, daß die Keimbildungsfeldstärke größer als die Summe aus Vormagnetisierungs- und entmagnetisierendem Feld sein muß. Da das Vormagnetisierungsfeld nur ein Bruchteil von M_s ist, kann die Bedingung für die Keimbildungsfeldstärke H_N vereinfacht mit

$$H_N > M_s \tag{4.10}$$

angegeben werden. In einem idealen uniaxialen Kristall ohne Störstellen ist H_N gleich H_K, so daß man auch

$$H_K > M_s \tag{4.11}$$

schreiben kann.

4.2. Domänenbeweglichkeit

Im vorigen Abschnitt wurde das Verhalten der Zylinderdomäne im homogenen Gleichfeld betrachtet. Betrachten wir nun ihre Reaktion auf ein inhomogenes Feld. Dieses komplexe Problem soll dadurch vereinfacht werden, daß das inhomogene Feld ein homogenes Gradientenfeld aufweisen soll, s. Abb. 4.6.

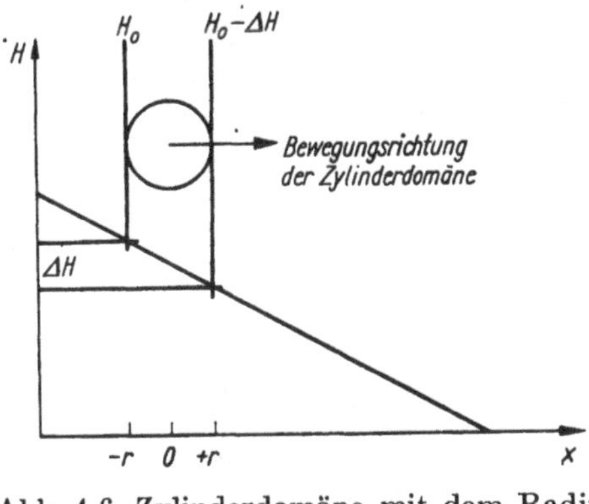

Abb. 4.6. Zylinderdomäne mit dem Radius r in einem homogenen Gradientenfeld

Wir betrachten zunächst, wie sich eine einfache ebene 180°-Bloch-Wand in diesem Feld bewegt. Damit es überhaupt zu einer Wandbewegung kommt, muß zunächst die Wandkoerzitivfeldstärke H_c überwunden werden. Ist diese Bedingung erfüllt, stellt sich eine Wandgeschwindigkeit v_W ein, die sich aus der Definition der Wandbeweglichkeit μ zu

$$|v_W| = \mu(|H_0| - H_c) \; ; \qquad |H_0| < H_c \tag{4.12}$$

ergibt. Der Zusammenhang zwischen der Wandbeweglichkeit μ und den Materialeigenschaften lautet nach [4.5]

$$\mu = \frac{4|\gamma|\,A}{\alpha\sigma_W} \tag{4.13}$$

und mit $K_u = \dfrac{\sigma_W}{16A}$

$$\mu = \frac{|\gamma|}{4\alpha K_u}. \tag{4.14}$$

Die Beweglichkeit ist also dem Koeffizienten der uniaxialen Anisotropie K_u umgekehrt proportional. Dabei sind α die GILBERTsche Dämpfungskonstante und $|\gamma|$ das gyromagnetische Verhältnis. Wenn man aus (4.3) mit $\mu_0 M_s \dfrac{H_K}{2} = K_u$ eine Wandbreite l_W von

$$l_W = \frac{\sigma_W}{K_u}\,\frac{\pi}{4} = \frac{4\pi A}{\sigma_W} \tag{4.15}$$

annimmt, dann kann Ausdruck (4.13) bzw. (4.14) in der Form

$$\mu = \frac{|\gamma|\,l_W}{\alpha\pi} \tag{4.16}$$

geschrieben werden. Diese einfache Beziehung sagt aus, daß bei gegebener Dämpfung die Wandbeweglichkeit der Wandbreite proportional ist. Bei gegebener Wandbeweglichkeit μ des Materials errechnet sich die Geschwindigkeit v_d einer Zylinderdomäne (die Kraftwirkung geht in Richtung Feldverminderung, s. Abb. 4.6) aus der aufzuwendenden Bewegungsenergie, die dem von der Leitstruktur erzeugten Gradientenfeld entnommen wird:

$$|v_d| = \frac{\mu}{2}\left(\varDelta H - \frac{8H_c}{\pi}\right); \qquad |\varDelta H| > \frac{8H_c}{\pi}. \tag{4.17}$$

Damit sich die Domäne überhaupt in Bewegung setzt, muß $\varDelta H$ größer als die „Startfeldstärke“ $8H_c/\pi$ sein. Je kleiner also die Koerzitivfeldstärke H_c ist, desto kleiner können die Steuerfelder sein (Größenordnung 20 A/cm). Bei sehr engem Kontakt der magnetischen Leitstruktur mit der Kristalloberfläche sind in Granatmaterial Domänengeschwindigkeiten von 20 m/s erreicht worden. Bariumferrit hat dagegen eine Grenze bei 6 m/s [4.3]. Die maximale Informations-Übertragungsgeschwindigkeit ergibt sich aus dem Produkt von mittlerer Domänengeschwindigkeit und linearer Speicherdichte. Es ist verständlich, daß die Domänen sehr empfindlich auf Streufelder reagieren. So kann ein Störfeld in Schichtebene von 4 A/cm und ein solches in Schichtnormalenrichtung mit einem Gradienten von $\varDelta H = 0{,}01$ A/cm pro Durchmesser $2r$ schon Störungen hervorrufen [4.6]. Eine zusätzliche Abschirmung kann das Problem beheben.

Da die bei der Domänenbewegung aufzuwendende Energie nicht lokal gleich ist, treten Spannungen auf, die eine Deformation der rotationssymmetrischen Domäne verursachen. Für die Anwendung ergibt sich daraus die wichtige Konsequenz, daß

$$\frac{H_c}{M_s} < 0{,}01 \tag{4.18}$$

sein muß, wenn bei einer Domänenbewegung entlang einer Leitstruktur die Radiusschwankungen kleiner als 10% bleiben sollen [4.6].

4.3. Materialeigenschaften

Abb. 4.7 zeigt eine Darstellung der Anisotropiefeldstärke H_K von Materialien, deren CURIE-Punkt oberhalb der Zimmertemperatur liegt, als Funktion der Sättigungsmagnetisierung M_s. Die Austauschkonstante A bewegt sich für diese Materialien nach [4.7] in einem Bereich von (0,1 ... 1,6) 10^{-11} N. Gerechnet wurde mit $0{,}4 \cdot 10^{-11}$ N. Da sowohl die charakteristische Länge l nach (4.7) als auch die Beweglichkeitsbeziehung (4.13) ausschließlich von der

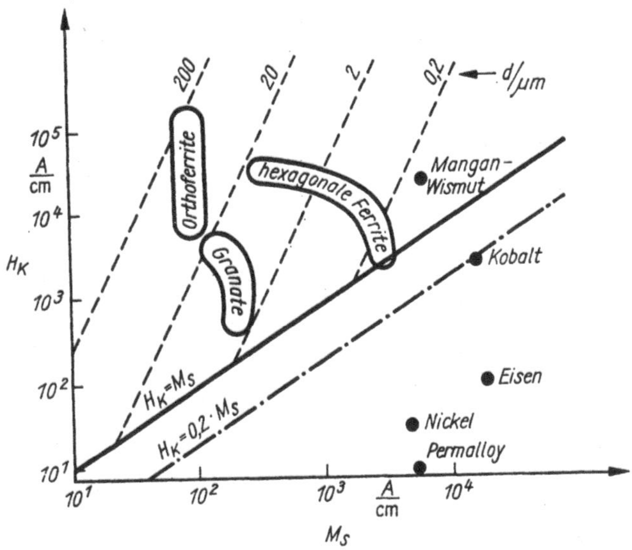

Abb. 4.7. Materialparameter magnetischer Oxide; nach [4.11] und [4.7]; ——— untere Grenze für keimbildungsfreies Material, ·—·—· untere Grenze für die Existenz von Zylinderdomänen, - - - - Geraden gleichen Domänendurchmessers d

180°-Wandenergie abhängen, wird hier auch die Anisotropiefeldstärke

$$H_K = \frac{\sigma_W^2}{8A\mu_0 M_s} \tag{4.19}$$

aus der Wandenergie ermittelt. Für die einfachsten uniaxialen Materialien vereinfacht sich das effektive Anisotropiefeld weiter zu $2K_u/\mu_0 M_s$. Durch die Definition (4.19) können aber auch Materialien erfaßt werden, die nicht uniaxial sind. Weiterhin enthält die Darstellung Linien konstanten Domänen-Durchmessers

$$d = 8l = \frac{8\sigma_W}{\mu_0 M_s^2} = 16\sqrt{\frac{2H_K A}{\mu_0 M_s^3}}\,. \tag{4.20}$$

Materialien oberhalb der Linie $H_K = M_s$ sind nach (4.11) im Prinzip geeignet, Zylinderdomänen zu bilden. Sie benötigen jedoch darüber hinaus eine genügend große uniaxiale Komponente in der Wandenergie, wie eingangs des Kapitels bereits vorausgesetzt. Je höher das uniaxiale Anisotropiefeld ist, desto stabiler ist die magnetische Vorzugsrichtung ausgeprägt, aber desto größer ist auch der Bubble-Durchmesser. Ist das Feld zu klein, besteht nach (4.10) die Gefahr der spontanen Keimbildung.

Interessant ist noch die Grenze, bei der Bubble-Durchmesser d und Wandbreite l_W gleich groß werden. Hier würde die Zylinderdomäne ihre Existenzfähigkeit verlieren. Mit (4.3), (4.7) und (4.9) wird

$$\frac{d_{opt}}{l_W} = \frac{16}{\pi}\frac{H_K}{M_s}, \tag{4.21}$$

demnach

$$H_K = \frac{\pi}{16} M_s \approx 0{,}2 M_s\,. \tag{4.22}$$

Diese Gerade ist in Abb. 4.7 strichpunktiert eingezeichnet. Mit (4.19) und (4.20) kann die Beweglichkeit (4.13) so umgeschrieben werden,

$$\mu = \frac{|\gamma|\, d}{16\alpha}\frac{M_s}{H_K}, \tag{4.23}$$

daß die inverse Proportionalität zu H_K/M_s bei konstantem Domänendurchmesser zu erkennen ist. Unter dem Gesichtspunkt der Beweglichkeit sind also jene Materialien interessant, deren Verhältnis H_K/M_s nur knapp über 1 liegt. Es darf jedoch nicht übersehen werden, daß Variationen von α, dem Kopplungskoeffizienten zwischen Bereichswand und Gitter, den Einfluß von H_K/M_s überdecken können.

Die Optimierung der Schichtparameter kann noch auf die magnetischen Kennwerte M_s und K_u ausgedehnt werden, wenn man berücksichtigt, daß sich sowohl die Austauschkonstante A als auch das Verhältnis $H_K/M_s = 2K_u/\mu_0 M_s^2$ für die bevorzugten Materialien nur in einem kleinen Bereich ändern. Es ist mit (4.2), (4.3) und (4.21)

$$M_s = \frac{32\sqrt{A}}{d_{opt}\sqrt{2\mu_0}} \cdot \sqrt[4]{\frac{2K_u}{\mu_0 M_s^2}} \tag{4.24}$$

und

$$K_u = \frac{256A}{d_{opt}^2}\left(\frac{2K_u}{\mu_0 M_s^2}\right)^2. \tag{4.25}$$

Mit dem typischen Wert von $A = 4\,\text{pWs/m}$ und dem Verhältnis $H_K/M_s = 2K_u/\mu_0 M_s^2 = 3$ sowie $d_{opt} = 10\,\mu\text{m}$ als bevorzugtem Bubble-Durchmesser errechnen sich $M_s = 70\,\text{A/cm}$ und $K_u = 92\,\text{Ws/m}^3$.

4.4. Materialien

Seltene-Erden-Orthoferrite haben eine orthorhombische Struktur mit einem antiferromagnetischen Spinsystem. Die vereinfachte chemische Formel lautet $R\,FeO_3$, wobei R als allgemeines Symbol für ein Element der Seltenen Erden steht. Die meisten Seltene-Erden-Orthoferrite erfüllen die Grundbedingung (4.11) bei Raumtemperatur. Die leichte Achse der Magnetisierung kann bei vielen von ihnen von der c- zur a-Achse geändert werden. (Dies geschieht bei der Spinreorientierungstemperatur. Im Übergangsgebiet herrscht eine biaxiale Anisotropie. Das kleinstmögliche H_K ist kurz vor dem Übergang zum biaxialen Verhalten zu erwarten.) Es sind aber auch Zylinderdomänen im biaxialen Bereich beobachtet worden [4.8]. (Die Spinreorientierungstemperatur der Seltene-Erden-Orthoferrite liegt unterhalb der Zimmertemperatur (Ausnahme: Samarium-Orthoferrit). Sie kann jedoch durch Sm-haltige Seltene-Erden-Kompositionen (z. B. $Sm_{0,55}Tb_{0,45}FeO_3$) in den Bereich der Zimmertemperatur gelegt werden. Damit können die kleinsten Zylinderdomänen aller Orthoferrite erzeugt werden; d. h., diese Materialien liegen in Abb. 4.7 an der untersten Spitze des Orthoferrit-Gebietes. Der Nachteil ist eine starke Temperaturabhängigkeit im Bereich der Zimmertemperatur. So kann der Domänendurchmesser z. B. um 10% pro Grad Temperaturänderung zunehmen.) Eine Übersicht über die Parameter verschiedener Orthoferrite gibt Tab. 4.1. Die letzten zwei Zeilen zeigen das Bemühen um kleineres σ_W, das im Falle der Samarium-substituierten Orthoferrite durch Verringerung der uniaxialen Anisotropiekonstanten K_u, gemäß $\sigma_W = 4\sqrt{K_u A}$, zum Erfolg führte.

Ferrimagnete mit hexagonaler Kristallstruktur haben ihre leichte Achse entweder parallel zur hexagonalen Achse oder in der Basisebene. Das hängt vom Vorzeichen der uniaxialen Anisotropiekonstanten ab. Auch hier existieren Übergangsstadien, wenn die uniaxiale Anisotropie und die Anisotropie 2. Ordnung eine vergleichbare Größe annehmen. Die meisten hexagonalen Materialien, die für eine Bubble-Anwendung in Frage kommen, sind uniaxial und liegen bei $H_K \geqq M_s$. (Da diese Materialien bei Zimmertemperatur

Tabelle 4.1.
Experimentelle und berechnete Materialparameter für Orthoferrite, nach [4.3]

Seltene Erde	$M_s / \frac{A}{cm}$	experimentell			berechnet	
		$d/\mu m$	$H_A / \frac{A}{cm}$	$H/\mu m$	$l/\mu m$	$\sigma_W / \frac{W_s}{m^2}$
Y	84	76	26	76	64	1,8
Nd	49	190	2,5	50	110	1,1
Sm	67	150	2,4	28	74	1,3
Eu	66	140	8,4	50	94	1,6
Gd	75	94	13	60	74	1,7
Tb	109	43	41	56	36	1,7
Dy	102	51	25	40	43	1,8
Ho	73	110	10	53	84	1,7
Er	65	150	6	50	99	1,6
Tm	112	58	29	58	48	2,4
Yb	114	96	33	76	76	3,9
Lu	95	190	8,3	50	110	3,9
$Sm_{0,6}Er_{0,4}$	66	25	26	46	20	0,35
$Sm_{0,55}Tb_{0,45}$	86	19	48	50	10	0,30

erhebliche M_s-Werte annehmen können, sind die Zylinderdomänen entsprechend klein. Ein typischer Wert ist 0,3 µm.) Die Materialien MnBi, $BaFe_{18}O_{27}$ und (Sr, Ba, Pb)$Fe_{12}O_{19}$ haben H_K-Werte um 10^4 A/cm und ein M_s von $\geqq$ 3000 A/cm [4.7]. In dem letztgenannten Material kann H_K durch teilweise Substitution des Fe durch Al erhöht werden. Das geht mit einer Verminderung von M_s einher. Diese Materialien bilden in Abb. 4.7 den nach links ausladenden Bereich der hexagonalen Ferrite. Der nach rechts abfallende Bereich wird von Materialien eingenommen, in denen das Fe durch $Ti_{0,5}Co_{0,5}$ substituiert wurde, z. B. $Ba(Ti_{0,5}Co_{0,5})_xFe_{12-x}O_{19}$. Bei dieser Mischung wird die Anisotropieenergie reduziert, ohne daß sich die Magnetisierung ändert. Das resultiert aus einer Abnahme von H_K. (Die Al- und $Ti_{0,5}Co_{0,5}$-Substitutionen verbessern zwar die magnetischen Eigenschaften, erhöhen aber die Temperaturempfindlichkeit dieser Eigenschaften, da die CURIE-Temperatur sinkt.)

Historisch ging die Entwicklung von den Orthoferriten zu den magnetischen Granaten, die die gewünschten hohen Speicherdichten von 10^3 bis 10^5 bit/mm² erlauben [4.20]. Die magnetischen Granate sind ferrimagnetische Oxide mit einer kubischen Gitterstruktur, Allgemeine chemische Formeln sind $R_3Fe_5O_{12}$ mit den Beispielen $Gd_3Fe_5O_{12}$, $Y_3Fe_5O_{12}$, aber auch $Y_{3-x}(S.E.)_x(Ga, Al)_yFe_{5-y}O_{12}$, z. B. $TbEr_2Al_{1,1}Fe_{3,9}O_{12}$. Diese Materialien haben ein relativ hohes M_s, und die leichte Achse liegt in der Kristallrichtung (111). Die Anisotropie ist gewöhnlich nicht uniaxial. Das hohe M_s erlaubt jedoch die Substitution nichtmagnetischer Materialien in einem weiten Spektrum. Wenn es dadurch gelingt, eine induzierte un-axiale Anisotropie zu erzeugen, so liegen diese Materialien wegen ihrer geringen 180°-Wandenergie trotz kubischer Gitterstruktur nach [4.9] im Grenzbereich der Bedingung (4.11); s. Abb. 4.7. Ein typischer Bubble-Durchmesser in einem so erzeugten uniaxialen Granat ist 5 ... 6 μm in einem 15 μm dicken Plättchen [4.10]. Die Herstellung von Speicherchips erfolgt auf einem 300 μm dicken, sorgfältig vorbereiteten nichtmagnetischen Substrat aus GdGa-Granat, [4.24]. Der magnetische Granat wächst dann aus der Schmelze epitaktisch auf mit einer Dicke von 10 ... 15 μm. Die Schicht wird anschließend mit Ionen implantiert, um die unerwünschten „harten Bubbles" zu vermeiden. Zur Herstellung der im folgenden Abschnitt beschriebenen funktionsbedingten Strukturen (Permalloy-Schichten, Leiterbahnen, SiO_2-Isolations- und Abstandsschichten) dienen die bekannten Verfahren aus der Halbleitertechnologie.

Eng verwandt mit den Granaten sind die Spinelle mit der allgemeinen Formel RFe_2O_4. Sie lassen sich leichter herstellen, haben jedoch nicht eine so hohe Wandbeweglichkeit.

Neben den gut erforschten Granat-Schichten werden in jüngster Zeit auch amorphe Speicherschichten aus GdCoMo bei der Chipentwicklung

Tabelle 4.2
Charakteristische Daten von Granat-Speicherchips, nach [4.25]

	erreicht	erwartet
Domänendurchmesser [μm]	5	0,5—2
Speicherdichte [bit/mm²]	$2 \cdot 10^3$	10^5
Chipkapazität [bit]	10^5	10^6
Chipfläche [mm²]	50	25—50
Mittlere Zugriffszeit [ms]	2	1

verwendet, [4.23]. Sie eignen sich zur Herstellung kleinster Domänen mit einem Durchmesser von 0,1 μm. Von den ferromagnetischen Materialien hat Kobalt eine hexagonale Gitterstruktur mit unaxialer magnetischer Anisotropie. Es erfüllt aber nicht Bedingung (4.11), s. Abb. 4.7. Auch die anderen ferromagnetischen Elemente können wegen des hohen magnetischen Moments die Bedingung $H_k > M_s$ nicht erfüllen. Die Bloch-Wandbeweglichkeiten μ der einzelnen besprochenen Materialien betragen 10^2 bis 10^4 cm²/As für Orthoferrite, $10 \ldots 5 \cdot 10^2$ cm²/As für die magnetischen Granate und $10^{-1} \ldots 1$ cm²/As für hexagonale Ferrite [4.11]. Tab. 4.2 zeigt charakteristische Daten von Speicherchips für gegenwärtige und spätere Granat-Schichten.

4.5. Speichersystem

4.5.1. Steuerstrukturen

Ein wesentliches Kriterium für die Anwendung der Bubbles in der Informationsspeicherung und -verarbeitung ist die Möglichkeit ihrer definierten Positionierung und Bewegung in diskreten Schritten. Die Bewegung der z. B. als „L“-Bit definierten Bubbles entspricht dann einer Informationsverschiebung nach dem Prinzip des Umlaufspeichers. Dazu müssen durch Zusatzstrukturen lokale Felder erzeugt werden. Diese Ansteuer- bzw. Treiberfelder können entweder durch eine Anordnung stromdruchflossener Drähte erzeugt werden oder aber durch Strukturen aus weichmagnetischem Material, die unter Einwirkung veränderlicher äußerer Felder bestimmte Mikrofelder erzeugen.

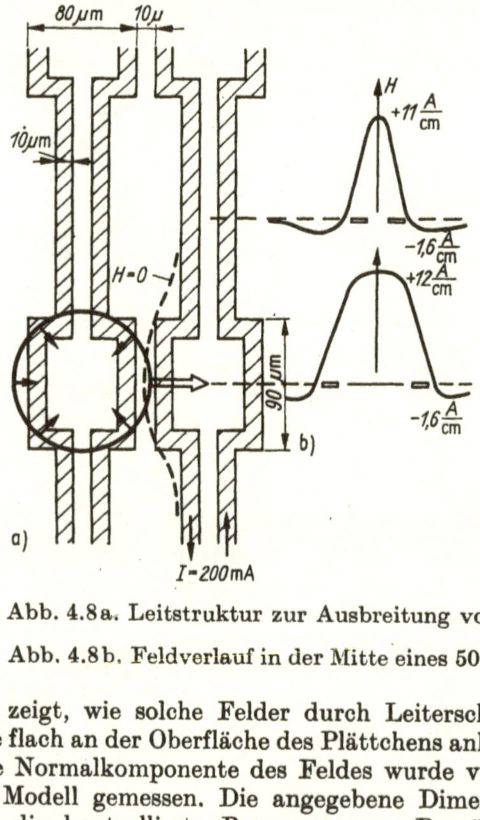

Abb. 4.8a. Leitstruktur zur Ausbreitung von Zylinderdomänen

Abb. 4.8b. Feldverlauf in der Mitte eines 50 µm dicken Orthoferrits

Abb. 4.8 zeigt, wie solche Felder durch Leiterschleifen erzeugt werden können, die flach an der Oberfläche des Plättchens anliegen. Die in Abb. 4.8b dargestellte Normalkomponente des Feldes wurde von [4.3] an einem vergrößertem Modell gemessen. Die angegebene Dimensionierung wurde gewählt, um die kontrollierte Bewegung von Domänen im Durchmesserbereich von 90 .. 150 µm zu ermöglichen. Damit eine Kraftkomponente in Richtung auf die benachbarte Leiterschleife (in Abb. 4.8a nach rechts) wirksam werden kann, muß sich die Domäne schon in Ruhelage mit dem positiven Gradientenfeld der Nachbarschleife überlappen (s. gestrichelte Linie in Abb. 4.8a).

Eine komplette Leiterstruktur für zweidimensionale Ausbreitung zeigt die Matrixanordnung in Abb. 4.9. Aus der Schaltung ist ein Dreiphasen-

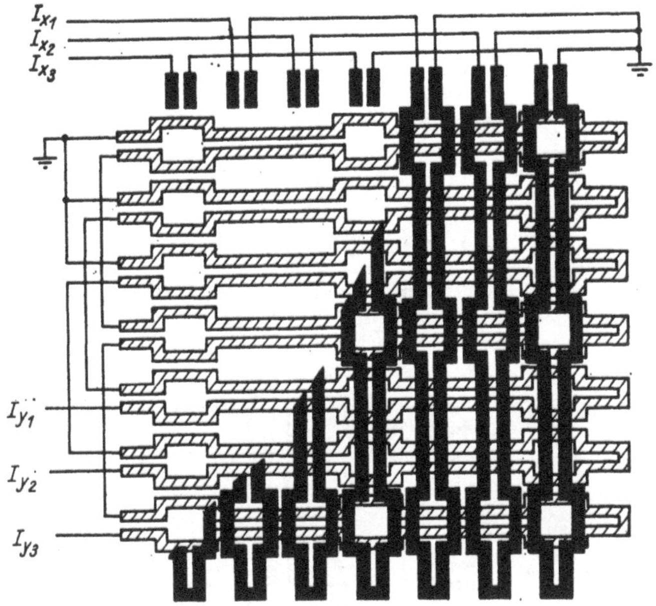

Abb. 4.9. Elektrische Dünnschicht-Leitstruktur für zweidimensionale Ausbreitung von Zylinderdomänen

betrieb zu erkennen; d. h., die Domäne kann durch die aufeinanderfolgende Wirkung von I_{y1}, I_{y2} und I_{y3} vertikal um 3 Speicherplätze bewegt werden; ebenso durch I_{x1}, I_{x2} und I_{x3} in horizontaler Richtung. Rückwärtsbetrieb geschieht einfach durch Phasenumkehr. Der Dreiphasenbetrieb ist erforderlich, um ein Rückspringen der Domänen zu vermeiden. Außerdem müssen die Domänen einen Abstand von mehreren Domänendurchmessern haben, um eine gegenseitige Beeinflussung durch magnetostatische Wechselwirkung zu verhindern. Mit einer solchen Anordnung wurden in Yttrium-Orthoferrit ($YFeO_3$) Übertragungsgeschwindigkeiten von $3 \cdot 10^6$ bit/s erreicht. Mit Ytterbium-Orthoferrit ($YbFeO_3$) wurde von [4.3] eine Flächenspeicherdichte von über 10 bit/mm² erreicht. Dabei betrug der Bit-Abstand 3 Speicherplätze entsprechend 270 µm nach Abb. 4.8.

Der Nachteil der relativ hohen Anzahl von Kontaktierungen, die die Zuverlässigkeit beeinträchtigt, wird vermieden, wenn anstelle der aktiven Leiterstruktur ein Leitsystem aus passiven weichmagnetischen Aufdampfschichten verwendet wird. Hierbei wird die Antriebsenergie durch ein äußeres homogenes Wechselfeld kontaktlos zugeführt. In Abb. 4.10 sorgt das *T-I*-förmig oder *Y-I*-förmig strukturierte weichmagnetische Material (magnetostriktionsfreies Permalloy mit einer Schichtdicke von 0,2 ... 1 µm) in Verbindung mit einem in der Schichtebene rotierenden Magnetfeld dafür,

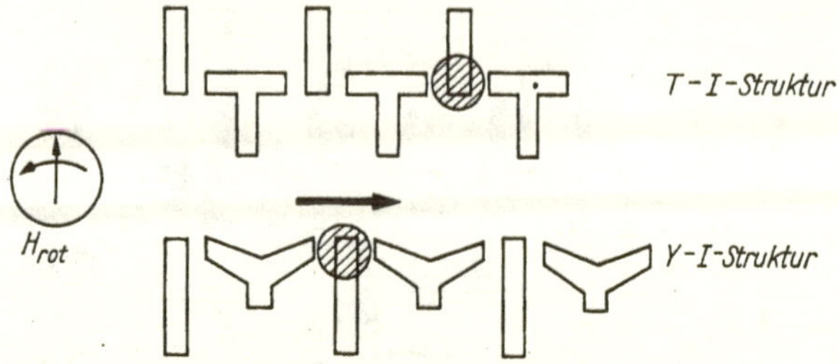

Abb. 4.10. Prinzip weichmagnetischer Bubble-Leitungen mit *T-I*-Struktur und *Y-I*-Struktur

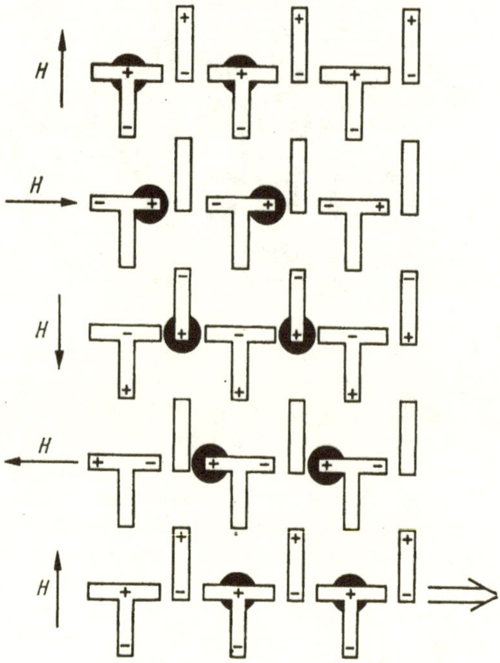

Abb. 4.11. Polbildung und Domänenwanderung als Funktion der Drehfeldrichtung bei einer *T-I*-Struktur

daß in einer bestimmten Reihenfolge magnetische Pole erzeugt werden, die die Domänen anziehen und von einem Speicherplatz zum näonsten befördern. Die Polbildung beruht darauf, daß bei paralleler Lage von Drehfeld und Permalloystreifen das entmagnetisierende Feld des Streifens minimal ist und sich somit starke magnetische Pole an den Enden ausbilden können.

Wirkt das Drehfeld senkrecht zur Streifenlängsachse, verhindert der starke Entmagnetisierungseffekt die Ausbildung eines nennenswerten Feldgradienten. Abb. 4.11 erläutert die Polbildung in den verschiedenen Phasenlagen des Drehfeldes bei einer *T-I*-Struktur. Die Zylinderdomäne, die an der dargestellten Oberfläche einen negativen Pol besitzen soll, wird jeweils von dem nächstliegenden Pluspol der Permalloystruktur angezogen und vom Minuspol abgestoßen. Die *T-I*-Struktur, ebenso wie die *Y-I*-Struktur, weist die Eigenschaft auf, daß sich unter Wirkung des Drehfeldes stets links von der Domäne ein Minuspol nähert und sich der nächstgelegene Pluspol nach rechts verschiebt (oder umgekehrt, je nach Drehrichtung), dem die Domäne folgt. Das Drehfeld wird mit Hilfe zweier senkrecht zueinander stehender Helmholtz-Spulenpaare erzeugt. Ein zusätzliches Gleichfeld senkrecht zur Schichtebene hält den Durchmesser der Bubbles konstant. Diese Anordnung erlaubt eine Flächenspeicherdichte von 1600 bit/mm^2 bei einem Bubble-Durchmesser von 7,5 µm und 15 µm Abstand zwischen zwei Bubbles. Die Übertragungsgeschwindigkeit kann $3 \cdot 10^5$ bit/s betragen und liegt damit allerdings um eine Größenordnung unter der für Drahtanordnungen, vgl. [4.12] und [4.13]. Durch Umkehr der Rotationsrichtung des Drehfeldes kann leicht das Rückwärtslaufen der Domänen erreicht werden. Besonders interessant ist die Möglichkeit der Informationsverarbeitung während des Speicherprozesses, da die *T-I*-Struktur in Verbindung mit der abstoßenden Wechselwirkung der Domänen auch die Ausführung von logischen und Schaltoperationen erlaubt [4.3], [4.14].

Anhand der Abb. 4.12 soll z. B. die Wirkungsweise eines Bubble-Flipflops erläutert werden. Vom Eingang *E* kommend wandert die Domäne im Drehfeld *H* über die Stationen 1 ... 7 und dreht sich dann weiter im Kreise 4 ... 7

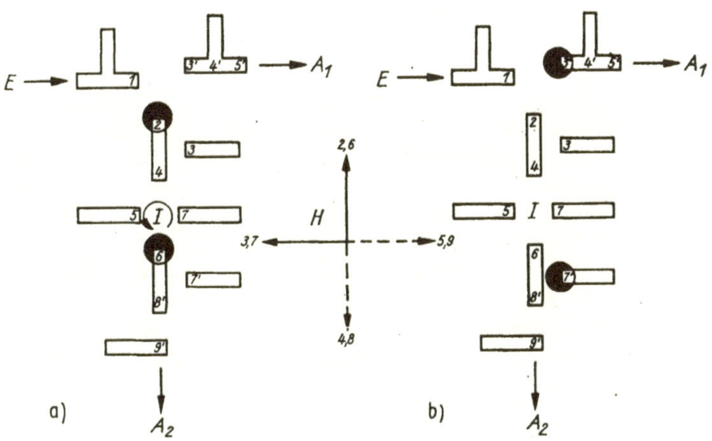

Abb. 4.12. Zur Wirkungsweise eines Bubble-Flipflops; nach [4.15]

(Position I), und zwar so lange, bis eine zweite Domäne in Station 2 erscheint (erste Domäne in 6), s. Abb. 4.12a. Dann können wegen der Abstoßung der Domänen die nachfolgenden Positionen 3 und 7 nicht eingenommen werden, sondern es kommt zu dem in Abb. 4.12b dargestellten Zustand 3' und 7'. Der weitere Verlauf geht in Richtung der Ausgänge A_1 bzw. A_2. Auf diese Weise kommt es zu einer logischen Verknüpfung zwischen dem Zustand des Flipflops (An- oder Abwesenheit einer Domäne in Position I) und dem Zustand am Eingang (An- oder Abwesenheit einer zweiten Domäne). Die Einrichtung arbeitet also auch wie ein Teiler 2:1, so daß sich z. B. durch Hintereinanderschalten derartiger Flipflops auf einfache Weise Dualzähler realisieren lassen.

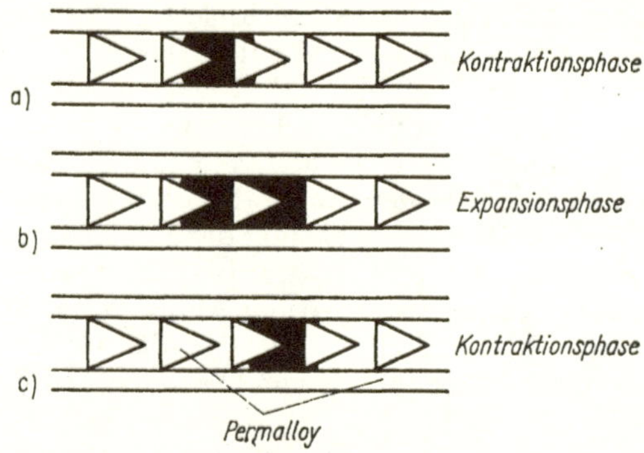

Abb. 4.13. Domänen-Antrieb durch Dreieckstruktur

Ein anderes Domänen-Steuersystem ist in Abb. 4.13 gezeigt. Im Gegensatz zur T-I-Struktur bzw. Y-I-Struktur wird hierbei mit veränderlichem Bubble-Durchmesser gearbeitet. Die Wechselwirkung zwischen der Zylinderdomäne und den Permalloy-Dreiecken ist in der Bildfolge von Abb. 4.13 erläutert. Die Lage der Domäne ist durch den Ort minimaler magnetostatischer Energie definiert. Hat die Domäne ihren kleinsten Durchmesser, Abb. 4.13a, befindet sie sich zwischen zwei Dreiecken in dieser energiegünstigen Lage. Bei Verminderung des äußeren Feldes (Vormagnetisierungsfeldes) durch eine zweite Feldanordnung (Steuerfeld) wächst die Domäne soweit an, daß sie den in Pfeilrichtung liegenden benachbarten Dreiecksmagneten erreicht. Dies geschieht lediglich durch Bewegung der rechten Wand bis zur stumpfen Seite des nächstfolgenden Dreiecks, Abb. 4.13b. Eine Bewegung der linken Wand nach links unterbleibt aus energetischen Gründen. Bei erneuter Zunahme des äußeren Feldes wandert diese Wand ebenfalls nach rechts, Abb. 4.13c. Die Domäne ist also während einer Expansions- und einer Kontraktionsphase um einen Schritt nach rechts vorangekommen. Im Gegensatz zur T-I-Struktur bzw. T-Y-Struktur können sich die Domänen nur in eine Richtung bewegen. Weiterhin müssen sie durch fixierte Magnetspuren in ihrer seitlichen Ausdehnung begrenzt werden, s. Abb. 4.13.

4.5.2. Aufzeichnungsvorgang

Für die Aufzeichnung wird ein sogenannter Bubble-Generator verwendet. Er beruht auf der Teilung von Mutterdomänen in Informationsdomänen. Eine Möglichkeit ist in Abb. 4.14 gezeigt. Sie besteht darin, daß die Mutterdomäne auf einem speziellen Speicherplatz (Schleife 1 in Abb. 4.14a) gehalten wird und von hier aus im Rhythmus des Arbeitstaktes einem Steuerfeld zwecks Teilung zugeführt wird. Läßt man nämlich durch den Außenleiter 2 einen Strom fließen, wird die Domäne in diesen hineingezogen (Abb. 4.14b). Wird nun die Innenschleife 3 von einem Strom durchflossen, schnürt sich die Domäne in der Mitte ein (Abb. 4.14c) und wird zweigeteilt (Abb. 4.14d). Die

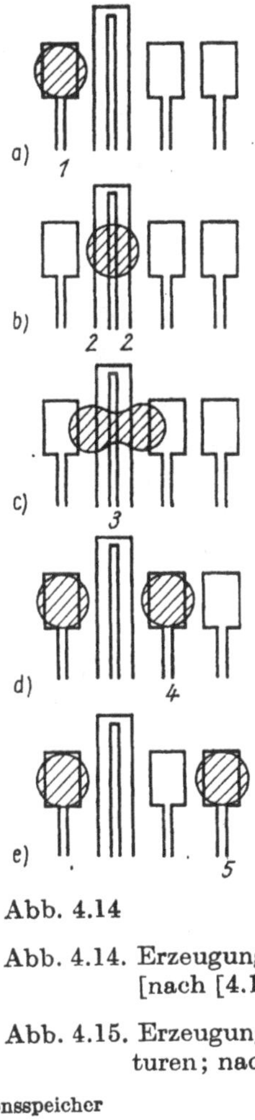

Abb. 4.14

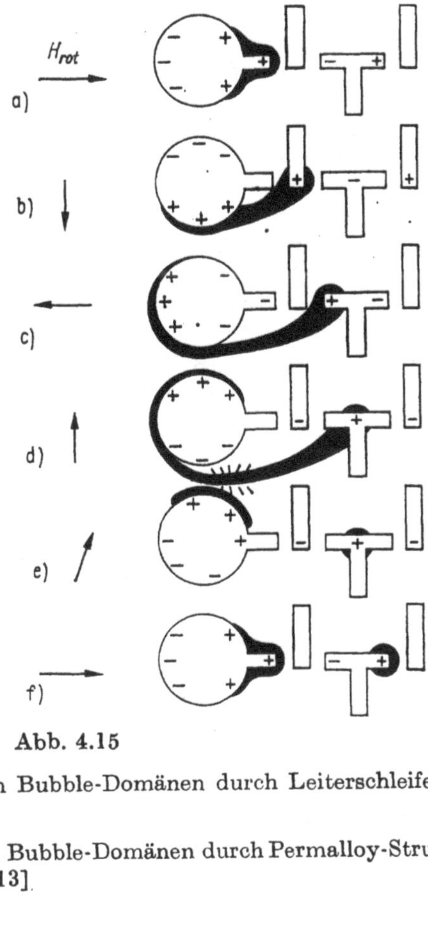

Abb. 4.15

Abb. 4.14. Erzeugung von Bubble-Domänen durch Leiterschleifen; [nach [4.1]

Abb. 4.15. Erzeugung von Bubble-Domänen durch Permalloy-Strukturen; nach [4.13]

neu erzeugte Domäne kann nun über Schleife 5 dem Datenkanal zugeführt werden (Abb. 4.14e).

Eine zweite Möglichkeit des Bubble-Generators besteht darin, daß die Mutterdomäne durch ein rotierendes Magnetfeld aufgrund der Umverteilung der magnetischen Pole um eine Permalloyscheibe bewegt wird und durch die Steuerwirkung der angekoppelten *T-I*-Struktur auseinandergezogen und schließlich geteilt wird. In der Bildfolge Abb. 4.15 steht die Zylinderdomäne mit den Pluspolen der Permalloystreifen und der großen Generatorscheibe in Kontakt, an der die Mutterdomäne stets gehalten wird. Der Kontakt mit dem ersten *I*-Streifen wird aufgenommen, wenn sich dort ein Pluspol ausbildet, siehe Sequenz b) in Abb. 4.15. In Folge c) wird die Domäne weit auseinandergezogen. In Zustand d) schiebt sich ein Minuspol zwischen die Domäne, die zu Instabilität in diesem Bereich und zum Spalten der Domäne führt. Die Mutterdomäne verbleibt auf der Scheibe, die Tochter begibt sich in den Ausbreitungskanal, Abb. 4.15e, f. Im allgemeinen wird für die Domänenerzeugung ein stärkeres Drehfeld benötigt als für die Ausbreitung. Dies ist insbesondere in der Phase der maximalen Streckung der Domäne erforderlich. Unterbleibt während dieser Phase eine entsprechende Felderhöhung, wird keine neue Bubble an den Ausbreitungskanal weitergegeben. Durch Modulation der Feldstärke des Drehfeldes ist also eine Steuerung des Aufzeichnungsvorganges möglich. Die physikalischen Daten einer Generator-Ausführung sind in [4.15] angegeben. Mit einer modifizierten Betriebsweise des Generators ist auch die Vernichtung von Bubbles, also das Löschen von Information, möglich.

Eine weitere Möglichkeit, Informationen mit Hilfe eines Domänengenerators aufzuzeichnen, besteht darin, einen kurzen Stromimpuls von ca. 300 mA durch eine Leiterschleife nach Abb. 4.16 zu schicken, von der ein Schiebekanal wegführt. Der Stromimpuls erzeugt ein hohes lokales Magnet-

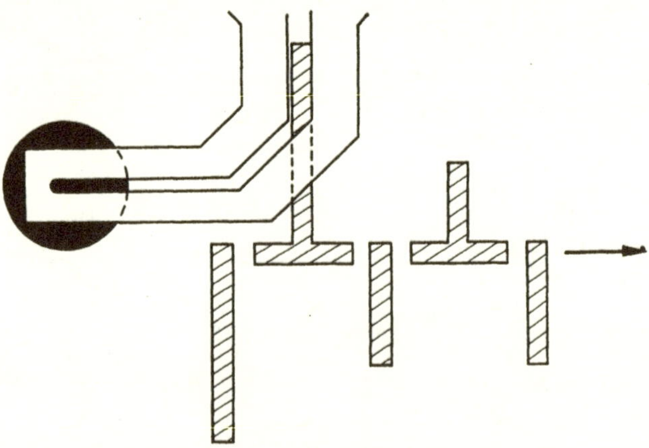

Abb. 4.16. Bubble-Generator; nach [4.21]

feld, das dem äußeren Gleichfeld entgegengesetzt ist. In dem lokalen Magnetfeld bildet sich eine Domäne, die mit Hilfe des rotierenden Feldes in den Schiebekanal gelangt, [4.21].

4.5.3. Wiedergabevorgang

Der Wiedergabevorgang kann auf konventionelle Art mit Induktion in einem Leiter, mittes HALL-Effekt, magnetoresistiv oder magnetooptisch erfolgen. Die induktive Methode erlaubt eine Übertragungsgeschwindigkeit von 10^6 bit/s, die anderen Methoden 10^7 bit/s, [4.6]. Letzterer Wert würde Anpassung an die mögliche minimale Bubble-Verschiebezeit von 100 ns für 3 Schritte bedeuten. Die erste der genannten Methoden ist wenig aufwendig, ergab jedoch nur Wiedergabespannungen von einigen hundert Mikrovolt und ein Signal-Rausch-Verhältnis von 10:1, [4.16]. Die magnetoresistive Methode ist jedoch auch in dieser Hinsicht vorteilhafter [4.17]. Abb. 4.17

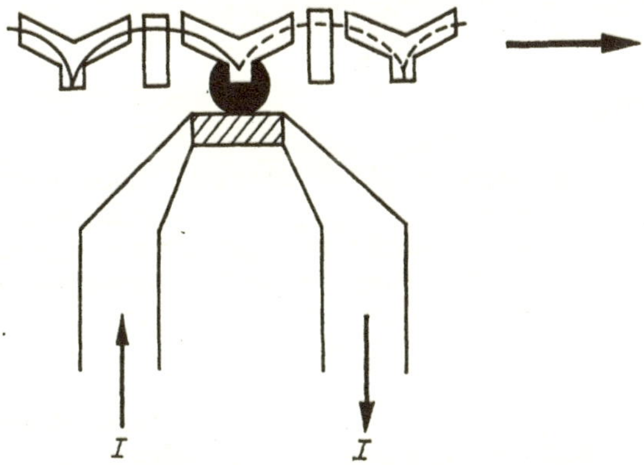

Abb. 4.17. Magnetoresistive Wiedergabe, nach [4.18]

zeigt, wie der Ausbreitungskanal einer *Y-I*-Struktur an einem stromdurchflossenen Sensor aus weichmagnetischem Material (schraffiert) vorbeiführt. Die durch die vorbeilaufende Domäne bewirkte Widerstandsänderung wird in ein elektrisches Signal umgesetzt [4.18]. Nach einem neueren Vorschlag, siehe [4.22], [4.28], besteht der magnetoresistive Detektor aus einer einfachen Permalloyschicht, die ihren elektrischen Widerstand von etwa 500 Ω unter Einwirkung der mit Hilfe der ⩓-Strukturen in Abb. 4.18 vergrößerten Domänen um ca. 2% ändert. Bei einem Detektorstrom von 1 mA beträgt das Wiedergabesignal also etwa 10 mV.

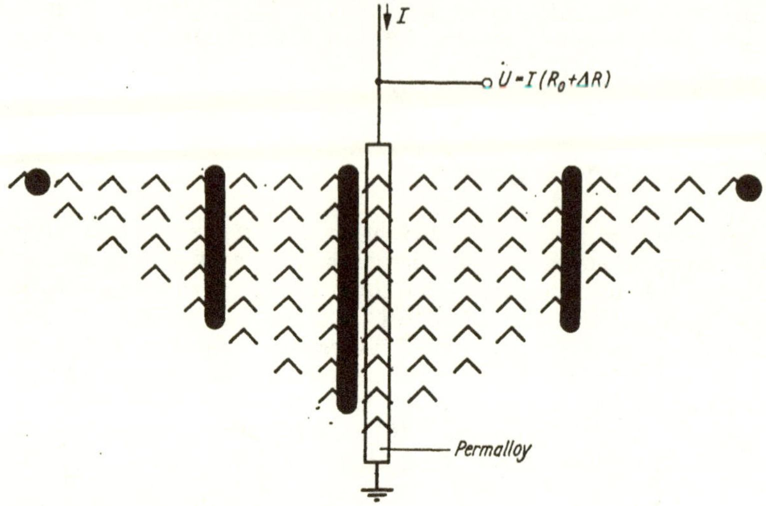

Abb. 4.18. Magnetoresistiver Bubble-Detektor; nach [4.22]

4.5.4. Felderzeugung

Für die Gebrauchswerteigenschaften (d. h. Volumenspeicherdichte, Gewicht, Energieverbrauch, Zuverlässigkeit usw.) eines Bubble-Domänen-Speichers ist die Lösung des Problems der Magnetfelderzeugung wesentlich. Ein Speicher mit *T-I*-förmiger Leitstruktur benötigt ein Vormagnetisierungs-Gleichfeld, zwei Paar HELMHOLTZ-Spulen für das Drehfeld sowie inhomogene Impulsfelder am Eingang und gegebenenfalls am Ausgang. Alle diese Felder müssen präzise bezüglich Amplitude, Phase, Richtung und Gradienten bzw. Homogenität (jeweils auf wenige Prozent genau) beherrscht werden. Das Gleichfeld wird, um Energie zu sparen, zweckmäßigerweise durch Permanentmagnete erzeugt, die in den Abmessungen der Polschuhe etwa um den Faktor 3 größer sein müssen als der im homogenen Feldbereich unterzubringende Speicherblock. Zweckmäßig ist die Kombination mehrerer dieser Anordnungen zu einer kompakten Einheit. Dabei ergibt sich die Möglichkeit, geschlossene magnetische Kreise mit Hilfe von Leitblechen zu erhalten. Allerdings darf dies die Ausbildung des durch 2 Paar HELMHOLTZ-Spulen zu erzeugenden homogenen Drehfeldes nicht behindern. Auch diese Spulen müssen etwa die dreifachen Abmessungen gegenüber dem Speicherblock haben. Durch die Notwendigkeit dieser Steuereinheiten sinkt die Volumenspeicherdichte des gesamten Systems gegenüber der des Speichermediums erheblich ab, sie ist ihr jedoch proportional.

Das Temperaturverhalten der bekannten Bubble-Materialien ist noch mangelhaft. So wird für Samarium-Terbium-Ferrit eine Grenztemperatur von 40 °C angegeben. Oberhalb dieser Temperatur lösen sich die Bubbles auf. Aber auch unterhalb dieser Grenztemperatur ändert sich der Bubble-Durchmesser mit der Temperatur um etwa 2,5% pro Grad. Die Funktionsfähigkeit der geschilderten Verschiebeanordnungen basiert jedoch auf einem festen, genau einzuhaltenden Verhältnis zwischen Bubble-Durchmesser und Speicherplatz-Abstand. Eine der möglichen Lösungen ist die Kompensation des Temperatureinflusses durch ein zusätzliches Vormagnetisierungs-Gleichfeld (zusätzliches HELMHOLTZ-Spulenpaar), dessen Stärke in Abhängigkeit von der Temperatur so geregelt wird, daß der Bubble-Durchmesser konstant bleibt. Dies gelingt jedoch nur in einem begrenzten Stabilitätsbereich. Weitere zusammenfassende Darstellungen über Bubbles finden sich in [4.18] und [4.19].

4.6. Entwicklungstendenzen

Die optischen Grenzen der Phototechnik erlauben Speicherkapazitäten bis 100 kbit pro Chip. Dazu sind bereits feinere Strukturen als in der Halbleitertechnik nötig. Auf zwei Wegen lassen sich diese Grenzen überschreiten:

a) Strukturverkleinerung durch Feinlinienlithographie mit Elektronen- oder Röntgenstrahlen [4.30],
b) Übergang zu spaltlosen Strukturen (Scheibenketten- oder Bubblegitterspeicher).

Mit dieser Technik werden Domänendurchmesser von 2 µm und Chipkapazitäten von 1 Mbit erwartet.

Besonders interessant ist die Konzeption des Bubblegitterspeichers, da sie eine völlig neue Art der Speicherung mit Bubbles darstellt. Die Information ist hier in der Wandstruktur der Bubbles enthalten. Nach Vorstellungen von [4.31] ist es möglich, daß Bubbles definierter Wandstruktur durch An- bzw. Abwesenheit eines lokalen Zusatzfeldes in der Schichtebene erzeugt werden können. Die Bubbles werden über mäanderförmige Leiterpaare transportiert, die mit einer Stromimpulsfolge gespeist werden. Der so entstehende Feldgradient verschiebt das lückenlos gepackte „Bubblegitter" (sowohl „0" als auch „L" sind durch eine Bubble repräsentiert) wegen des Abstoßungseffekts benachbarter Bubbles über mehrere Musterperioden hinweg. Damit darf aber der Abstand der Leiter entsprechend groß sein. Die Leitungsbreite entspricht etwa dem Bubbledurchmesser, der Bubbleabstand ist doppelt so groß. Eine Speicherzelle wird mit diesen Daten 64mal kleiner als bei den in Abschnitt 4.5 beschriebenen Balkenstrukturen.

4.7. Literatur

[4.1] STRAUBEL, R.: Digitale Informationsspeicherung und -verarbeitung in feinkristallinen dünnen magnetischen Schichten. J. Signalaufzeichnungsmaterialien **3** (1975) 6, S. 419—434
STRAUBEL, R.: Anwendungen neuer digitaler allmagnetischer Dünnschichtspeicher in kybernetischen Gerätesystemen. msr **20** (1977) 2, S. 99—104

[4.2] Chikazumi, S.: Physics of magnetism. John Wiley Inc. New York (1964)
[4.3] Bobeck, A. H., u. a.: Application of orthoferrites to domain-wall devices. IEEE Transact. on Magnetics **MAG-5** (Sept. 1969) 3, S. 544—553
[4.4] Thiele, A. A.: Theory of the static stability of cylindrical domains in uniaxial platelets. J. Appl. Phys. **41** (March 1970), S. 1139—1145
[4.5] Thiele, A. A.: The theory of circular magnetic domains. Bell Syst. Tech. J. **48** (1969), S. 3287—3335
[4.6] Matick, R. E.: Review of current proposed technologies for mass storage systems. Proc. of the IEEE **60** (March 1972) 3, S. 266—289
[4.7] Gianola, U. F., u. a.: Material requirements for circular magnetic domain devices. IEEE Transact. on Magnetics **MAG-5** (Sept. 1969) 3, S. 558—561
[4.8] Rossol F. C.: Temperature dependence of rare-earth-orthoferrite properties relevant to propagating domain device applications. IEEE Transact. on Magnetics **MAG-5** (Sept. 1969) 3. S. 562—565
[4.9] Mee, C. D.: The magnetization mechanism in single crystal garnet slabs near the compensation temperature. IBM J. Res. Develop. **23** (July 1967), S. 468—476
[4.10] Bobeck, A. H., u. a.: Uniaxial magnetic garnets for domain wall "bubble" devices. Appl. Phys. Lett. **17** (Aug. 1970), S. 131
[4.11] Freyhardt, H. C.: "Magnetic Bubbles" in einachsigen magnetischen Oxiden — Bericht über neue Informationsträger der Datenverarbeitung. Z. Metallk. **64** (1973) 1, S. 13—25
[4.12] Bobeck, A. H.: The magnetic bubble. Bell Lab. Rec. (June/July 1970), S. 163
[4.13] Bobeck, A. H.: A second look at magnetic bubbles. IEEE Trans. Magn. **MAG-6** (Sept. 1970), S. 445—446
[4.14] Bobeck, A. H., Scovil, H. E. D.: Magnetic bubbles. Scientific America (June 1971), S. 78—90
[4.15] Perneski, A. J.: Propagation of cylindrical magnetic domains in orthoferrites. IEEE Trans. Mag. **MAG-5** (Sept. 1969) 3, S. 554—557
[4.16] Curtis, D. A.: A study of mass memory applications. Arthur D. Little, Inc., (Aug. 1970)
[4.17] Willaschek, K.: Lesen von Informationen in magnetischen Speichereinrichtungen. Nachrichtentechnik · Elektronik **24** (1974) 7, S. 252—256
[4.18] Rhein, D.: Grundlagen der digitalen Speichertechnik. Akademische Verlagsgesellschaft Geest & Portig (Leipzig) 1974
[4.19] Bobeck, A. H., E. Della Torre: Magnetic bubbles. North-Holland Publishing Company (Amsterdam, Oxford) American Elsevier Publishing Company, Inc. (New York) 1975
[4.20] N. N.: Texas Instruments moves bubbles to pilot production for its products. Electronics **49** (1976), S. 32—33
[4.21] Nelson, T. J., Chen, Y. S., Gensic, J. E.: Field nucleation of magnetic bubbles. IEEE Trans. on Magn. **MAG-9** (1973) 3, S. 289—293
[4.22] G. S. Almasi: Magnetic bubble-domain detection: Review and outlook. IEEE Trans. on Magn. **MAG-9** (1973) 4, S. 663—669
[4.23] Ahn, K. Y., u. a.: Electron-beam fabrication of high-density amorphous bubble-film devices. IEEE Trans. on Magn. **MAG-11** (1975), S. 1142—1144
[4.24] Nielson, J. W., Licht, S. J., Brandel, C. D.: The preparation of large area films for bubble domain devices. IEEE Trans. on Magn. **MAG-10** (1974) 3, S. 474—476

[4.25] A. BÖHMLEIN: Magnetische Domänenspeicher. Bull. SEV/VSE **68** (1977) 2, S. 71—76
[4.26] BOJARTSCHENKOW, M. A. (Боярченков, М. А.): Магнитные доменные логические и запоминающие устройства. Москва: Энергия (1974)
[4.27] GRIGORIAN, L. A. (Григорян, Л. А.): Запоминающие устройства на цилиндрических магнитных пленках. Москва: Энергия (1975)
[4.28] LILL, A.: Magnetowiderstandsdetektoren für Bubblespeicher. J. Magnetism Magnetic Mat. **4** (1977) S. 159—165
[4.29] METZDORF, W.: Informationsspeicherung mit Magnetblasen. J. Magnetism Magnetic Mat. **4** (1977) S. 145—158
[4.30] WATTS, R. K.: Appl. Phys. Lett. **28** (1976) S. 355
[4.31] HSU, T.: AIP Conf. Proc. MMM **24** (1974) S. 624

5. Magnetische Dünnschichtspeicher

In der mit hohem Integrations- und Automatisierungsgrad realisierbaren Dünnschichttechnologie sah man zeitweilig eine preisgünstige Alternative zu dem manuell aufwendigeren Ferritkernspeicher. Außerdem lassen die theoretischen Betrachtungen Vorteile hinsichtlich Speicherdichte und Schaltzeit erwarten. Obwohl der magnetische Dünnschichtspeicher bis jetzt kaum praktische Bedeutung erlangt hat, ist die Beschreibung des Wirkungsmechanismus für das Verständnis speicherphysikalischer Vorgänge bedeutsam.

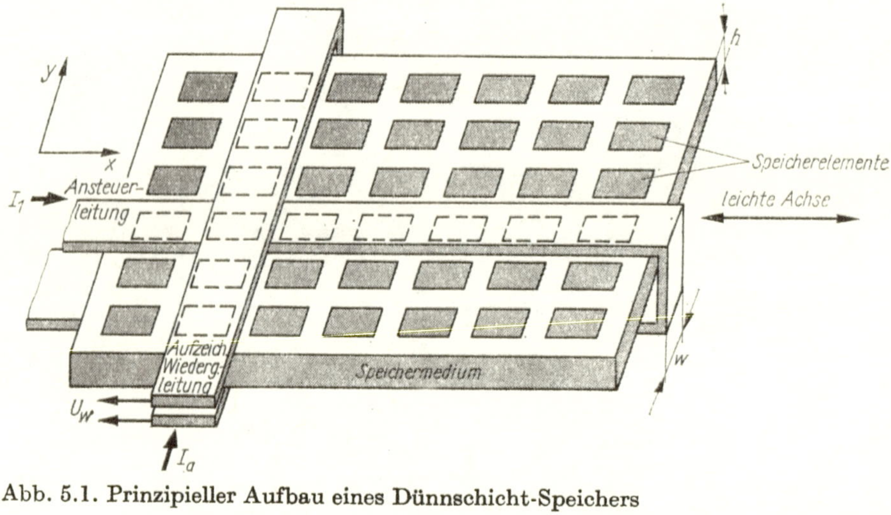

Abb. 5.1. Prinzipieller Aufbau eines Dünnschicht-Speichers

Abb. 5.1 zeigt den prinzipiellen Aufbau eines ebenen magnetischen Dünnschichtspeichers. Die Schichten bestehen im wesentlichen aus einem einzigen magnetischen Bereich. Infolgedessen schalten sie durch kohärente oder quasi-kohärente Rotation, das ist ein sehr schneller Prozeß mit typischen Schaltzeiten in der Größenordnung von 1 ns. Deshalb wird die Geschwindigkeit des Systems mehr durch die Impulslaufzeit auf den Ansteuerleitungen bestimmt. Die Laufzeit liegt in der Größenordnung von 0,1 μs [5.1], [5.2]. Eine Verkürzung der Leitungslänge ist durch Verringerung des Abstandes zwischen den Speicherelementen, also durch Erhöhung der Speicherdichte, möglich. Dieser Maßnahme sind jedoch durch die Streufeldkopplung zwischen den benachbarten Speicherschichten Grenzen gesetzt, Abschn. 5.3. Unter dem Gesichtspunkt höherer Speicherdichte sind die Speicheranordnungen mit zylindrischen Schichten wegen des geschlossenen magnetischen Flusses von Vorteil [5.3], [5.4]. Da ihre Funktion prinzipiell auf dem gleichen, im folgenden zu beschreibenden Wirkprinzip beruht, wird auf diese Form nicht weiter eingegangen.

5.1. Quasistatisches Magnetisierungsverhalten

Als Speichermedium wird eine nahezu magnetostriktionsfreie Legierung aus 81% Ni und 19% Fe (Permalloy) in einer Schichtdicke von 20 bis 200 nm angenommen. Die Herstellung der ebenen Schichten geschieht vorwiegend durch Bedampfen einer polierten Unterlage im Hochvakuum bei Anwesenheit eines äußeren Magnetfeldes. Die so erzeugte magnetische Vorzugsrichtung ist die physikalische Grundlage für die Speicheranwendung. Es wird nun im folgenden abgeleitet, daß unter der Bedingung einer Vorzugsrichtung zwei stabile Magnetisierungszustände existieren. Damit ist die Forderung nach der Existenz mindestens zweier unterscheidbarer Energieminima, s. Abschn. 1, erfüllt.

5.1.1. Theorie der kohärenten Rotation

Grundlage für die Beschreibung des Schaltverhaltens von dünnen Schichten ist die Theorie der kohärenten oder homogenen Rotation [5.5], [5.6].

Wir nehmen an, daß die uniaxiale Anisotropie der Schicht durch die Anisotropie-Energiedichte

$$E_K = \tfrac{1}{2} M_s H_K \sin^2 \varphi \tag{5.1}$$

beschrieben werden kann. H_K ist die uniaxiale Anisotropiefeldstärke, und φ ist der Winkel zwischen $\boldsymbol{M}$ und der leichten Achse. Abb. 5.2 zeigt die Koordinatenbezeichnungen in einer zweidimensionalen Darstellung. Die Schicht liegt in der xy-Ebene, die leichte Achse liegt parallel zur x-Achse. Abb. 5.2 zeigt ferner die Lage der externen Felder $H_{\parallel}$ und $H_{\perp}$. Die Feldenergie ist

$$E_H = -\boldsymbol{M}\boldsymbol{H}. \tag{5.2}$$

Somit ist für den statischen Fall die Energiedichte der gesamten freien magnetischen Energie

$$\begin{aligned} E &= \tfrac{1}{2} M_s H_K \sin^2 \varphi - \boldsymbol{M}\boldsymbol{H} \\ &= \tfrac{1}{2} M_s H_K \sin^2 \varphi - M_s \cos \varphi H_{\parallel} - M_s \sin \varphi \, H_{\perp}. \end{aligned} \tag{5.3}$$

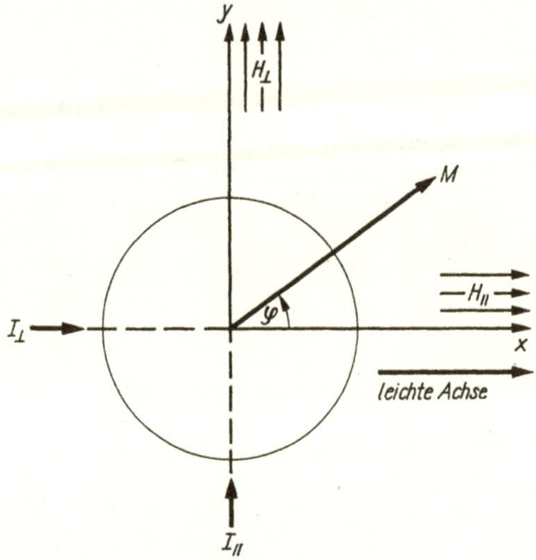

Abb. 5.2. Koordinatenbeziehungen zwischen Magnetisierung, Feld, Erregerstrom und Anisotropieachse im Dünnschicht-Speicherelement

Aus (5.3) kann die statische Hysteresekurve

$$M_y = M_s \sin \varphi = f(H_\perp) \tag{5.4}$$

berechnet werden, wenn $H_{||} = 0$ und $\partial E/E\varphi = 0$ (Energieminimum) gesetzt wird. Es wird

$$\frac{\partial E}{\partial \varphi} = M_s H_K \sin \varphi \cos \varphi + M_s H_{||} \sin \varphi - M_s H_\perp \cos \varphi = 0\,. \tag{5.5}$$

Für den Spezialfall $H_{||} = 0$, also bei Wirkung eines äußeren Feldes nur senkrecht zur leichten Achse, folgt:

$$M_y = \frac{M_s}{H_K} H_\perp\,. \tag{5.6}$$

Das Ergebnis ist die Gerade in Abb. 5.3. Zu beachten ist, daß diese transversale Schleife völlig reversibel ist. Bei $H_\perp = H_K$ ist $M_y = M_s$, also nach (5.4) $\sin \varphi = 1$. Deshalb wird die Darstellung gewöhnlich auf das Anisotropiefeld H_K normiert:

$$\left.\begin{aligned} h_\perp &= \frac{H_\perp}{H_K}\,; \\ h_{||} &= \frac{H_{||}}{H_K}. \end{aligned}\right\} \tag{5.7}$$

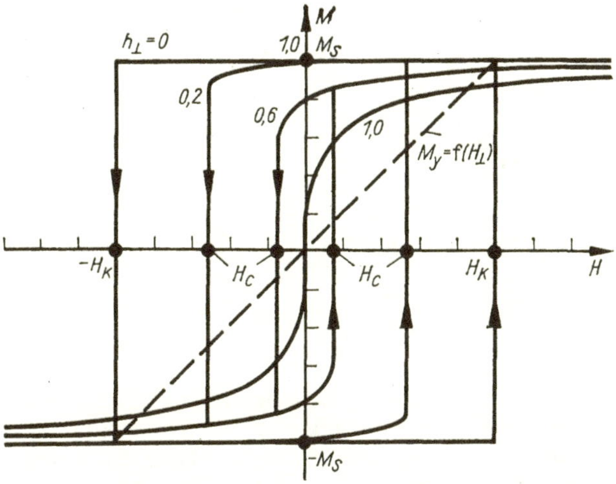

Abb. 5.3. Hysteresekurven einer dünnen Schicht: - - - - - senkrecht zur Vorzugsachse: $M_y = f(H_\perp)$; $H_{||} = 0$ ——— parallel zur Vorzugsachse: $M_x = (H_{||})$; $H_\perp$ = Parameter
$h_\perp = \frac{H_\perp M_s}{2K}$

Hiermit geht die allgemeine Gleichung (5.5) über in

$$\sin\varphi\cos\varphi + h_{||}\sin\varphi - h_\perp\cos\varphi = 0\,. \tag{5.8}$$

Die Gleichung (5.8) hat wie (5.5) zwei Lösungen. Der einen entspricht ein Energieminimum $\left(\frac{\partial^2 E}{\partial\varphi^2} > 0\right)$ und der anderen ein Energiemaximum $\left(\frac{\partial^2 E}{\partial\varphi^2} < 0\right)$.

Bei einem durch $\partial^2 E/\partial\varphi^2 = 0$ bestimmten kritischen Feld findet der Übergang zwischen den beiden Zuständen statt (Ummagnetisierung). Man erhält

$$\frac{\partial^2 E}{\partial\varphi^2} = \cos^2\varphi - \sin^2\varphi + h_{||}\cos\varphi + h_\perp\sin\varphi = 0\,. \tag{5.9}$$

Aus (5.8) und (5.9) folgt die Parameterdarstellung

$$\left.\begin{aligned} h_{||} &= -\cos^3\varphi\,; \\ h_\perp &= \sin^3\varphi\,. \end{aligned}\right\} \tag{5.10}$$

Die Hystereseschleife in der longitudinalen Richtung

$$M_x = M_s\cos\varphi = f(H_{||}) \tag{5.11}$$

kann, zunächst mit der Zusatzbedingung $H_\perp = 0$, aus (5.5) und (5.10) ermittelt werden. Gl. (5.10) zeigt, daß bei $H_\perp = 0$ nur die Magnetisierungsrichtungen $\varphi = 0$ und $\varphi = \pi$ stabil sind. Damit ergibt sich, weiter aus (5.10), daß das Umschalten bei

$$h_{\|} = \mp 1 ;$$
$$H_{\|} = \mp H_K$$

erfolgt. Bei Überschreiten dieser „Schaltfeldstärke" verbleibt der Magnetisierungsvektor in dieser stabilen Lage. Die x-Komponente der Magnetisierung ist nach (5.5)

$$M_x = M_s \cos\varphi = -\frac{M_s H_{\|} \sin\varphi}{H_K \sin\varphi} = M_s \cos^3\varphi , \qquad (5.12)$$

kann also nur die Werte $M_x = \pm M_s$ annehmen. Man spricht bei dem beschriebenen Gesamtverhalten von einer irreversiblen homogenen Rotation. Das Ergebnis ist in Abb. 5.3 veranschaulicht. Experimentell ermittelte Kurven kommen dieser Darstellung nahe. Allerdings wird bei praktischen Schichten die Ummagnetisierung durch Wandverschiebungsprozesse erleichtert, was zu einer Verkleinerung der Koerzitivfeldstärke $H_c < H_k$ bzw. $h_c < 1$ führt.

Der Einfluß eines transversalen Zusatzfeldes $h_\perp$ auf die longitudinalen Schleifen ist auf ähnliche Weise aus (5.5) und (5.10) zu entnehmen. Die Auswertung zeigt Abb. 5.3 für einige Beispiele von $h_\perp$. Bei Zunahme von $h_\perp$ ändert sich die Hystereseschleife allmählich von der rechteckigen zu einer s-förmigen Gestalt. Bemerkenswert ist, daß das Zusatzfeld die Koerzitivfeldstärke H_c in x-Richtung verringert. Wenn $h_\perp$ von 0 auf 1 vergrößert wird, verringert sich H_c von H_K auf 0. Der physikalische Grund dafür ist, daß das Transversalfeld $h_\perp$ zur Überwindung der Anisotropie-Energie beiträgt. Der analytische Ausdruck für diese Abhängigkeit folgt wegen

$$H_c = |H_{\|}| ;$$
$$h_c = |h_{\|}|$$

unmittelbar aus (5.10):

$$\left.\begin{aligned} h_c &= \cos^3\varphi , \\ h_\perp &= \sin^3\varphi . \end{aligned}\right\} \qquad (5.13)$$

Diese Funktion ist in Abb. 5.4 dargestellt.

5.1.2. Kritische Kurve

Mit

$$\cos^2\varphi + \sin^2\varphi = 1$$

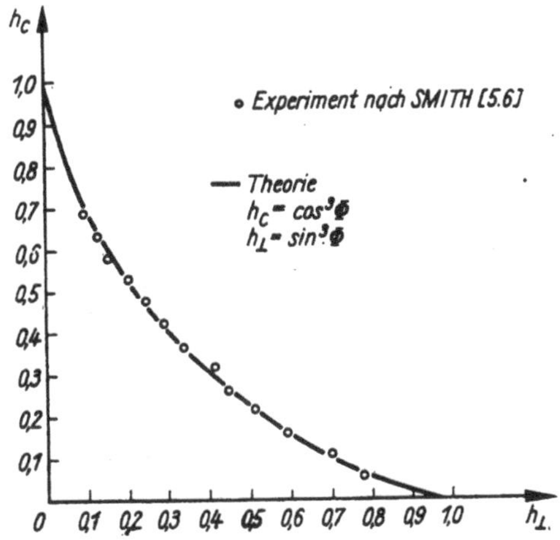

Abb. 5.4. Schaltschwelle H_c als Funktion des Transversalfeldes $h_\perp$

ergibt sich nach (5.10) wegen

$$\cos^2 \varphi = h_{\|}^{2/3} ;$$

$$\sin^2 \varphi = h_{\perp}^{2/3}$$

als geschlossene analytische Darstellung für die kritische Kurve die Astroidenfunktion

$$h_{\|}^{2/3} + h_{\perp}^{2/3} = 1 . \tag{5.14}$$

Diese auch als Schaltastroide bezeichnete Kurve zeigt Abb. 5.5.

Wir wollen jetzt den Anstieg der Astroide berechnen. Es ist

$$\frac{\partial h_{\|}}{\partial \varphi} = 3 \cos^2 \varphi \sin \varphi ;$$

$$\frac{\partial h_{\perp}}{\partial \varphi} = 3 \sin^2 \varphi \cos \varphi ,$$

also

$$\frac{\partial h_{\perp}}{\partial h_{\|}} = \tan \varphi . \tag{5.15}$$

Wir betrachten weiterhin eine Speicherschicht, die den Feldkomponenten h_x und h_y ausgesetzt ist. Legen wir von diesem Punkt aus eine Tangente an die Astroide, so hat diese den Anstieg

$$\tan \varphi = \frac{h_y - h_{\perp}}{h_x - h_{\|}} ,$$

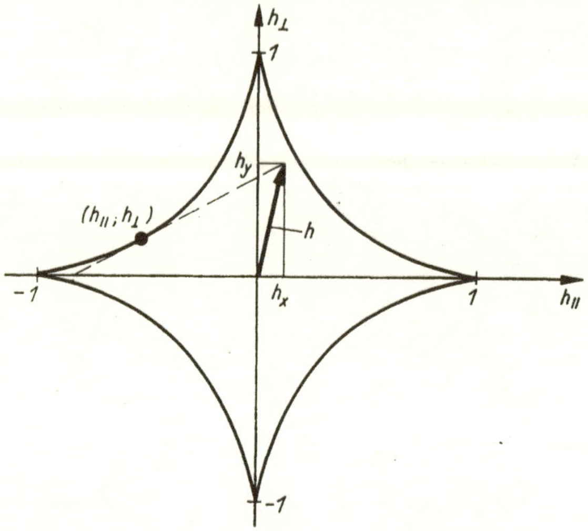

Abb. 5.5. Kritische Kurve für Rotationsschalten

bzw. mit (5.10) $\tan \varphi = \dfrac{h_y - \sin^3 \varphi}{h_x - \cos^3 \varphi}$.

Die Umformung ergibt

$$\sin \varphi \cos \varphi + h_x \sin \varphi - h_y \cos \varphi = 0 .$$

Dieser Ausdruck ist aber mit der Stabilitätsbedingung (5.8) identisch. Folglich gibt die Tangente in Abb. 5.5 die Gleichgewichtslage des Magnetisierungsvektors an. Der Winkel zur x-Achse entspricht dem Winkel φ zwischen Magnetisierungsvektor und leichter Achse. Die Schaltastroide erweist sich damit als ein bequemes Hilfsmittel zur Konstruktion der Magnetisierungsrichtung auch bei komplizierteren Feldverhältnissen.

Liegt der Endpunkt des Vektors $\boldsymbol{h} = \boldsymbol{h}_{\parallel} + \boldsymbol{h}_{\perp}$ (vom Nullpunkt aufgetragen) innerhalb der Astroide, so gibt es für die Magnetisierung $\boldsymbol{M}$ zwei Gleichgewichtslagen mit minimaler Energie. Die Magnetisierungsrichtungen ergeben sich, wie soeben abgeleitet, graphisch als Tangenten vom Endpunkt des $\boldsymbol{h}$-Vektors aus an die kritische Kurve (jeweils nur in der oberen oder unteren Halbebene). Beim Überschreiten der Kurve kann nur noch eine solche Gleichgewichtslage existieren. Das bedeutet, daß — je nach der vorher eingenommenen Lage — ein Schaltprozeß von der instabilen in die stabile Lage stattfinden kann. In Abb. 5.6 ist ein Beispiel für die Ummagnetisierung durch ein Feld unter 45° zur Vorzugsachse angegeben. Wenn im feldfreien Zustand die Magnetisierung $\boldsymbol{M}_0$ — deren Betrag als konstant anzusehen ist — in der Abbildung nach links zeigt, so wird sie beim Anlegen des

Feldes $\boldsymbol{H}_1$ die Richtung $\boldsymbol{M}_1$ annehmen und beim Feld $\boldsymbol{H}_2$ die Richtung $\boldsymbol{M}_2$. Sobald das Feld die kritische Kurve überschreitet, dreht sich die Magnetisierung sprunghaft und erreicht bei $\boldsymbol{H}_3$ den Wert $\boldsymbol{M}_3$. Wenn andererseits zu Beginn $\boldsymbol{M}_0$ nach rechts deutet ($\boldsymbol{M}_0'$), so werden nacheinander die Werte $\boldsymbol{M}_1$, $\boldsymbol{M}_2$ und — ohne Sprung — $\boldsymbol{M}_3$ angenommen.

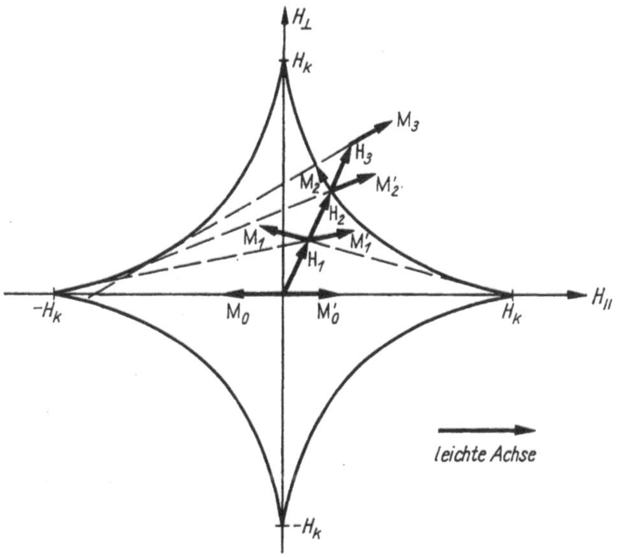

Abb. 5.6. Konstruktion der Magnetisierungsrichtung bei Ummagnetisierung mit konstanter Feldrichtung

5.2. Dynamisches Verhalten

Die Bewegung des Magnetisierungsvektors bei Einwirkung zeitabhängiger äußerer Felder kann über das Impulsmoment $-\boldsymbol{M}/\gamma$, dessen zeitliche Ableitung gleich dem angelegten Drehmoment $\boldsymbol{T}$, vermindert um den Dämpfungseinfluß, ist, nach LANDAU und LIFSCHITZ durch die Gleichung

$$\frac{\mathrm{d}\boldsymbol{M}_s}{\mathrm{d}t} = \gamma \boldsymbol{T} - \frac{\lambda}{M_s^2} (\boldsymbol{M}_s \times \boldsymbol{T}) \tag{5.16}$$

beschrieben werden [5.7]. γ ist das gyromagnetische Verhältnis, λ ist eine Dämpfungskonstante [5.8]. Die Gültigkeit von (5.16) ist auf den Fall kleiner Dämpfung, d. h $\frac{\lambda}{\gamma M^2} (\boldsymbol{M} \times \boldsymbol{T}) \ll \boldsymbol{T}$ beschränkt [5.6]. Die auf die Magnetisierung wirkende Kraft $\boldsymbol{F}$ kann aus der freien Energie E nach der Gleichung

$$\boldsymbol{F} = -\nabla E\,,$$

als das Drehmoment nach

$$\boldsymbol{T} = \boldsymbol{i}_r \times \boldsymbol{F} = -\,\boldsymbol{i}_r \times \nabla E \tag{5.17}$$

berechnet werden, wobei $\boldsymbol{i}_r$ der Radiusvektor in Richtung von $\boldsymbol{M}$ ist, s. Abb. 5.7. Die freie Energie E wird durch den Ausdruck

$$E = \tfrac{1}{2}\, M_s H_K \sin^2\varphi - H_{||} M_s \cos\varphi \sin\vartheta - H_{\perp} M_s \operatorname{sind}\varphi \sin\vartheta + 2\pi M_s^2 \cos\vartheta^2 \tag{5.18}$$

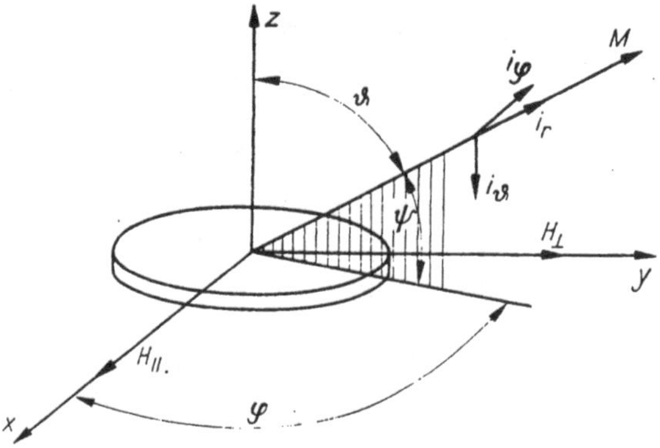

Abb. 5.7. Dünnschichtelement in sphärischen Koordinaten

beschrieben. Die ersten drei Terme sind analog zu (5.3) gebildet. Der letzte Term stellt die Entmagnetisierungsenergie dar, wenn $\boldsymbol{M}$ um den Winkel

$$\varphi = \frac{\pi}{2} - \vartheta \tag{5.19}$$

aus der xy-Ebene ausgelenkt wird.

In sphärischen Koordinaten, siehe Abb. 5.7, haben wir

$$\boldsymbol{M}_s = \boldsymbol{i}_r M_s\,;$$

$$\boldsymbol{T} = \boldsymbol{i}_\varphi \frac{\partial E}{\partial \vartheta} - \boldsymbol{i}_\vartheta \frac{1}{\sin\vartheta}\frac{\partial E}{\partial \varphi}. \tag{5.20}$$

$\boldsymbol{i}_r$, $\boldsymbol{i}_\varphi$ und $\boldsymbol{i}_\vartheta$ sind die Einheitsvektoren in den Koordinatenrichtungen. Werden (5.19) und (5.20) in (5.16) eingesetzt, ergeben sich nach Komponententrennung die simultanen Differentialgleichungen

$$\left.\begin{aligned} \frac{d\varphi}{dt} M_s \cos\psi &= -\gamma \frac{\partial E}{\partial \psi} - \frac{\lambda}{M_s}\frac{1}{\cos\psi}\frac{\partial E}{\partial \varphi}\,; \\ \frac{d\psi}{dt} M_s &= -\gamma \frac{1}{\cos\psi}\frac{\partial E}{\partial \varphi} + \frac{\lambda}{M_s}\frac{\partial E}{\partial \psi}. \end{aligned}\right\} \tag{5.21}$$

Durch Differentiation der unteren Gleichung und Einsetzen der oberen, unter Berücksichtigung der Relationen $M_s \gg H_K$ und $\lambda \ll \gamma M_s$ sowie hinsichtlich der starken Formanisotropie einer dünnen Schicht, wodurch $\boldsymbol{M}_s$ nur wenig aus der Schicht herausgedreht werden kann ($\sin\psi = \psi$; $\cos\psi = 1$), ergibt sich eine Differentialgleichung 2. Ordnung in φ allein:

$$\frac{d^2\varphi}{dt^2} + 4\pi\lambda \frac{d\varphi}{dt} + 4\pi\gamma^2 \frac{\partial E}{\partial \varphi} = 0 \,. \tag{5.22}$$

Sie beschreibt die Dynamik des kohärenten Rotationsschaltprozesses in dünnen Schichten.

Aus (5.21) oder (5.22) kann nun der Schaltvorgang berechnet werden. Dies gelingt in befriedigender Weise nur numerisch. Die wesentlichsten Eigenschaften der Lösung können jedoch mit Hilfe der Approximation für $\frac{d^2\varphi}{dt^2} = 0$ aus (5.22) abgeleitet werden [5.3]. Durch diese Approximation ist die Winkelgeschwindigkeit $d\varphi/dt$ stets proportional dem momentanen Drehmoment $T_\varphi = -\boldsymbol{i}_\varphi \frac{\partial E}{\partial \varphi}$, d. h. nach (5.22)

$$\frac{d\varphi}{dt} = -\frac{\gamma^2}{\lambda} \frac{\partial E}{\partial \varphi} . \tag{5.23}$$

Diese Bewegungsart ist eine Eigenschaft viskoser Flüssigkeiten. Aus (5.23) folgt für die Schaltzeit τ

$$\tau = \frac{\lambda}{\gamma^2} \int\limits_{\varphi_1}^{\varphi_2} \frac{d\varphi}{\dfrac{\partial E}{\partial \varphi}} . \tag{5.24}$$

φ_1 und φ_2 sind die Winkel des Magnetisierungsvektors vor und nach der homogenen Rotation, so wie sie nach den im vorigen Abschnitt geschilderten Methoden der statischen Theorie ermittelt werden können. Die Abhängigkeit zwischen τ und $h_\perp$ bzw. $h_\parallel$ ist in Abb. 5.8 für ein typisches Beispiel veranschaulicht und mit den Ergebnissen der exakten Theorie verglichen.

Als wichtigstes Ergebnis findet man, daß die Schaltzeit wesentlich von dem anfänglichen Drehmoment, das $\boldsymbol{H}$ auf $\boldsymbol{M}_s$ ausübt, bestimmt ist. Ist $h_\perp = 0$, sind $\boldsymbol{M}$ und $h_\parallel$ antiparallel und das Drehmoment ist Null. Dies führt zu einer unendlichen Schaltzeit. Wenn $h_\perp$ zunimmt, verringert sich die Schaltzeit stark. τ ist durch die Approximation (5.24) für Werte größer als 5 ns genügend genau bestimmt. Schnellere Schaltvorgänge erfordern den Gebrauch der exakten Theorie. Mit dem experimentellen Nachweis und den Abweichungen realer Schichten vom Modell der kohärenten Rotation haben sich Rudenko u. a. [5.9], [5.10] beschäftigt.

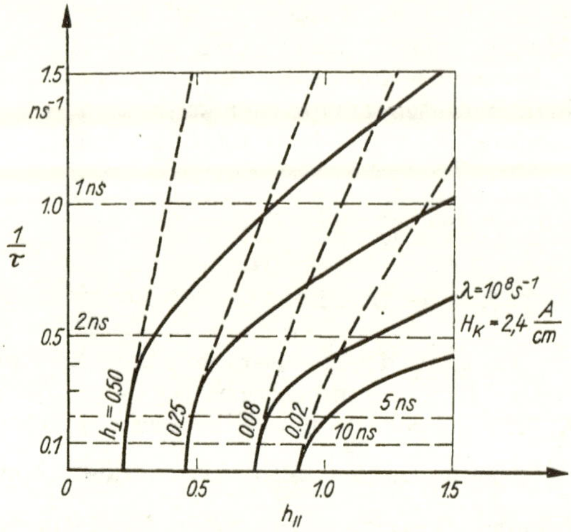

Abb. 5.8. Reziproke Schaltzeit $1/\tau$ als Funktion des Schaltfeldes $h_{\parallel}$ mit dem Transversalfeld $h_{\perp}$ als Parameter, nach [5.6]; ——— nach (5.24], - - - - - exakte Theorie

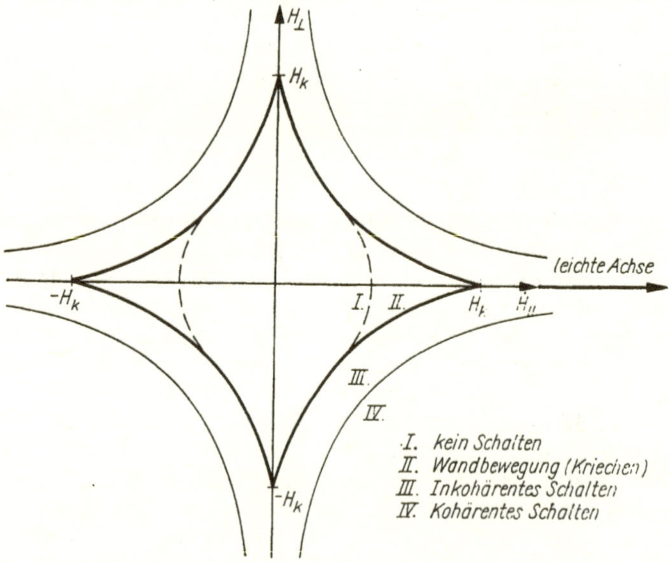

Abb. 5.9 Schaltschwellen einachsiger Schichten

5.3. Störungen im Schaltvorgang

In der Praxis wird das beschriebene Schaltverhalten durch andere Vorgänge überlagert. Besonders ist zu beachten, daß gewöhnlich $H_c < H_K$ ist und deshalb für Schaltfelder $H_c < H_{||} < H_K$ ein Umschalten durch Wandbewegung eintreten kann. Die Fläche innerhalb der kritischen Kurve in Abb. 5.9 kann deshalb in zwei Bereiche aufgeteilt werden: einen stabilen Bereich und einen Bereich, in dem durch Wandbewegung eine fortschreitende Zerstörung der aufgezeichneten Information auftreten kann, wenn genügend viele und große Störimpulse auftreten. Die Bewegung der Bereichswände ist relativ langsam und geht über einen längeren Zeitraum vor sich. Dieser Effekt wird darum als Kriechen bezeichnet [5.11]. Die Streufelder können verschiedenen Ursprungs sein:

1. von den benachbarten Speicherschichten,
2. von den Strömen der benachbarten Ansteuerleitungen.

Wie dicht die Speicherelemente einander angenähert werden können, ehe die sogenannte Kriechschwelle erreicht ist, ist abhängig

1. von der Größe der Streufelder,
2. von der Wandbewegungsfeldstärke H_c im Vergleich zur Anisotropiefeldstärke H_K.

Deshalb war bei der Entwicklung geeigneter Speicherschichten die Erhöhung von H_c ohne wesentliche Vergrößerung von H_K von Interesse.

Aber auch außerhalb der kritischen Kurve tritt nicht reine Rotation auf, sofern das Schaltfeld nicht in die schwere Richtung zeigt. Eine Magnetschicht weist über mikroskopische Bereiche Schwankungen von H_K und von der Richtung der leichten Achse auf [5.12]. Typische Werte liegen im Bereich von $\pm 10\%$ bis $\pm 2\%$. Sobald für einige Magnetbezirke die kritische Kurve erreicht ist, schalten diese Bereiche um und schwächen durch ihr eigenes entmagnetisierendes Streufeld den Einfluß des äußeren Schaltfeldes auf ihre noch nicht geschalteten Nachbarbezirke. Dann wird dadurch das Umschalten erschwert, d. h., der Schaltstrom muß erhöht werden. Die Schicht spaltet sich hierbei in feine Bezirke auf, die durch Wände voneinander getrennt sind. Durch Wandbewegung kann die vollständige Ummagnetisierung zu Ende geführt werden. Dieser Vorgang wird inkohärente Rotation genannt, vgl. Abb. 5.9. Erst außerhalb dieses Bereiches findet dann reine Rotation statt. Die Übergänge zwischen den Bereichen sind stetig und durch die Anstiegszeit der Feldimpulse beeinflußbar. Das in Abschn. 5.5 beschriebene Prinzip der Kreuzfeldkoinzidenz gewährleistet weitgehend kohärente Rotation.

Aus der bisherigen Darstellung ergeben sich als wichtigste Kenngrößen der Speicherschicht:

1. die Anisotropiefeldstärke H_K,
2. die Wandbewegungs- oder Koerzitivfeldstärke H_c,
3. der Streuwinkel α der leichten Achse der Magnetisierung.

Mit Hilfe dieser Parameter kann das Speichermedium durch den Qualitätsfaktor

$$q = \frac{H_c}{\alpha H_K} \tag{5.25}$$

beurteilt werden. Je größer H_c ist, desto widerstandsfähiger ist das Material gegen Streufelder. Je kleiner αH_K ist, desto kleiner kann der Ansteuerstrom gewählt werden. Der Faktor q ist somit über eine Materialkenngröße hinaus ein Qualitätsmerkmal für das ganze Speicherelement. Er beträgt z. B. 0,8 bei einer Schicht mit $H_c/H_K = 0{,}4$ und $\alpha = 0{,}5$, und er beträgt 0,4 bei $H_c/H_K = 1{,}2$ und $\alpha = 3$ [5.13].

5.4. Stabilisierende Maßnahmen

Eine Möglichkeit, das Wandkriechen [5.14], [5.15] zu erschweren und damit die Störanfälligkeit gegen äußere Felder zu vermindern, ist die Anwendung von magnetisch gekoppelten Schichten. Die Konstruktion eines solchen Zweischicht-Speicherelementes zeigt Abb. 5.10. Die Ansteuerleitungen befinden sich zwischen den beiden Schichten, die magnetisch gekoppelt sind und einen nahezu geschlossenen magnetischen Kreis bilden. Dann können kleinere äußere Magnetfelder das Speicherlement nicht beeinflussen und die Wandbewegung wird erschwert. Der wichtigste konstruktive Faktor ist dabei der Abstand L der beiden Magnetschichten. Er muß mindestens 1 µm betragen, um Wand-Wechselwirkungen zu verhindern. Jede Schicht befindet sich unter dem Einfluß des entmagnetisierenden Feldes der Partnerschicht. Ihre Magnetisierungen werden infolgedessen antiparallel ausgerichtet, so daß sich die Struktur eines geschlossenen magnetischen Kreises einstellt. Die Wiedergabespannung ist stark von diesem Abstand abhängig, wie aus Abb. 5.11 zu ersehen ist. Die magnetische Kopplung ist bei einem Schichtabstand unter 40 µm ausreichend groß.

Vermindert man die Dicke der Zwischenschicht unter 1 µm, dann tritt die magnetische Wechselwirkung zwischen den Wänden in Erscheinung [5.18].

Dies resultiert aus einer statischen Wechselwirkung, welche die Wände der beiden Schichten magnetisch koppelt. Die beiden Schichten bilden einen annähernd geschlossenen magnetischen Kreis, s. Abb. 5.12. Eine solche Struktur ist unempfindlich gegen Wandkriechen, wenn sie der Wirkung eines Impulsfeldes in schwerer Richtung ausgesetzt wird. Aber wenn die Dicke der unmagnetischen Zwischenschicht zwischen 5 und einigen Hundert nm liegt, ist die Koerzitivfeldstärke wesentlich kleiner als bei der Einzelschicht. Ursache ist die Abnahme der Wandenergie und Zunahme der Wandbreite, wodurch die Wand weniger durch Schichtinhomogenitäten beeinflußt wird.

Die unerwünschte Eigenschaft der niederen Koerzitivfeldstärke kann durch Verwendung sehr dünner (2 ... 3 nm) Zwischenschichten verhindert

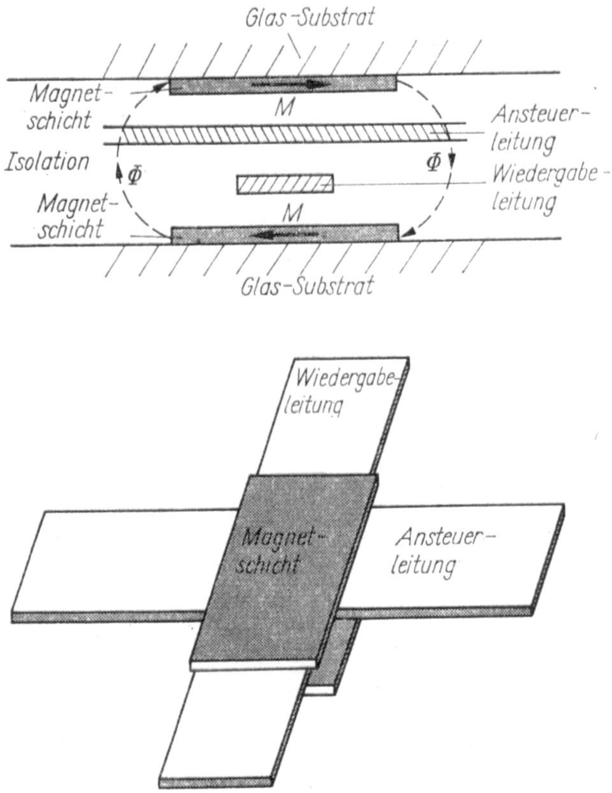

Abb. 5.10. Speicherelement mit gekoppelten Schichten, nach [5.16]

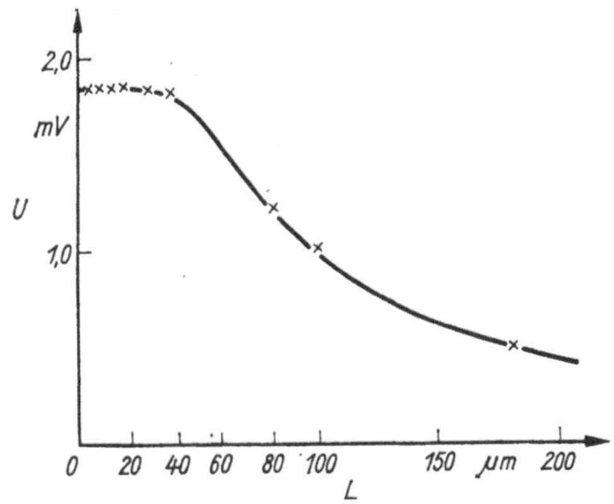

Abb. 5.11. Ausgangsspannung in Abhängigkeit des Schichtabstandes, nach [5.17]

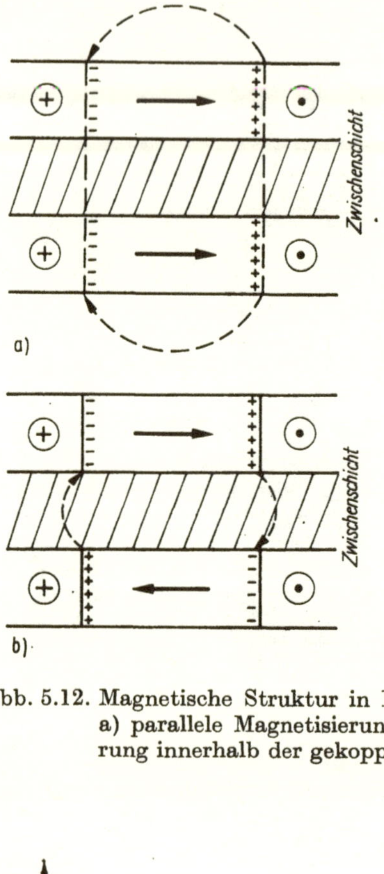

Abb. 5.12. Magnetische Struktur in Doppelschichtsystemen; a) parallele Magnetisierung, b) antiparallele Magnetisierung innerhalb der gekoppelten Wände

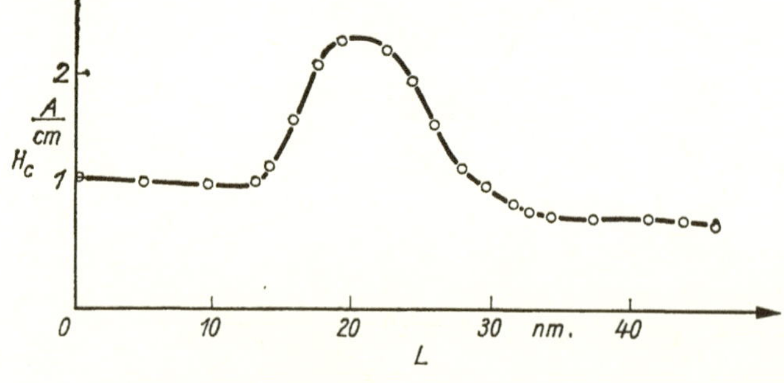

Abb. 5.13. Koerzitivfeldstärke gekoppelter Permalloyschichten als Funktion der Zwischenschichtdicke L, nach [5.19]

werden. Abb. 5.13 zeigt H_c eines solchen Vielschichtsystems als Funktion der Zwischenschichtdicke L. Das Maximum für H_c liegt bei einer Zwischenschichtdicke von 20 nm. Der maximale H_c-Wert liegt nach Abb. 5.13 höher als der entsprechende Wert für die Einzelschicht. Solche hochkoerzitiven Vielschichtsysteme weisen keinen Kriecheffekt auf und sind daher für Speicheranwendungen sehr interessant [5.20]. Ein solches H_c-Maximum muß mit einer Änderung der Wandstruktur verbunden sein. Bei einer verschwindend kleinen Zwischenschicht-Dicke wird die gleiche Wandstruktur in beiden Schichten existieren (s. Abb. 5.12a). Ist die Zwischenschicht dick genug, um die Austauschkopplung ausreichend zu vermindern, dann wird sich eine antiparallele Orientierung der Magnetisierung innerhalb der gekoppelten Wände ausbilden.

Eine zusätzliche theoretische Maßnahme gegen den Informationsverlust durch Wandkriechen und zur Erhöhung der Speicherdichte ist die Konstruktion geschlossener magnetischer Kreise [5.21], [5.22]. Durch solche Maßnahmen kann die Streufeldwechselwirkung [5.23] zwischen den benachbarten Speicherlementen stark vermindert werden. Außerdem wird der benötigte Aufzeichnungsstrom geringer. Die hohe Speicherdichte und die kleinen Aufzeichnungsströme erlauben den Anschluß dieses Speichertyps an die Ansteuer-Elektronik mit integrierten Halbleiterkreisen.

5.5. Speicherelement mit Kreuzfeldkoinzidenz

Um die Schicht von einer Ruhelage „0“ in die andere „L“ mit kohärenter Rotation umzuschalten, legt man kurzzeitig ein Feld $|H_\perp| \gg H_K$ in der schweren Richtung an. Die Magnetisierung folgt dem Feld und dreht in die schwere Richtung. Sobald das Feld wieder unter H_K sinkt, entscheidet ein kleines Zusatzfeld $H_{||}$

$$0{,}1 H_K < |H_{||}| < H_{\text{Kriech}} < H_c\,, \tag{5.26}$$

welche der beiden gleichberechtigten Ruhelagen bevorzugt wird. $|H_{||}|$ muß danach genügend klein bleiben, um in nicht angesteuerten Elementen auch bei wiederholter Einwirkung keine Information durch Wandkriechen zu zerstören.

$H_{||}$ ist also das informationstragende Aufzeichnungsfeld, $H_\perp$ das Ansteuerfeld. Der Ansteuerprozeß ist informationszerstörend. Deshalb ist zu beachten, daß beim Aufzeichnungsvorgang alle Speicherelemente, die von der Ansteuerleitung geschaltet werden, gleichzeitig durch den Aufzeichnungsstrom erregt werden. Dies schafft die Möglichkeit für den Aufbau eines wortorganisierten Speichers, d. h., die Ansteuerleitung wird so geführt, daß sie gleichzeitig alle zu einem Wort gehörenden bit auswählt. Wegen der senkrecht aufeinanderstehenden Felder wird dieses Auswahlprinzip als Kreuzfeldkoinzidenz bezeichnet. Beim Wiedergabevorgang wird wieder mit $H_\perp$ angesteuert. Das kurzzeitige Streufeld, das durch das Schalten der Speicherschicht in die schwere Richtung entsteht, induziert in der Leseleitung die Wiedergabespannung.

Unmittelbar an den Wiedergabeprozeß schließt sich die Neuaufzeichnung mit dem regenerierten Wiedergabesignal an. Die damit verbundene Zeitverzögerung beansprucht einen erheblichen Prozentsatz des gesamten Wiedergabezyklus. Weitere Besonderheiten von Speicherelementen wurden auch in [5.24] besprochen.

5.6. Wandverschiebespeicher (DOT-Memory)

Die anwendungsbezogene Technologieforschung hat sich in jüngster Zeit vom klassischen Dünnschichtspeicher wieder abgewandt und verfolgt heute fast ausschließlich die Prinzipien, die auf der Ortsverschiebung magnetischer Strukturen beruhen. Dem bedeutendsten dieser Anordnung, dem Blasenspeicher, wurde das Kapitel 4 gewidmet. Weitere Möglichkeiten sind der DOT-Speicher und der Stachelwandspeicher, die im folgenden kurz besprochen werden sollen.

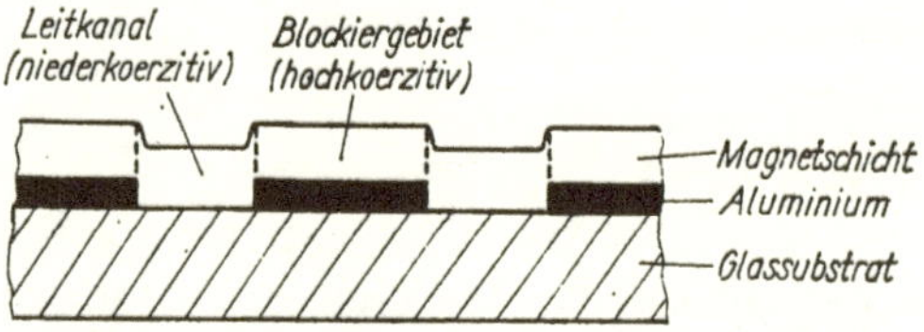

Abb. 5.14. DOT-Speicher. Speichersubstrat

Die Speicherlemente des DOT-Speichers bestehen aus dünnen Glasplättchen, die mit 30 nm Al und 100 nm NiFeCo beschichtet sind. In der Al-Schicht wird eine mäanderförmige Struktur ausgeätzt bevor die NiFeCo-Legierung als kontinuierliche, magnetisch anistotrope Deckschicht in Gegenwart eines homogenen Magnetfeldes aufgedampft wird (Abb. 5.14). Während die dünne Aluminiumschicht eine gewisse Rauhigkeit aufweist, ist das durch den Ätzprozeß wieder freigelegte feuerpolierte Glas sehr glatt. Diese Differenz in der Unterlagenstruktur bewirkt eine Abstufung der magnetischen Eigenschaften, insbesondere der Wandbeweglichkeit. Das Ergebnis ist, daß in dem rauhen Gebiet außerhalb der mäanderförmigen Kanäle die Bloch-Wände bis zu einer gewissen Energieschwelle blockiert werden. Dies führt zu einer Erhöhung der Koerzitivfeldstärke der rauhen Gebiete bis auf etwa 50 A/cm, während dieser Wert in den glatten Kanälen nur 5 A/cm beträgt.

Die Informationsspeicherung im DOT-Speicherchip wird dadurch eingeleitet, daß die Magnetschicht homogen in eine der beiden Richtungen magnetisiert wird. Durch ein System elektrischer Leiterbahnen, die durch ausreichend große Ströme in definierter Richtung durchflossen werden, können lokal begrenzte Domänen innerhalb der Mäanderstruktur erzeugt werden. Jede dieser Domänen ist von einem Gebiet der ursprünglichen Magnetisierungsrichtung umgeben und damit voneinander magnetisch isoliert (Abb. 5.15).

Die eingeschriebene Informationsstruktur kann nun unter dem Einfluß von Treibfeldern verschoben werden, die parallel zur Speicherschicht angelegt wurden. Die vorhandenen Domänen vergrößern oder verkleinern sich unter dem Einfluß dieser Felder, je nachdem ob die Feldrichtung mit der Magnetisierungsrichtung übereinstimmt oder nicht.

Jeder Speicherzyklus besteht aus aufeinanderfolgenden Phasen. In der ersten Phase wird ein Treibfeld eingeschaltet, welches diejenigen Domänen vergrößert, die nicht durch ein entgegengesetztes Leiterfeld arritiert werden. In der zweiten Phase wird ein Gegenfeld angelegt, das in Verbindung mit einem weiteren stromdurchflossenen Leiterzug zum teilweisen Abschnüren der vergrößerten Domänen führt. Die geschrupfte Domäne hat sich gegenüber dem Ausgangszustand in eine definierte Richtung weiterbewegt (Abb. 5.15).

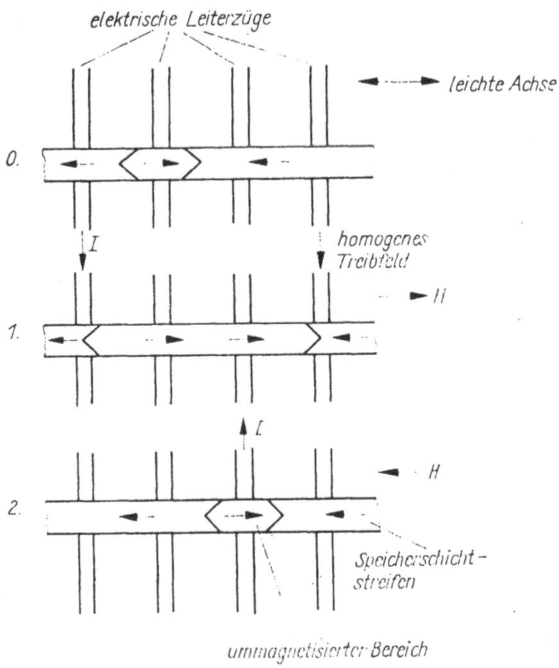

Abb. 5.15. Prinzip der Bereichsverschiebung in Wandverschiebespeichern mittels elektrischer Leiterzüge und homogener Treibfelder; nach [5.25]

Die Zeit für einen kompletten Operationszyklus beträgt etwa 30 µs. Viele Schieberegisterschleifen werden in diesen Zyklus gleichzeitig aufgezeichnet oder wiedergegeben, so daß Speicherkapazitäten von einigen Mbit und Übertragungsraten von einigen Mbit/s ermöglicht werden. Die Ansteuerelektronik in TTL-Schaltkreistechnik hat einen Energieverbrauch von etwa 100 W. Detailliertere Beschreibungen finden sich u. a. in [5.31], [5.32].

5.7. Stachelwandspeicher (Crosstie Memory)

Es soll ein Verfahren beschrieben werden, das Wandstrukturen zur Informationsspeicherung ausnutzt. Vom Stachelwandspeicher erwartet man einen geringen Energieverbrauch, eine um eine Größenordnung höhere Datenrate (20 Mbit/s) und eine um zwei Größenordnungen höhere Speicherdichte (10^4 bit/mm^2) gegenüber dem Wandverschiebespeicher [5.26]. Dies wird aufgrund der geringen Abmessungen der Wandstrukturelemente mit höheren Anforderungen an die Technologie erkauft, die jedoch ebenso wie beim Wandverschiebespeicher auf der Basis der leichter beherrschbaren polykristallinen Schichten beruht.

Im Unterschied zum Bubble-Speicher liegt beim Stachelwandspeicher ebenso wie beim Wandverschiebespeicher die Anisotropieachse in der Schichtebene. Der Unterschied zum Wandverschiebespeicher besteht darin, daß nicht Bereichsstrukturen sondern Wandstrukturen bewegt werden [5.26] bis [5.28].

Wandstrukturen entstehen, wenn sich der Drehsinn des Magnetisierungsvektors innerhalb einer Wand mehrmals ändert. Ursache dafür ist die Verringerung der magnetostatischen Energie aufgrund des Abbaus magnetischer Pole an der Schicht- bzw. Wandgrenze. Abb. 5.16 a und b zeigen zunächst

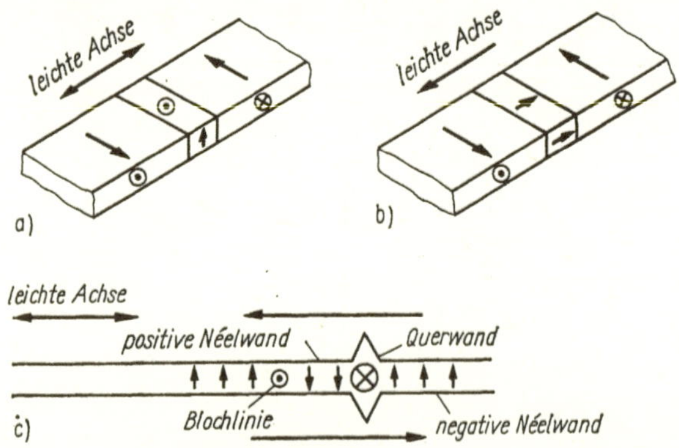

Abb. 5.16. Wandstrukturen in uniaxialen Schichten; a) BLOCH-Wand; b) NÉEL-Wand, c) NÉEL-Wand mit BLOCH-Linie und Querwand

die einfachen Fälle von Wänden, die eine kontinuierliche Drehung des Magnetisierungsvektors zwischen den magnetischen Bereichen aufweisen. Je nachdem, ob die Drehung zur Schichtebene senkrecht oder waagerecht erfolgt, wird zwischen Bloch- und Néel-Wand unterschieden. In Abb. 5.16c ist schematisch eine Néel-Wand dargestellt, die in sich Wandsegmente unterschiedlichen Drehsinns enthält. Die einzelnen Wandsegmente sind durch paarweise auftretende „Bloch-Linien" und „Querwände" voneinander getrennt. Dieser Wandtyp wird als „cross-tie wall" oder Stachelwand bezeichnet. Er entsteht bevorzugt bei einer Permalloy-Schichtdicke von 25 ... 60 nm. Darunter ist die Néel-Wand, darüber die Bloch-Wand energetisch günstiger. Zur Erzeugung stabiler, aber unter äußeren Bedingungen in Néel-Wände umformbarer Stachelwände sind verschiedene Verfahren vorgeschlagen worden [5.29/5.30].

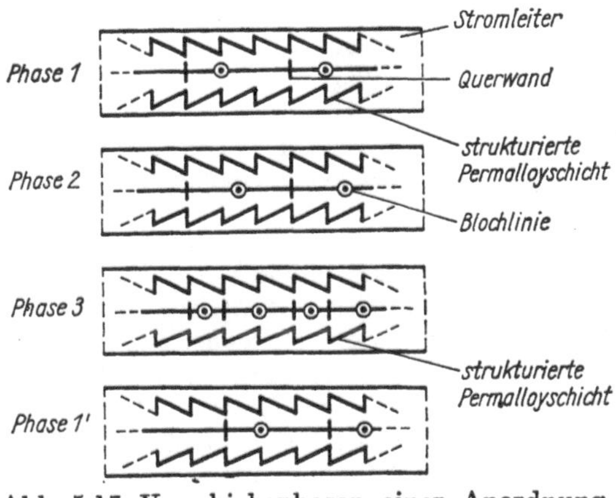

Abb. 5.17. Verschiebephasen einer Anordnung von Bloch-Linien-Querwand-Paaren in einem strukturierten Schichtstreifen; nach [5.26]

Beim Stachelwandspeicher wird die Information durch die Anwesenheit eines Bloch-Linien-Querwand-Paares repräsentiert. Analog zu den anderen magnetischen Verschiebespeichern muß dieser Wandbereich hier allerdings in Richtung der harten Achse durch inhomogene Felder, erzeugt durch Leiterstrukturen, verschoben werden (Abb. 5.17). Nach [5.26] soll die maximale Streifenbreite 10 ... 25 µm betragen. Stromimpulse definierter Folge bewirken, die Verschiebung eines Bloch-Linien-Querwand-Paares um eine Rasterweite. Die Treibfelder liegen in der Größenordnung der Anisotropiefeldstärke und dauern einige Nanosekunden. Der erste Feldimpuls bewegt die gegenüber der Querwand mobilere Bloch-Linie aus der Einengung des Schichtstreifens heraus (Phase 1 → Phase 2). In der Phase 3 wird die Bloch-Linie dadurch weiterbewegt, daß sie von einem zusätzlich erzeugten Bloch-Linien-Querwand-Paar magnetostatisch abgestoßen wird. Ein weiterer Impuls vernichtet dasjenige BLOCH-Linien-Querwand-Paar mit dem geringeren Abstand zwischen BLOCH-Linie und Querwand. Ergebnis ist die um eine Rasterweite verschobene Phase 1.

Verschiebemethoden mit anderen Strukturen [5.27/5.28] und variierten Feldansteuerungen wurden ebenfalls vorgeschlagen.

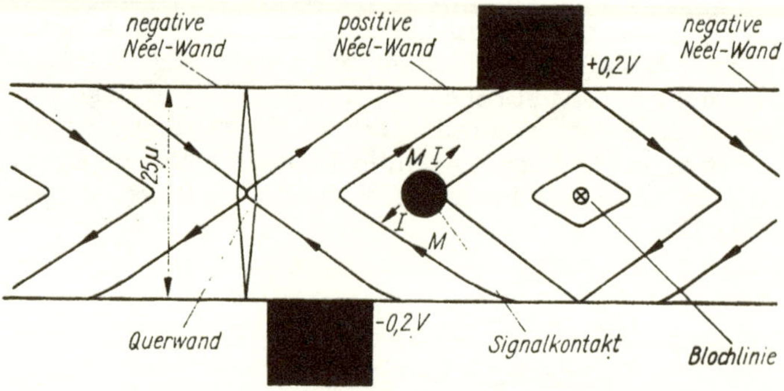

Abb. 5.18. Magnetisierungsverlauf in der Umgebung einer Stachelwand und Ausleseprinzip beim Stachelwandspeicher; nach [5.26]

Die Informationswiedergabe soll nach einem Vorschlag von [5.26] mit einer Anordnung nach Abb. 5.18, die auf der Ausnutzung des magnetoresistiven Effektes beruht, funktionieren. Die dunklen Flächen sind drei Leiterkontakte auf der Permalloyschicht. Der Widerstand zwischen den Kontakten hängt vom Winkel zwischen Magnetisierung und Stromrichtung ab. Ist dieser 0° (in Abb. 5.18 im oberen Strompfad) ist der Widerstand größer als bei 90° (unterer Strompfad). Beim Durchgang eines BLOCH-Linien-Querwand-Paares wird eine Spannungsdifferenz von 1 mV erwartet.

5.8. Literatur

[5.1] LOUIS, N. F.: Grundlagen und Anwendungen der magnetischen Informationsspeicherung. In „Handbuch für Hochfrequenz- und Elektro-Techniker, Band VII, Verlag f. Radio-Foto-Kinotechnik GmbH. Berlin (1964)

[5.2] SALZMANN, G.: Leistungsgrenzen magnetischer Dünnschichtspeicher. Nachrichtentechnik **20** (1970) 7, S. 264

[5.3] ROSENBLATT, M. A., (Розенблат, M. A.): Коэффициенты размагничивания стержней высокой проницаемости. ЖТФ 24 (1960), вып. 4

[5.4] WALTER, K. H.: Der Magnetdraht. Ein neues Element für Arbeitsspeicher. Radio-Mentor **36** (1970) 8, S. 546—550, 552

[5.5] STONER, E. C., WOHLFAHRT, E. P.: A mechanism of magnetic hysteresis in heterogeneous alloys. Phil. Trans. Roy. Soc. London **A 240** (1948) 599

[5.6] SMITH, D. O.: Static and dynamic behavior of thin permalloy films. J. Appl. Phy. **29** (1958), 264—273

[5.7] LANDAU, L., LIFSCHITZ, E.: On the theory of the dispersion of magnetic permeability in ferromagnetic bodies. Physik. Zeitschr. Sowjetunion 8 (1935), 183

[5.8] FUMKIN, A. L., IWASCHKIN, W. I. (Фумкин, А. Л., Ивашкин, В. И.): Экспериментальное исследование дополнительного торможения при наносекундном перемагничивании пермаллоевых пленок. Физика металлов и металловедение **29** (1970) 3, стр. 559—563

[5.9] RUDENKO, G. I. u. a. (Руденко, Г. И. и др.): Сигналы наносекундного перемагничивания пермаллоевых пленок. Доклады научно-технической конференции МЭИ, подсекция ТОЭ, Москва 1970, стр. 119—126

[5.10] RUDENKO, G. I., IWASCHKIN, W. I., FRUMKIN, A. L. (Руденко, Г. И., Ивашкин, В. И., Фрумкин, А. Л.): Траектории наносекундного перемагничивания пермаллоевых пленок. Доклады научно-технической конференции МЭИ, подсекция ТОЭ, Москва 1970, стр. 127—132

[5.11] KAYSER, W.: Magnetization creep in magnetic films. IEEE Trans. Magnetics **MAG-3** (June 1967), S. 141—157

[5.12] ABAKUMOV, B. M., KOBELEW, W. W., u. a. (Абакумов, Б. М., Кобелев, В. В. и др.): Проект стандарта на измерении статических свойств тонких магнитных пленок, в. сборнике ,,Аппатраура и методы исследования тонких магнитных пленок'', Красноярск 1968, стр. 5—12

[5.13] IWASCHKIN, W. I., (Ивашкин, В. И.): Исследование наносекундного перемагничивания тонких магнитных пленок под действием импульсного поля, приложенного в направлении легкого намагничивания. Диссертация МЭИ, Москва 1969

[5.14] GAGNON, G. P., GROWTHER, T. S.: Thickness dependence of creep switching in magnetic films. J. Appl. Phys. **36** (March 1965), 1112—13

[5.15] SIEGLE, W. T., FLUR, B. L.: Device applications of multilayer films. IEEE Trans. Magnetics **MAG-3** (Sept. 1967), 484—489

[5.16] OSHIMA, SH.: Recent developments of magnetic film memories in Japan. IEEE Trans. Magnetics **MAG-5** (Sept. 1969), 392—398

[5.17] UESAKA, T.: A coupled-film type thin magnetic film memory. Magnetic group of Japan, Committee 137, Nr. 38

[5.18] MIDDELHOEK, S.: The use of thin films in physical investigations. New York: Academic Press (1966)

[5.19] FELDTKELLER, E., STEIN, K. U., HARMS, H.: Improved magnetic film elements for memory application. Proc. INTERMAG Conf. Washington, D.C. (1965) p. 8.4

[5.20] BRUYÉRE, J. C., MASSENET, O.: Application of coupled films to memory elements. IEEE Trans. Magnetics **MAG-5** (Sept. 1969), 292—297

[5.21] CHANG, H.: Coupled-film memory elements. J. Appl. Phys. **38** (March 1967) 1203—04

[5.22] LIENHARD, H.: Electrodeposited closed flux memory. Dig. Intermag. Conf., Washington, C.D. 1970, New York 1970, 29/4

[5.23] BERESHNOI, E. F., KURENKOWA, G. A. (Бережной, Е. Ф., Куренкова, Г. А.): Магнитостатическое взаймодействие злементов магнитопленочной запоминающей матрицы, В сб. ,,Магнитные злементы ЭВМ''. Москва ,,Наука'' (1969)

[5.24] Bardish, W. W. (Бардиж, В. В.): Магнитные элементы цифровых вычислительных машин. Москва: „Энергия" (1974)
[5.25] Draeger, U.: Neue Entwicklungstendenzen bei magnetischen Domänenspeichern. radio ferns. eln. (1978) 3, S. 155—159
[5.26] Schwee, L. J. et. al.: The crosstie memory. INTERMAG-Conf.-Paper (1975)
[5.27] Schwee, L. J. et. al.: Proposal on cross-tie wall and Bloch line propagation in thin magnetic films. IEEE Trans. Magn. **MAG-8** (1972), 405
[5.28] Schwee, L. J., et. al.: Propagation and observation of digital information stored in the crosstie memory. IEEE Trans. Magn. **MAG-10** (1974), 564
[5.29] Lo, D. S., et. al.: Wall placement in a cross-tie memory element. IEEE Trans. Magn. **MAG-10** (1974), 1079
[5.30] Sery, R. S.: Dynamic crosstie nucleation thresholds for crosstie memory. IEEE Trans. Magn. **MAG-11** (1975), 29
[5.31] Spain, R. J., Jauvtis, H.: DOT memory technology. Intermag (1974) p. 6—4
[5.32] Battarel, C., Hanaut, M.: Domain tip memories. The Radio and Electronic Engineer **47** (1977) 4, S. 157—163

6. Ferritkerne

Bis vor einigen Jahren wurde das Gebiet der Arbeitsspeicher für Datenverarbeitungsanlagen souverän von den magnetischen Kernspeichern beherrscht. Der Ringkernspeicher ist nicht nur sehr unempfindlich gegenüber den Betriebstoleranzen der Ansteuerschaltungen, sondern er konnte auch besonders robust und zuverlässig aufgebaut werden. Dagegen ist die Arbeitsgeschwindigkeit solcher Speicher heute nicht mehr ausreichend. Primär sind es aber wirtschaftliche Gründe, so z. B. die Kosten für die Stromversorgung, die teure Ansteuerlogik und die geringe Automatisierbarkeit bei der Herstellung der Kernspeicherebenen (Flechten der Matrixleitungen), die mehr und mehr dem monolithisch aufgebauten Halbleiterspeicher dieses Anwendungsgebiet überlassen müssen. Im Gegensatz insbesondere zur Halbleitertechnologie, aber auch zur Magnetband- und Dünnschicht-Technik kann die Technik der Ferritkerne ebenso wie die dazugehörige Theorie als in sich abgeschossen betrachtet werden.

6.1. Allgemeine Funktionsweise

Das Speichervermögen eines magnetischen Ringkerns geht im Prinzip auf die Hysteresiseigenschaften des Ummagnetisierungsprozesses zurück. Dies sei am Beispiel des Ringkernes und Bild 6.1a erklärt. Die zwei notwendigen, magnetisch stabilen Zustände, mit denen die Information „0" oder „L" gespeichert werden kann, nimmt ein Element in seinen Remanenzpunkten $-J_r$ und $+J_r$ ein (magnetische Polarisation im oder gegen den Uhrzeigersinn). Deshalb kann pro Ringkern im allgemeinen 1 Bit gespeichert werden. Beim Übergang von einem Zustand in den anderen muß die Koerzitivfeldstärke H_c überwunden werden. Wegen des geschlossenen Feldlinienverlaufs im Ringkern ist der Speicherzustand wenig durch die Umgebung zu stören. Der Aufzeichnungs- und Wiedergabevorgang geschieht durch die Wechselwirkung zwischen dem Magnetfeld des Kernes und jenen eines oder mehrerer Leiter. Die spezielle Anordnung der Kerne in einer Matrix und der Ablauf der Ansteuerung wird als Speicherorganisation bezeichnet. Abb. 6.1b zeigt einen Speicheraufbau schematisch. Das Aufzeichnungsfeld H_m wird so di-

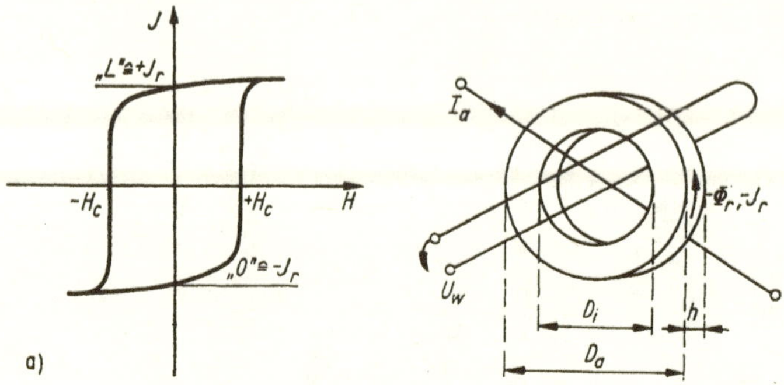

Abb. 6.1a. Hysteresekurve und Prinzip eines Magnetkern-Speicherelements; I_a = Aufzeichnungsstrom, U_w = Wiedergabespannung, Φ = magnetischer Fluß im Ringkern

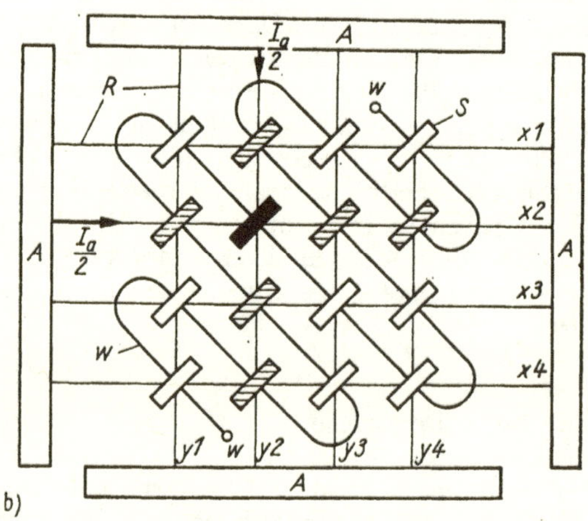

Abb. 6.1b. Speicherstruktur einer ebenen Magnetkernmatrix

mensioniert, daß der Kern mit der Koerzitivfeldstärke H_c umgeschaltet werden kann: $H_m > H_c$, jedoch durch ein Feld $\frac{H_m}{2} < H_c$ unverändert bleibt. Dann können n^2 Speicherkerne in Form einer Matrix so verdrahtet werden, daß nur $2n$ Leitungen notwendig sind, um jeden Kern einzeln zu schalten. Die Ansteuerung der gewünschten Leitungen geschieht durch eine elektronische Auswahlschaltung (Treiberschaltung).

In Abb. 6.1b führen die Leitungen $x2$ und $y2$ je den halben Schaltstrom $I_a/2$. An ihren Kreuzungspunkten addieren sich die Teilfelder zu dem Schaltfeld H_m, so daß sie die Magnetisierung des hier befindlichen Kernes in Richtung des Schaltfeldes festlegen. Sind beide Teilströme positiv, wird eine „0“, sind sie negativ, wird ein „L“ gespeichert. Die übrigen Kerne auf den Leitungen $x2$ und $y2$ werden durch den Strom $I_a/2$ nur teilerregt, aber nicht ummagnetisiert. Diese Art der Ansteuerung wird als Stromkoinzidenzverfahren bezeichnet.

Zur Einleitung des Wiedergabevorganges wird durch $x2$ und $y2$ je ein Strom $+I_a/2$ geschickt. Je nach Lage der Magnetisierung („0“ oder „L“) kommt es zu einer Ummagnetisierung des Kerns oder nicht. Der in diesem Fall nur bei Ummagnetisierung von „L“ auf „0“ auftretende Flußwechsel induziert in einer Wiedergabeleitung W, die durch alle Kerne führt, ein Wiedergabesignal U_w.

6.2. Speicherorganisation

Aus der aufgezeigten Funktionsweise geht hervor, daß Matrixspeicher gegenüber anderen Speichertypen den Vorteil haben, daß jeder Speicherplatz in willkürlicher Reihenfolge gleich schnell zugänglich ist (wahlfreier Zugriff). Sie werden deshalb u. a. als Arbeitsspeicher in Rechenmaschinen eingesetzt. Die Zugriffszeit liegt beim Ferritkernspeicher zwischen einigen Zehntel und einigen zehn Mikrosekunden. Sie wird im wesentlichen durch die Schaltzeit der Speicherferritkerne, die Schaltleistung und den Matrixaufbau bestimmt.

In einem Kernspeicher sollen häufig alle zu einem Wort gehörenden Bits gleichzeitig gelesen und geschrieben werden. Zweckmäßigerweise besteht ein Speicher darum aus so vielen Speicherebenen, wie ein Wort Bits enthält. Die erste Speicherebene speichert dann das erste Bit von jedem Wort, die zweite das zweite usw. Wegen der dreidimensionalen logischen Anordnung wird dieses Prinzip des bitorganisierten Speichers auch als 3D-Speicher bezeichnet. Es sei nur erwähnt, daß es auch andere Organisationsformen von Kernspeichern gibt, die sich auf verschiedene Varianten des Ansteuer- und Wiedergabeprozesses beziehen. Je nach Anwendungszweck besitzen sie verschiedene Vor- und Nachteile und weisen z. T. spezielle Probleme auf, siehe dazu z. B. [6.1], [6.21].

6.3. Speicherwiedergabe im 3D-Speicher und Stör-Signalunterdrückung

Die im Wiedergabewandler („Leseleitung“) induzierte Spannung U_w ist

$$U_w = -\frac{d\Phi}{dt}.$$

Bei einem Kernquerschnitt S erreicht die Spitzenspannung den Wert

$$U_1 = S \left.\frac{dJ}{dt}\right|_{max} \tag{6.1}$$

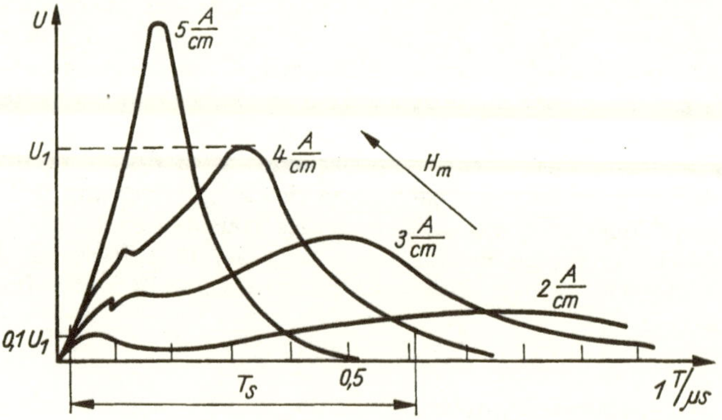

Abb. 6.2. Verlauf des Wiedergabesignals eines Ferritkerns, T_s = Schaltzeit

Für einen Mg-Mn-Ferritkern mit einem Außendurchmesser von $D_s = 0{,}8$ mm, einen Innendurchmesser $D_i = 0{,}5$ mm und einer Höhe von $h = 0{,}2$ mm wird ein U_1 von 50 ... 100 mV gemessen. Dies erfordert aufwendige Wiedergabeverstärker.

In Abb. 6.2 sind typische Wiedergabespannungen bei verschieden starken Schaltfeldern H_m dargestellt. Aus dem Signalverlauf ist zu erkennen, daß ein Ferritkern um so schneller schaltet, je stärker das angelegte Feld ist. Weiterhin sind zwei verschieden schnelle Ummagnetisierungsprozesse zu erkennen. Der schnellere Vorgang findet innerhalb 0,1 µs statt und fällt meist mit der Anstiegszeit des Schaltfeldes zusammen. Die zugehörige reversible Ummagnetisierung (Rotationsschalten) tritt in der Nähe des Remanenzpunktes J_r und beim Durchlaufen einer Unterschleife auf. Dieses Verhalten wird bei größeren Schaltfeldern unterdrückt.

Soll der Ferritkern nach dem eingangs beschriebenen Stromkoinzidenzverfahren geschaltet werden, so müssen Störfelder der Größe $\frac{H_m}{2}$ zugelassen werden. Wie Abb. 6.3 zeigt, verschiebt ein Störfeld $-\frac{H_m}{2}$ den Zustand „L" von J_r nach $J\left(-\frac{H_m}{2}\right)$. Er kehrt von dort nach Abschalten des Störfeldes nicht nach J_r zurück, sondern geht weiter nach J_0. Dieser Zustand wird „gestörtes L" genannt. Eine Störung $+\frac{H_m}{2}$ verschiebt den Zustandspunkt über $J\left(+\frac{H_m}{2}\right)$ nach J_1. Dies ist ebenfalls ein gestörter Zustand. Nach mehreren Störimpulsen $\pm\frac{H_m}{2}$ bewegt sich der Zustandspunkt auf der gezeigten reversiblen Unterschleife. Das gleiche gilt für die gestörte und ungestörte „0",

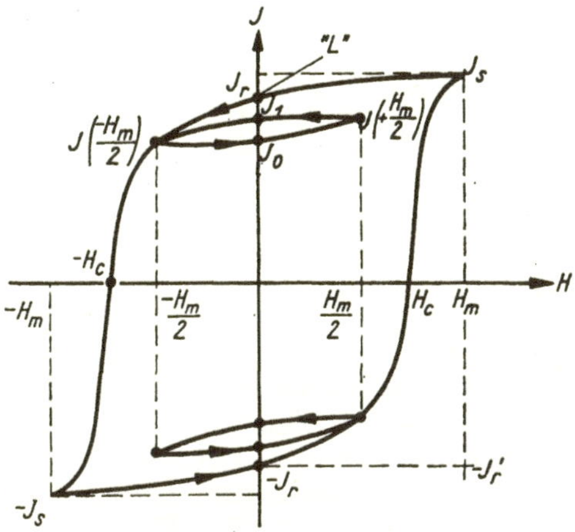

Abb. 6.3. Zustandsänderung eines magnetischen Speicherkerns

so daß der Kern in diesem einfachen Fall bereits sechs verschiedene Zustände hat.

Die Übergänge der Kerne zwischen den gestörten Zuständen induzieren während der Abfrage eines anderen Kerns Störungen in die Wiedergabeleitung. Die Magnetisierungskurve eines Speicherkerns muß also nicht nur so beschaffen sein, daß eine Zerstörung der gespeicherten Information vermieden wird, sondern auch so, daß die wiedergegebene Information wenig gestört wird. Eine genügend rechteckige Hystereseschleife und eine fädelweise, bei der sich die Störanteile gegenseitig kompensieren werden diesen Forderungen am besten gerecht.

Auch durch die induktive und kapazitive Kopplung der Spalten- und Zeilendrähte mit dem Lesedraht entstehen beim 3D-Speicher Störsignale. Es wird durch besondere Flechtweise des Lesedrahts und eine entsprechende Stellung der Kerne eine Kompensation der Störsignale angestrebt. Weitere Maßnahmen zur Störsignalverringerung sind die Unterteilung des Lesedrahtes in kleine Abschnitte, die Stromsignalausblendung oder das zeitliche Zusammenlegen von ansteigender Flanke des Treibstromes mit einem Teil des Störsignals.

6.4. Ummagnetisierungsprozesse

Aus verschiedenen Gründen weicht die Magnetisierungsschleife von der rechteckigen Idealform ab. Eine Neigung der vertikalen Kurvenäste wird verursacht durch örtliche Schwankungen von H_c, durch Abnahme des äußeren Feldes mit dem Durchmesser D und durch die exzentrische Verdrahtung des Leiters im Kern. Die Neigung der horizontalen Äste wird z. T. dadurch erklärt, daß die Kristallite im Kern nicht vollständig parallel zueinander ausgerichtet sind. Wegen der Richtungsstreuung ist die Remanenz J_r kleiner als die Sättigung J_s. Eine Definition für die Rechteckgüte R_s ist

$$R_s = \frac{B\left(-\frac{H_m}{2}\right)}{B(+H_m)} . \tag{6.2}$$

Sie ist das Verhältnis der durch die Felder $-\frac{H_m}{2}$ und $+H_m$ hervorgerufenen Flußdichten $B = J + \mu_0 H$. Übliche Werte liegen um $R_s \approx 0{,}95$.

Eine gute Rechteckigkeit der Hystereseschleife ist noch nicht hinreichend für die Funktion eines Speicherkerns. Die Kenngrößen der Hystereseschleife gestatten zwar die Berechnung der Streufeldempfindlichkeit des Kerns, geben aber nur ungenaue Werte über die zu erwartende Größe der Wiedergabespannung. Diese hängt nicht nur vom remanenten Fluß, sondern auch von der Schaltzeit ab. Um Aufschluß über die zu dimensionierenden Parameter des Kernes zu bekommen, müssen weitere Kenngrößen, die das Schaltverhalten beschreiben, herangezogen werden. Das erfordert zunächst eine genauere Erklärung der Ummagnetisierungsprozesse. Wenn ein Ferro- oder Ferrimagnetikum spontan magnetisiert, d. h. in WEISSsche Bezirke entsprechend dem energetischen Minimum aufgeteilt ist, einem Magnetfeld ausgesetzt, so kann eine Magnetisierungsänderung sowohl durch Ausdehnung und Schrumpfung der Bezirke (Wandbewegung) als auch Drehen des Magnetisierungsvektors innerhalb der Bezirke (Rotation) geschehen. Während bei kleineren äußeren Feldern vorwiegend Drehprozesse stattfinden, geschieht die eigentliche Ummagnetisierung durch Verschieben von BLOCH-Wänden, und zwar, sobald die zum Verschieben einer Wand notwendige Koerzitivfeldstärke H_c erreicht ist. Deshalb interpretieren viele Modelle, die sich mit dem Rechteckverhalten von Speicherkernen beschäftigen, den Ummagnetisierungsvorgang bevorzugt als Wandbewegung.

Die Zeit, in der die Magnetisierungsrichtung durch einen Feldimpuls umgekehrt werden kann, wird als Schaltzeit T_s bezeichnet. Sie wird hauptsächlich von der Wandgeschwindigkeit v und von der mittleren Strecke d bestimmt, die eine Wand während des Schaltvorganges zurücklegt. Die Bewegungsgleichung für eine 180°-Wand lautet nach [6.2]

$$m \frac{dv}{dt} + \beta v + \alpha d = 2 J_s H_m . \tag{6.3}$$

m ist die Masse der Wand pro Flächeneinheit, α ein Rückstellkoeffizient und β ist ein Viskositätsdämpfungsfaktor. Es kann β nach [6.3] durch die Beziehung

$$\beta = \frac{\nu}{\gamma^2} \sqrt{\frac{K_1}{A}} \tag{6.4}$$

ausgedrückt werden. ν ist die Relaxationsfrequenz, d. h. die Frequenz, mit der ein Magnetisierungsvektor 180°-Drehungen ausführen kann. γ ist die magnetomechanische Verhältniszahl $2{,}2 \cdot 10^7 \frac{\mathrm{cm}}{\mathrm{As}}$. K_1 ist die magnetokristalline Anisotropie, und A ist die Austauschkonstante. Für einige Rechteckferrite sind in Tab. 6.1 Zahlenwerte für die Größen β, K_1 und A angegeben.

Tabelle 6.1
Wandbeweglichkeit R und magnetische Konstanten von Rechteckferriten, nach [6.4]

Zusammensetzung	J_s $\left[\frac{\mathrm{Vs}}{\mathrm{m}^2}\right]$	K_1 $\left[\frac{\mathrm{kWs}}{\mathrm{m}^3}\right]$	A $\left[\frac{\mathrm{pWs}}{\mathrm{m}}\right]$	R $\left[\frac{\mathrm{cm}^2}{\mathrm{As}}\right]$	β $\left[\frac{\mathrm{Ns}}{\mathrm{m}^3}\right]$
$Mg_{0,76}Mn_{0,54}Fe_{1,7}O_4$	0,0317	−10,8	1,7	2500	3,4
$Mg_{0,50}Mn_{0,51}Zn_{0,42}Fe_{1,57}O_4$	0,0362	− 1,7	1,3	3000	2,6
$Li_{0,5}Fe_{2,5}O_4$	0,0322	−13,6	3,9	2000	4,6

Der erste Term von (6.3) drückt die Kraft aus, die bestrebt ist, die Wand zu bewegen. Der zweite Term stellt die entgegenwirkende Reibungskraft dar und drückt die Energievernichtung durch das Gitter aus. Der dritte Term beschreibt die Trägheit der ruhenden Wand. Für eine Wand, die wegen starker Dämpfung nicht beschleunigt werden kann, d. h. $\frac{\mathrm{d}v}{\mathrm{d}t} = 0$, verschwindet der erste Term. Dann gilt

$$\beta v + \alpha d = 2J_s H_m \tag{6.5}$$

bzw.

$$\frac{\beta v}{2J_s} = H_m - \frac{\alpha d}{2J_s}. \tag{6.6}$$

Der Ausdruck

$$\frac{\alpha d}{2J_s} = H_0$$

ist die Schwellfeldstärke für den Schalteinsatz, die von H_c nicht viel abweicht. Wir können schreiben

$$\frac{\beta v}{2J_s} = H_m - H_0$$

und

$$v = \frac{2J_s}{\beta}(H_m - H_0). \tag{6.7}$$

Der Faktor

$$R = \frac{2J_s}{\beta} \tag{6.8}$$

wird als die Wandbeweglichkeit definiert. Wird mit der in Abb. 6.2 definierten Schaltzeit T_s die Beziehung

$$v = \frac{d}{T_s}$$

gebildet, folgt für den Schaltkoeffizienten S_w

$$S_w = \frac{\beta d}{2J_s} \tag{6.9}$$

oder

$$S_w = (H_m - H_0)\, T_s\,. \tag{6.10}$$

Mit der für Stromkoinzidenzselektion geltenden Beziehung

$$H_m \approx 1{,}5 H_0$$

und mit

$$H_0 \approx H_c$$

ist

$$T_s = 2\frac{S_w}{H_c}. \tag{6.11}$$

Während das S_w der meisten Speicherkerne um den Faktor 2 bis 3 variiert, kann H_c je nach Material und Kerngeometrie sich um den Faktor 10 zwischen den gebräuchlichsten Kerntypen unterscheiden. Schnelle Speicher müssen nach (6.11) Kerne mit höherer Koerzitivfeldstärke verwenden.

Typische Werte sind $H_c = 1{,}2\ \frac{\text{A}}{\text{cm}}$ für $T_s = 1\ \mu\text{s}$ und $H_c = 0{,}4\ \frac{\text{A}}{\text{cm}}$ für $T_s = 4\ \mu\text{s}$. Eine höhere Koerzitivfeldstärke beansprucht höhere Schaltströme und verursacht neben Stromwärmeverlusten größere Ummagnetisierungsverluste, also eine Erwärmung des Kerns. Abhilfe schafft zum Teil Kühlung durch Luft oder Öl, Verkleinerung der Kernabmessungen oder die Verringerung der Sättigungsmagnetisierung, die den Energieverlusten E_v proportional ist:

$$E_v \approx 4 H_c J_s S \pi D_m$$

(S = Querschnitt, D_m = Mittlerer Durchmesser des Kernes).

Der Schaltstrom I_a kann ebenfalls durch Verkleinern des Kerns verringert werden, denn es gilt

$$H_m = \frac{I_a}{\pi D_m}.$$

Die Schaltzeit eines Kerns kann um den Faktor 10 verringert werden, wenn die Impulsbreite des Erregerstromes so kurz gemacht wird, daß nicht alle magnetischen Bereiche umgeschaltet werden können (partielles Schalten). Durch diesen starken, aber sehr kurzen Schaltimpuls ist der unvollständig geschaltete Kern unmittelbar nach dem Schalten in einem angeregten Zustand. Die Koerzitivfeldstärke und damit der Schwellwert gegen Störungen ist hierbei erniedrigt. Von diesem Zustand erholt sich der Kern innerhalb von weniger als einer Mikrosekunde. Die Erholungszeit wird Relaxationszeit genannt und begrenzt die Zugriffszeit in Speichern, in denen jedoch ein Kern durch Stromkoinzidenz ausgewählt wird.

Wenn die von der Wand zurückgelegte Entfernung d unabhängig vom Schaltfeld H_m ist, stellt S_w eine materialabhängige Schaltzeitkonstante dar:

$$S_w = \frac{d}{R}.$$

Übliche Werte für Ferrite sind $H_0 = 0{,}3\ \frac{\text{A}}{\text{cm}}$ und $S_w = 1\ \mu\text{s}\frac{\text{A}}{\text{cm}}$. Da beim Schalten eines Speicherkernes gleichzeitig viele Wände bewegt werden, können wir d auch als mittlere Wandbewegungsstrecke $\tilde{d}$ interpretieren.

$$S_w = \frac{\tilde{d}}{R} \tag{6.12}$$

ist ein Gütefaktor des Kerns. Er wird aus dem Anstieg der Schaltkurve bestimmt. Das ist die Darstellung $1/T_s$ über H_m, Abb. 6.4.

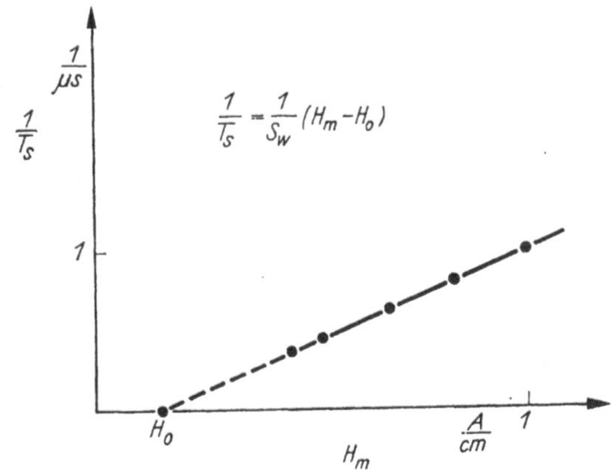

Abb. 6.4. Schaltkurve

Wird die Schaltkurve nach größeren Feldstärken hin fortgesetzt, ergeben sich noch zwei andere lineare Regionen mit jeweils anderem Anstieg, also anderem Gütefaktor S_w, s. Abb. 6.5 [6.5]. Speicherkerne werden aber stets in der unteren Region (I) betrieben, wo der Schaltmechanismus durch Wandverschiebungsprozesse abläuft und S_w am größten ist.

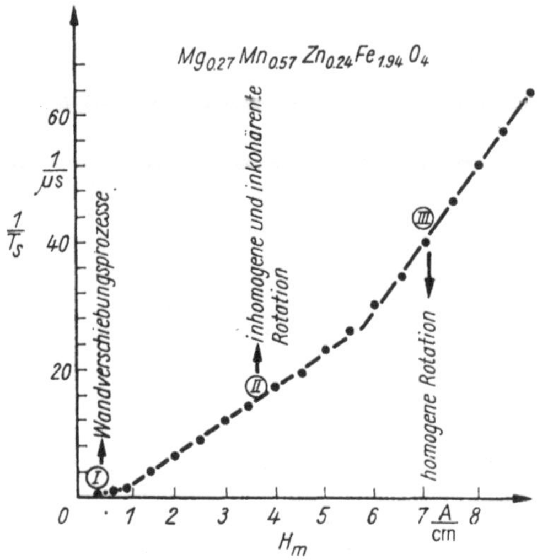

Abb. 6.5. Schaltkurve bei großen Feldaussteuerungen

S_w liegt in der Region I zwischen 56 $\frac{\mu As}{m}$ (für Mn-Cd-Ferrit) und 43 $\frac{\mu As}{m}$ (für Mg-Mn-Zn-Ferrit). In Region II haben die meisten Materialien einen Wert um 16 $\frac{\mu As}{m}$. Neben dem Mg-Mn-Ferrit weist Mn-Cu-Ferrit einen kleinen S_w-Wert auf. Beide Materialien zeichnen sich auch durch geringe Kosten aus.

6.5. Materialien

Die bedeutendsten Speichermaterialien, die seit 1951 für magnetische Matrixspeicher verwendet werden, sind Ferrite. Ferrite sind komplexe Oxide des dreiwertigen Eisens. Sie existieren in verschiedenen Strukturen. Bariumferrit $BaFe_{12}O_{19}$ ($BaO \cdot 6\,Fe_2O_3$) kristallisiert hexagonal. Granate und Spinell-Ferrite sind kubischer Struktur. Granate sind aus den Oxiden der seltenen Erden (z. B. des Yttrium) nach der Formel $Y_3Fe_5O_{12}$($3\,Y_2O_3 \cdot 5\,Fe_2O_3$) gebildet. Spinelle haben die allgemeine Formel MFe_2O_4($MO \cdot Fe_2O_3$), wobei M ein meist zweiwertiges Ion mit einem Atomradius von etwa 0,05 bis 0,1 nm ist. Spinelle wie Lithium-Ferrit enthalten auch einwertige Ionen nach der Formel $Li_{0,5}Fe_{2,5}O_4$. In diesem Falle wird z. B. M durch $(Li_{0,5} + Fe_{0,5}^{3+})^{2+}$ gebildet.

Fast alle gebräuchlichen Speichermaterialien sind von Spinell-Struktur. Die größte Bedeutung erlangten Mg-Mn-Ferrit (System $MgFe_2O_4$-$MnFe_2O_4$-Mn_3O_4) und Mn-Cu-Ferrit (System $MnFe_2O_4$-$CuFe_2O_4$-Mn_3O_4).

Die magnetische Polarisation J_s, CURIE-Temperatur T_C und die Ummagnetisierungszeit (Schaltzeit T_s) sind für einige Mg-Mn-Ferrite der Tab. 6.2 zu entnehmen.

Tabelle 6.2
Charakteristische Daten von Magnesium-Mangan-Ferriten, nach [6.6]

Zusammensetzung	J_s [Vs/m²]	T_c [°C]	T_s [ns]	U_1 [mV]	D_m [mm]
0,70 $MgFe_2O_4$ · 0,15 Mn_3O_4 · 0,15 Mg_2SnO_4	0,080	160	370	33	0,8
0,85 $MgFe_2O_4$ · 0,15 Mn_3O_4	0,220	275	370	72	0,8
0,75 $MgFe_2O_4$ · 0,15 Mn_3O_4 · 0,10 $ZnFe_2O_4$	0,225	260	370	75	0,8
0,60 $MgFe_2O_4$ · 0,15 Mn_3O_4 · 0,25 $ZnFe_2O_4$	0,248	190	370	80	0,8

Die CURIE-Temperatur der meisten Ferrite ist niedrig und verursacht eine starke Temperaturabhängigkeit aller magnetischen Eigenschaften. So erniedrigt sich bei Mg-Mn-Ferrit H_c um etwa 0,5% je Grad Temperaturerhöhung. Temperaturstabilere Kerne können auf Lithium-Basis erzeugt werden. Auch das Mg-Li(Zn, Mg)-System zeigt verbesserte Temperaturstabilität [6.7].

Die hexagonalen Ferrite haben zu große Koerzitivfeldstärken (über 40 A/cm), während die Orthoferrite ein zu kleines magnetisches Moment und damit eine zu geringe Wiedergabespannung haben, um als Kernspeicher verwendbar zu sein. Lediglich in Form dünner Schichten kann sich eine Bedeutung für Speicherzwecke ergeben. Auch die Granate erscheinen als Kernmaterial für Speicherzwecke geeignet. Neben den Ferritkernen findet man in Sonderanwendungen Metallschichtkerne aus Permalloy. Permalloykerne weisen grundsätzlich die gleichen Ummagnetisierungseigenschaften auf wie Ferritkerne. Jedoch wird ihre Anwendung vor allem durch das Auftreten von Wirbelströmen begrenzt.

Ferrite werden aus ihren pulverförmigen Bestandteilen auf der Basis der Keramik-Technologie hergestellt. Die entscheidenden technischen Schritte sind das Pressen und Brennen. Durch Wärmebehandlung können die magnetischen und Schalteigenschaften in weiten Grenzen verändert werden.

Die Verdrahtung der Ringkerne zu den Speichermatrizen stellt ein erhebliches technologisches Problem dar, insbesondere natürlich bei den kleinsten Ferritkernen mit einem Außendurchmesser von 0,3 mm. Aus Gründen der Automatisierung wird jede Leitung nur einmal durch den Kern geführt. Außer einer komplizierten maschinellen Verdrahtung besteht zwar prinzipiell die Möglichkeit, ganze gelochte Ferritplatten mit einer gedruckten Schaltung zu versehen oder eine vorfabrizierte Verdrahtung mit Ferritmasse zu tränken [6.14]. Praktisch sind derartige Varianten nicht zum Einsatz gekommen.

6.6. Optimierung des Speichermediums

Mit (6.4) und (6.8) wird (6.12) zu

$$S_w = \frac{v\tilde{d}}{2\gamma^2 J_s} \sqrt{\frac{K_1}{A}}. \tag{6.13}$$

Die in Abschn. 6.4. eingeführten Größen v und $\tilde{d}$ sind Funktionen der technologiebedingten Materialstruktur. Die anderen Größen sind Materialkonstanten.

Die Dicke einer Bereichswand δ stellt sich so ein, daß die Summe von Aus-Austauschenergie und Anisotropieenergie zum Minimum wird. Das Minimum der Austauschenergie tritt bei einer dicken Wand auf, das Minimum der Anisotropieenergie bei einer dünnen Wand, denn es gilt

$$\delta \sim \sqrt{\frac{A}{K_1}}.$$

Somit gilt für die auf eine Wanddicke δ bezogene Wandverschiebung $\tilde{d}$ die Proportionalität

$$\eta = \frac{\tilde{d}}{\delta} \sim \tilde{d} \sqrt{\frac{K_1}{A}}.$$

Dann ist

$$S_w \sim \frac{v\eta}{2\gamma^2 J_s}. \tag{6.14}$$

Um S_w zu minimieren, ist ein großes J_s und ein kleines η notwendig. η hängt sowohl von den Herstellungsbedingungen als auch von den materialabhängigen Grundgrößen K_1 und A ab. K_1 ist durch die benötigte Koerzitivfeldstärke mehr oder weniger genau fixiert, und auch A kann nicht bedeutend verändert werden.

Die Wandbeweglichkeit R ist ein direktes Maß dafür, welchen Einfluß die Änderung der magnetischen Eigenschaften auf S_w hat. In Tabelle 6.1 sind die Wandbeweglichkeit und magnetischen Konstanten für einige Ferrite, gemessen bei -78 °C, aufgeführt. Bemerkenswert ist, daß ein Zn-Zusatz K_1 und M_s verbessert und damit R erhöht. Die Abnahme von S_w und H_c durch Zn-Zusätze (x) ist in Abb. 6.6 dargestellt. Die gleichzeitige Reduzierung von A macht jedoch diese Kerne mehr temperaturempfindlich. Außerdem erfordert der Trend zu kleineren Abmessungen eher eine Erhöhung von K_1.

Die Reduzierung des S_w in Speicherkernen wird fast ausschließlich durch Verringerung der Kristallitgröße erreicht. Das feinkörnige Sinterprodukt erfordert auch feingemahlenes Pulver. Experimentell wurde gefunden, daß die Grenze für die Korngröße bei etwa 1 μm liegt. Unterhalb dieses Wertes wird die Rechteckigkeit der Hysteresekurve von der starken Entmagnetisierungswirkung zerstört [6.8]. Der minimale Wert für S_w wurde für einen

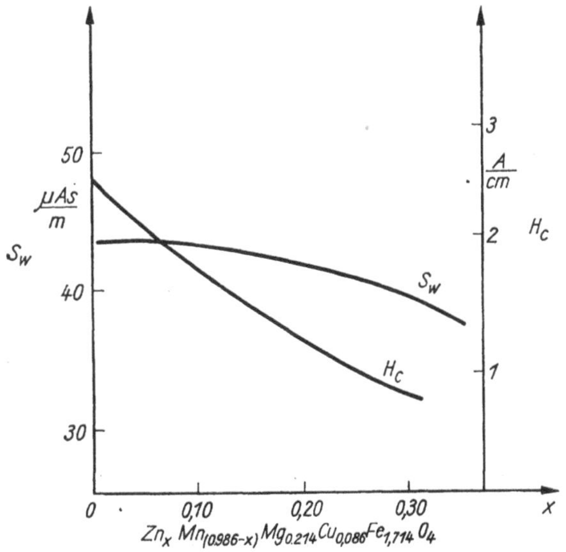

Abb. 6.6. Koerzitivfeldstärke H_c und Schaltkoeffizient S_w als Funktion des ZnO-Gehaltes für ein MgMnCuZn-Ferritsystem

inkohärenten Rotationsprozeß theoretisch und experimentell zu 20 $\frac{\mu\text{As}}{\text{m}}$ ermittelt [6.9].

Es soll nun der Einfluß der Kristallitgröße D_k auf die Schaltfeldstärke H_c und die Schaltzeit T_s untersucht werden. Nach [6.10] berechnet sich H_c näherungsweise zu

$$H_c \approx \frac{4{,}9\sigma_w}{J_s D_k}. \tag{6.15}$$

σ_w ist die Energie der Bereichswände pro Flächeneinheit. Ein Näherungswert für σ_w kann nach der Formel

$$\sigma_w = 4\sqrt{A(K_1 + \lambda_i \sigma)}$$

berechnet werden [6.11]. λ_i ist die isotrope Magnetostriktionskonstante und σ ist die innere Spannung der Bereichswände.

Mit $H_m \approx 1{,}5H_0$ und $H_0 = H_c$ errechnet man aus (6.10) eine Schaltzeit von

$$T_s \approx 2\frac{S_w}{H_c}. \tag{6.16}$$

Am Beispiel von Li-Ferrit wird der Verlauf von H_c und T_s als Funktion der Korngröße D_k in Abb. 6.7 illustriert. Ein Li-Ferritkern von $D_k = 2{,}3$ µm hat eine Schaltzeit von 120 ns und ist überdies sehr temperaturstabil. Je-

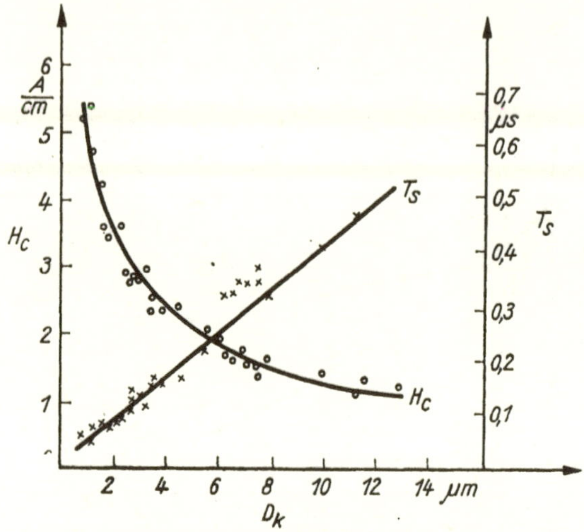

Abb. 6.7. Einfluß der Korngröße D_K auf Koerzitivfeldstärke H_c und Schaltzeit T_s für Li-Ferrit, [6.7]

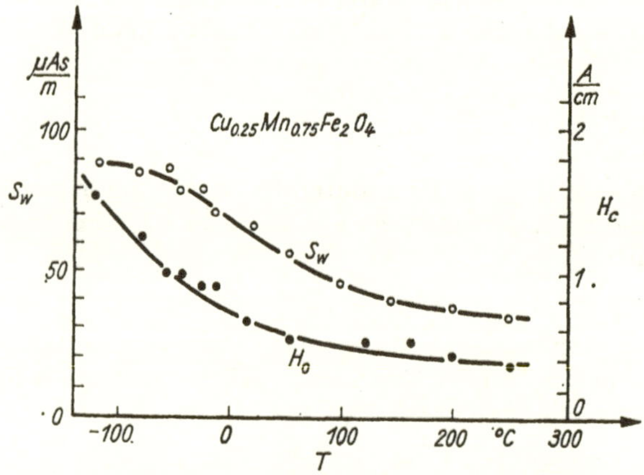

Abb. 6.8. Temperaturabhängigkeit von Schaltfeldstärke und Schaltkoeffizient für einen Mn-Cu-Ferrit, [6.2]

doch ist bei Korngrößen unter 4 μm die H_c-Zunahme zu groß, um die kleinen Schaltzeiten nutzbar machen zu können. Kerne mit kleineren Körnern zeigen schlechtes Rechteckigkeitsverhalten.

Abb. 6.8 zeigt die Temperaturabhängigkeit von S_w und H_0. Der gleiche Verlauf deutet darauf hin, daß beide Größen von den gleichen temperaturabhängigen Materialkonstanten K_1 und J_s relativ stark abhängen, vgl. auch (6.15).

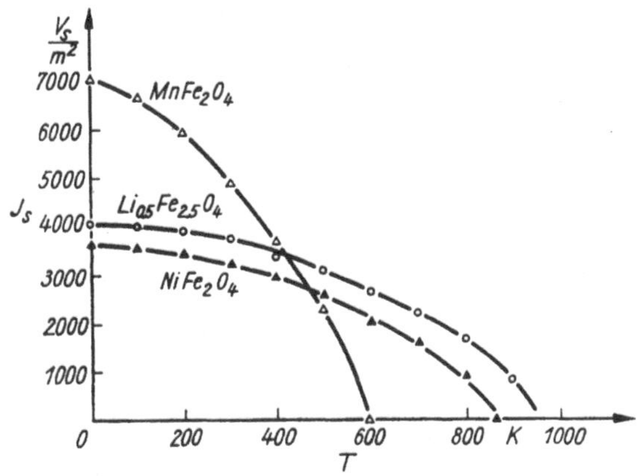

Abb. 6.9. Sättigungsmagnetisierung J_s als Funktion der Temperatur T für drei Ferrite, [6.9]

Abb. 6.9 zeigt das Verhalten von J_s mit der Temperatur für drei Ferrite. Die Anisotropiekonstante K_1 und Magnetostriktionskonstante λ zeigen prinzipiell das gleiche Verhalten. Es ist einleuchtend, daß die Materialien mit hoher Curie-Temperatur T_c eine größere Temperaturstabilität aufweisen [6.13]. Eine verbesserte Temperaturstabilität wird beim System Mg-Ni (Zn, Mg) erreicht. Allerdings haben alle temperaturstabilen Systeme höhere Schaltkoeffizienten.

6.7. Speicher mit nichtzerstörender Wiedergabe

Der im Abschn. 6.1 geschilderte Wiedergabevorgang führt zur Vernichtung der aufgespeicherten Information im Speicherkern. Soll diese weiterhin gespeichert werden, muß sie über einen Zwischenspeicher neu aufgespeichert werden, was in der Praxis die Regel ist. Es macht sich also innerhalb der Taktzeit ein vollständiger Wiedergabe-Aufzeichnungszyklus erforderlich. Ein Verfahren zur nichtzerstörenden Wiedergabe könnte somit die effektive Wiedergabegeschwindigkeit wesentlich erhöhen, da die Neuaufzeichnung fortfällt. Gleichzeitig würden Fehlermöglichkeiten vermieden, also die Zuverlässigkeit erhöht.

Ein durch Wandbewegung ummagnetisierter Kern ist für eine Zeit, die Relaxationszeit genannt wird, in einem angeregten Zustand, in dem der Schwellwert gegen Störungen stark erniedrigt ist. Ein Kern, der beim Wiedergabeprozeß ummagnetisiert wurde, ist also kurz danach viel empfindlicher gegen Störfelder als ein Kern, dessen Magnetisierungsvektor in Richtung des Wiedergabe-Ansteuerfeldes lag und der deshalb nicht beeinflußt wurde.

Ein zusätzliches Vormagnetisierungsfeld, das dem Ansteuerfeld entgegengesetzt ist und nur wenig kleiner als die Koerzitivfeldstärke ist, wird einen ummagnetisierten Kern wieder in den Ausgangszustand zurückversetzen. Dagegen bleibt ein Kern unberührt, der nicht ummagnetisiert wurde.

Ein anderes Verfahren lenkt den Magnetisierungsvektor eines Kerns mit einem zusätzlichen Magnetfeld, das senkrecht zur Magnetisierungsrichtung angelegt wird, aus seiner ringförmigen Ruhelage aus. Dadurch kann die Magnetisierung durch Rotation, die sehr schnell erfolgt, umgeschaltet werden. In Abb. 6.10a ruft der Ansteuerstrom I_1 in dem Weicheisenkern ein

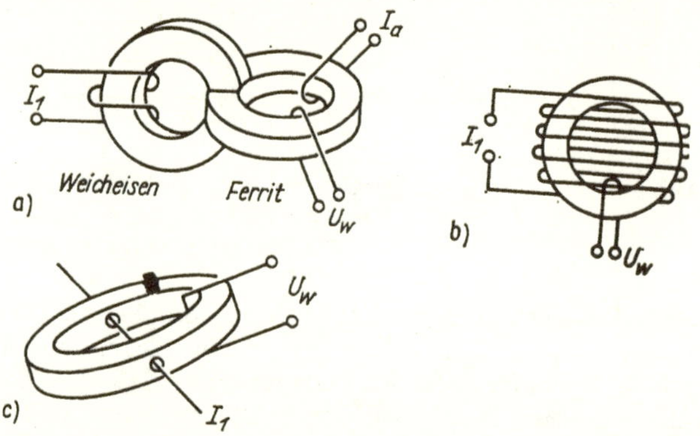

Abb. 6.10. Speicherlemente für nichtzerstörende Wiedergabe

Schaltfeld hervor, das einen Teil des Ferritkernes in die Querrichtung magnetisiert. Die Flußänderung im Ferritkern wird in der Wiedergabewicklung als U_w gemessen. Nach Beendigung des Lesestromes dreht der geschaltete Teil des Ferritkernes in seine ursprüngliche Lage zurück. Der Wiedergabevorgang ist also nicht zerstörend.Die Ausführungsformen nach Abb. 6.10b und c vermeiden den Hilfskern, dessen Ummagnetisierungsgeschwindigkeit den Wiedergabevorgang verlangsamt. Dafür treten aber Streufelder auf, die durch große Ansteuerströme überwunden werden müssen.

6.8. Speicherelemente mit nicht ringförmiger Geometrie, Transfluxor

Mit dem folgenden Verfahren, bei dem auch alle magnetischen Flußänderungen rein reversibel verlaufen, konnten Festspeicher als Mikroprogrammspeicher aufgebaut werden, die eine Kapazität von $2 \cdot 10^5$ bit und eine Zyklusszeit von 250 ns halten [6.22]. Es beruht auf der Eigenschaft von Rechteckferriten, daß die Anfangspermeabilität (Zustand „0" in Abb. 6.11) erheblich größer als die remanente Permeabilität (Zustand „L" in Abb. 6.11) ist. So können mit Feldimpulsen $|H_a| < H_c$, die einerseits nur reversible Magnetisierungs-

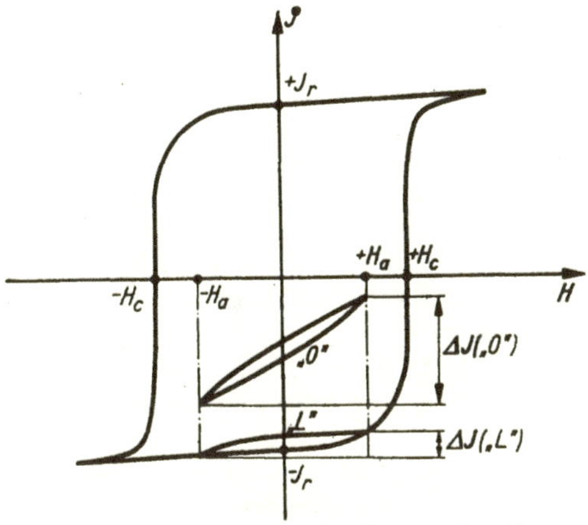

Abb. 6.11. Zerstörungsfreies Lesen durch partielles Schalten

änderungen bewirken, andererseits aber deutliche Unterschiede in den Induktionshüben erzielt werden [6.23]. Zur Erhöhung der Unterscheidbarkeit des Wiedergabesignals und zur Störsignalunterdrückung wurden meist zwei Kerne pro Bit verwendet. Als typische Betriebsparameter werden angegeben: Ansteuerstrom 100 mA, Wiedergabespannung 5 mV.

Der Transfluxor unterscheidet sich von den bisher behandelten Speicherelementen dadurch, daß zwei Bohrungen in einem Kern vorhanden sind, die sich durch Verzweigung des magnetischen Flusses gegenseitig beeinflussen und steuern können.

Hierdurch wird nichtzerstörende Wiedergabe möglich. Ebenso können gewisse logische Operationen mit ihnen durchgeführt werden, die ihre Anwendung im Assoziativspeicher ermöglichen.

Der Transfluxor in Abb. 6.12 hat einen breiten Steg *a* und zwei kleinere gleichgroße Stege *b* und *c*. Eine „0" wird durch einen Aufzeichnungsstrom I_a durch das Mittelloch aufgezeichnet, wobei die Magnetisierung im Uhrzeigersinn um das Mitelloch ausgerichtet wird. Die Stege *b* und *c* sind im gleichen

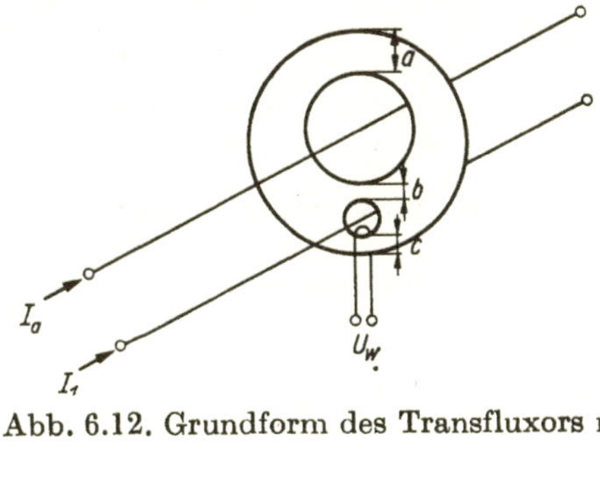

Abb. 6.12. Grundform des Transfluxors mit den Stegen *a*, *b* und *c*

Sinne magnetisiert. Um ein „L“ zu schreiben, wird ein schächerer Aufzeichnungsstrom in umgekehrter Richtung durch das Mittelloch geschickt, so daß die Magnetisierung im Steg *b* gerade umklappt, im Steg *c* jedoch erhalten bleibt. Dann ist auch ein Teil des Flusses im Steg *a* nahe am Mittelloch ummagnetisiert worden. Der nicht zerstörende Wiedergabevorgang wird durch einen bipolaren Doppelimpuls I_1 auf einer Ansteuerleitung durch das Randloch ausgelöst. Das Ansteuerfeld ist der Magnetisierung im Steg *c* entgegengesetzt und schaltet die Stege *b* und *c* um, wenn ein L gespeichert war. Die Flußänderung wird in einer Schleife um Steg *c* gemessen. Der zweite Teil des Doppelimpulses bringt die Stege *b* und *c* wieder in ihre Ausgangsstellung. Wenn eine 0 gespeichert war, kann Steg *c* nicht ummagnetisiert werden, da gleichzeitig ein Teil des Flusses im Steg *a* umklappen müßte, wofür das Feld nicht ausreicht.

Die Herstellung und Verdrahtung von Transfluxoren ist relativ aufwendig und schränkt die Anwendung auf Spezialgebiete ein.

Für ein weitergehendes Studium der Magnetkernspeicher wird auf die Literatur [6.15] bis [6.20] verwiesen.

6.9. Literatur

[6.1] RHEIN, D.: Grundlagen der digitalen Speichertechnik, Akademische Verlagsgesellschaft Geest & Portig K.-G. Leipzig (1974)

[6.2] DÖRING, W.: Trägheit der Wände zwischen Weißschen Bezirken. Z. Naturforschung **3A** (1948), S. 373

[6.3] LANDAU, L., LIFSCHITZ, F.: On the theory of the dispersion of magnetic permeability in ferromagnetic bodies. Phys. Zeitschr. Sowjet. **8** (1935), S. 153

[6.4] STEINBEISS, E.: Wandbeweglichkeitsmessungen an Ferriten mit rechteckförmiger Hysteresisschleife. Phys. Status Solidi **18** (1966), S. 241

[6.5] RADO, G. T., SUHL, H.: Magnetism. Academic Press New York (1963)

[6.6] WEISS, R. S., BROWN, D. L.: Low flux density. Ferrite memory cores. Journ. Appl. Phys. **34** (1963) 4, S. 1176—1177

[6.7] GREIFER, A. P.: Ferrite memory materials. IEEE Trans. on Magn. **MAG-5** (Dec. 1969) 4, S. 774—811

[6.8] BABBIT, R. W., SANDS, G., DUNLOP, A.: Grain size effects of switching properties of Lithium ferrit. Journ. Appl. Phys. **40** (1969) 2, S. 1455

[6.9] GYORGY, E. M.: Rotational model of flux-reversal in square loop ferrites. Journ. Appl. Phys. **28** (1957), S. 1011

[6.10] CHILDRESS, H. D.: Nucleation and growth of reverse domains. J. Appl. Phys. **38** (1967) S. 1307—1309

[6.11] GOODENOUGH, J.: A theory of domain creation and coercive force in polycristalline ferromagnetics. Physical Rev. **95** (1954), S. 917—932

[6.12] GORTER, E. W.: Saturation magnetization and crystal chemistry of ferromagnetic oxides. Philips Res. Report **9** (1954), S. 295—320, S. 321—365, S. 403—443

[6.13] SCHWABE, E. A., CAMPELL, D. A.: Influence of grain size on squareloop properties of Lithium ferrites Journ. Appl. Phys. **34** (1963) 4, S. 1251

[6.14] KRAISMER, L. P. SPIRIDONOWA, R. P. (Крайзмер, Л. П., Спиридонова, Р. П.): Новые интегральные запоминающие устройства на ортоферритовых пластинах. Зарубежная радиоэлектроника (1970) 6, стр. 59—63

[6.15] BOLLESEN, V. P.: Core memories today and tomorrow Dig. Intermag Conf., Washington, D.C. 1970, New York 1970, 7/1

[6.16] MICHALOWSKY, L.: Rechteckferrite — Eigenschaften und Verwendungsmöglichkeiten zur Realisierung schneller EDV-Anlagen. Nachrichtent. **20** (1970) 7, S. 263—264

[6.17] COUNCILL, E. D., LIGON, G. C., u. a.: A 275-nanosecond coincident-current ferrite memory. Dig. Intermag. Conf., Washington, D.C. 1970, New York, 1970, 25/1

[6.18] KRUPSKI, A. A. (Крупский, А. А.): Измерение времени перемагничивания сердечников. Москва: „Энергия" 1971

[6.19] SCHMITT, R.: Digitalspeicher mit Ferritkernen Grundlagen und Schaltungsentwurf. München: Siemens AG (1971)

[6.20] CHABIB, A. F. (Хабиб, А. Ф.): Исследование математических моделей и анализ цепей солеращих магнитопроводы с ППГ с помощью ЭВМ. Ленинград: Диссертация ЛЭТИ 1970

[6.21] SEITZER, D.: Arbeitsspeicher für Digitalrechner. Springer-Verlag Berlin/Heidelberg/New York 1975

[6.22] SCHARBERT, J.: Festspeicher mit magnetischen Bauelementen und mit integrierten Bauelementen. NTG-Fachberichte **58**, VDE-Verlag Berlin 1977

[6.23] KOEHLER, H. F., COVALESKY, J. F.: Speed capabilities of ferrite cores in NDRO operation, IEEE Trans. on Magn. **MAG-3** (1967), S. 311—315

[6.24] BOJARTSCHENKOW, M. A., TSCHERKASCHINA, A. G. (Боярченков, М. А., Черкашина, А. Г.): Магнитные элементы автоматики и вычислительной техники. Москва: Высшая школа (1976)

[6.25] SCHILIN, A. T., DERJUGIN, A. A. (Шилин, А. Т., Дерюгин, А. А.): Цифровые вычислительные машины. Москва: Энергия (1975)

[6.26] BRIEK, E. A. (Брик, Е. А.): Техника постоянных запоминающих устройств. Москва: Советское радио (1973)

7. Holographisches Speicherprinzip

Bei den bisherigen Betrachtungen verstand man unter dem Zustand $S(x, y, z, t)$ des übertragenen Signals und dem Zustand $Z(\xi, \eta, \zeta, \tau)$ des gespeicherten Signals Funktionen der gleichen Funktionenklasse, die vorwiegend durch einfache lineare Operationen ineinander überführbar waren. Im allgemeinen Fall kann die komplexe Signalfunktion S der reellen Veränderlichen x, y, z, t einer Funktionaltransformation unterzogen werden, die man in Analogie zum allgemeinen Funktionsbegriff auch als Abbildung bezeichnet. Wir wollen sagen, daß durch irgendein Zuordnungsgesetz A die Signalfunktion S, die einer gewissen Funktionenklasse angehört, in die Bildfunktion $\tilde{S}$ einer anderen Funktionenklasse abgebildet wird.

Handelt es sich bei den Orts-Zeit-Transformationen der bisher behandelten Speicherverfahren

$$Z = f(S)$$

um eine Zuordnung zwischen reellen Zahlen, so liegt bei Funktionaltransformationen allgemeiner eine Zuordnung zwischen Funktionen vor:

$$\tilde{S} \bullet\!\overset{A}{-}\!\circ\, S\,. \tag{7.1}$$

Im Hinblick auf physikalische Realisierungsmöglichkeiten wollen wir ausschließlich lineare Funktionaltransformationen betrachten.

Die in allen Anwendungen wichtigste Transformation dieser Art ist die Integraltransformation der Gestalt

$$\tilde{S}(\xi, \eta, \zeta) = \int\limits_{(x)} \int\limits_{(y)} \int\limits_{(z)} K(x, y, z, \xi, \eta, \zeta)\, S(x, y, z, t)\, \mathrm{d}x\, \mathrm{d}y\, \mathrm{d}z \tag{7.2}$$

mit $t = \sqrt{(v_\xi \xi)^2 + (v_\eta \eta)^2 + (v_\zeta \zeta)^2}$ bei serieller Speicherung und $t = \sqrt{(v_x x)^2 + (v_y y)^2 + (v_z z)^2}$ bei paralleler Speicherung. K heißt der Kern der Transformation, nach dessen spezieller Wahl die einzelnen Integraltransformationen unterschieden werden.

7.1. Beugungsintegral

Wir konzentrieren uns auf die Fragestellung: Welche Transformation ermöglicht die Speicherung und Rekonstruktion optischer Signale?

Eine Komponente des elektrischen Feldvektors hat an der Stelle (x, y) und zur Zeit $t = t_0$ die komplexe Amplitude

$$S(x, y) = S_0(x, y)\, e^{j\varphi_0(x,y)}\,. \tag{7.3}$$

Diese „Objektfunktion" entspricht der Signalfunktion bei $t = t_0$. Dabei ist S_0 die Signalamplitude am Orte (x, y), s. Abb. 7.1, φ_0 ist die Signalphase. Das zur Zeit $t = t_0$ in der Ebene (x, y) auftretende optische Signal mit der

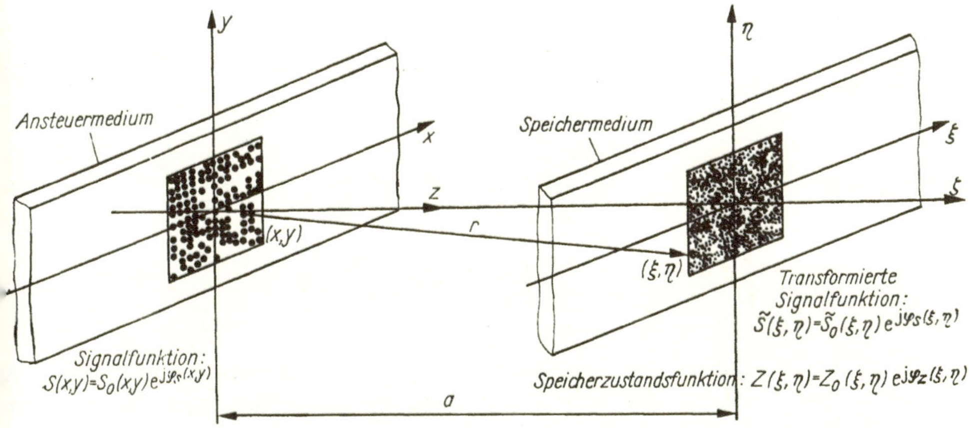

Abb. 7.1. Schematische Darstellung der Signalumwandlung bei der Holographie

komplexen Amplitude $S(x, y)$ möge in einer zweiten Ebene (ξ, η) mit der komplexen Amplitude $\tilde{S}(\xi, \eta)$ abgebildet oder gespeichert werden. Der Abstand zwischen beiden Ebenen sei a.

Zur Berechnung der Lichtverteilung $\tilde{S}(\xi, \eta)$, die vom Objekt $S(x, y)$ in der ξ,η-Ebene erzeugt wird, nehmen wir an, daß von jedem Punkt (x, y) der Objektebene eine Kugelwelle e^{-jkr}/r ausgeht. Nach Abb. 7.1 ist

$$r = \sqrt{a^2 + (\xi - x)^2 + (\eta - y)^2}\,. \tag{7.4}$$

Die Lichtverteilung $\tilde{S}(\xi, \eta)$ wird durch die Überlagerung dieser Kugelwellen dargestellt (Kirchhoff-Fresnelsches Beugungsintegral):

$$\tilde{S}(\xi, \eta) = \frac{jk}{a} \iint\limits_{(F)} \underbrace{S(x, y)}_{\substack{\text{Objektfunktion des}\\ \text{Datenblocks}}} \underbrace{e^{-jk\sqrt{a^2+(\xi-x)^2+(\eta-y)^2}}}_{\substack{\text{Kern der Integraltrans-}\\ \text{formation}}}\, dx\, dy\,. \tag{7.5}$$

Dabei wird vorausgesetzt, daß

$$a^2 \gg (\xi - x)^2 + (\eta - y)^2 \tag{7.6}$$

ist (Beschränkung auf kleine Streuwinkel). Dadurch wird der Nenner zu der Konstanten a und kann vor das Integral gezogen werden. Die Konstante jk vor dem Integral erhält man bei Berücksichtigung des mit der FRESNELschen Beugung verknüpften Randwertproblems, s. z. B. [7.1].

Wegen (7.6) können für die Strecke r auch die ersten beiden Glieder der Reihenentwicklung von (7.4) benutzt werden:

$$r \approx a\left[1 + \frac{(\xi - x)^2}{2a^2} + \frac{(\eta - y)^2}{2a^2}\right]. \tag{7.7}$$

Damit gilt für die Lichtverteilung das modifizierte KIRCHHOFF-FRESNELsche Beugungsintegral

$$\tilde{S}(\xi, \eta) = \frac{jk}{a} e^{-jka} \iint_{(F)} S(x, y)\, e^{-\frac{jk}{2a}[(\xi - x)^2 + (\eta - y)^2]}\, dx\, dy$$

$$= \frac{jk}{a} e^{-jka}\, e^{-\frac{jk}{2a}(\xi^2 + \eta^2)} \iint_{(F)} S(x, y)\, e^{-\frac{jk}{2a}(x^2 + y^2)}\, e^{\frac{jk}{a}(x\xi + y\eta)}\, dx\, dy\,. \tag{7.8}$$

Durch die Vereinfachung (7.7) wird der Kern der Integraltransformation verändert. Die so entstandene Form (7.8) wird als FRESNEL-Transformation bezeichnet. Sie unterscheidet sich von der bekannten FOURIER-Transformation durch den sphärischen Anteil der Kugelwelle $e^{-\frac{jk}{2a}(x^2 + y^2)}$, denn die Objektfunktion $S(x, y)$ und ihr FOURIER-Spektrum $\tilde{S}(\xi, \eta)$ sind durch die Relation

$$\tilde{S}(\xi, \eta) = \iint_{(F)} S(x, y)\, e^{2\pi j(x\xi + y\eta)}\, dx\, dy \tag{7.9}$$

miteinander verknüpft.

Aus der ersten Zeile von (7.8) ist ersichtlich, daß es sich bei dem KIRCHHOFF-FRESNELschen Beugungsintegral um ein Faltungsintegral handelt. So lautet (7.8) in der Faltungsdarstellung mit dem Faltungsoperator $\circledast$

$$\tilde{S}(\xi, \eta) = S(\xi, \eta) \circledast f(\xi, \eta) \tag{7.10}$$

mit der Formfunktion

$$f(\xi, \eta) = \frac{jk}{a} e^{-jka}\, e^{\frac{jk}{2a}(\xi^2 + \eta^2)} \tag{7.11}$$

Die Rücktransformation geschieht nach dem Reziprozitätsprinzip durch nochmalige Faltung mit der (konjugiert komplexen) Formfunktion $f^*(\xi, \eta)$

$$\begin{aligned} S(x, y) &= \tilde{S}(x, y) \circledast f^*(x, y) ; \\ &= [S(x, y) \circledast f(x, y)] \circledast f^*(x, y) ; \\ &= \frac{k^2}{a^2}\left[S(x, y) \circledast e^{-\frac{jk}{2a}(x^2+y^2)}\right] \circledast e^{\frac{jk}{2a}(x^2+y^2)} \end{aligned} \tag{7.12}$$

7.2. Grundlagen der holographischen Abbildung

Die Lichtverteilungsfunktion

$$\tilde{S}(\xi, \eta) = \tilde{S}_0(\xi, \eta)\, e^{j\varphi_S(\xi, \eta)} \tag{7.13}$$

beschreibt die Verteilung der komplexen Amplitude am Ort (ξ, η) des Speichermediums. Aber nicht diese Lichtverteilung wird vom Speichermedium registriert, sondern die Lichtintensität

$$I(\xi, \eta) = \tilde{S}\tilde{S}^* = \tilde{S}_0\, e^{j\varphi_S(\xi, \eta)}\, \tilde{S}_0 e^{-j\varphi_S(\xi, \eta)} . \tag{7.14}$$

Es ist

$$I(\xi, \eta) = \tilde{S}_0^2(\xi, \eta) \tag{7.15}$$

also eine notwendige Bedingung für die Realisierung der holografischen Abbildung. Alle heute bekannten Lichtempfänger, wie Photoschicht, thermomagnetische und themoplastische Schichten, Farbzentrenspeicher usw. verhalten sich unter bestimmten einschränkenden Bedingungen wie ein quadratischer Empfänger nach (7.15). Wir wollen annehmen, daß die stets reelle Speicherzustandsfunktion $Z(\xi, \eta)$ der Lichtintensitätsverteilung $I(\xi, \eta)$ proportional ist

$$Z(\xi, \eta) \sim I(\xi, \eta) . \tag{7.16}$$

Aus der Ableitung (7.14)—(7.15) ist zu ersehen, daß beim Aufzeichnungsvorgang die Phaseninformation $e^{j\varphi(\xi, \eta)}$ verloren geht. Die Rücktransformation führt nicht auf die Eingangsfunktion $S(x, y)$ zurück.

Die für die Informationsspeicherung notwendige eindeutige Rücktransformation des Bildbereiches in den Signalbereich konnte erst mit der Erfindung der Holographie durch Gabor [7.2] realisiert werden. Nach Gabor wird am Ort des Speichermediums dem Objektbündel $\tilde{S}$ ein Referenzbündel

$$R = R_0(\xi, \eta)\, e^{j\xi_R(\xi, \eta)} \tag{7.17}$$

überlagert:

$$B = \tilde{S} + R .$$

Beide Wellenzüge müssen interferenzfähig sein, d. h., sie müssen sich möglichst wie eine ideale kohärente (monochromatische) Strahlung verhalten. Diese Bedingung kann seit Erfindung des Lasers technisch hinreichend realisiert werden. Dann wird die Intensitätsverteilung

$$I = (\tilde{S} + R)\,(\tilde{S}^* + R^*)\;; \tag{7.18}$$

$$I = (\tilde{S}_0^2 + R_0^2) + \tilde{S}_0 R_0 (e^{j(\varphi_S - \varphi_R)} + e^{-j(\varphi_S - \varphi_R)})\,. \tag{7.19}$$

Der erste Ausdruck entspricht der Intensität (7.15), während der letzte Term, wie gewünscht, die Phase des optischen Signals enthält.

Wir wollen nun als einfaches Beispiel eine solche Interferenzstruktur berechnen. Die Welle eines punktförmigen Objektes (Kugelwelle)

$$\tilde{S}_{(r)} = \frac{S_0'}{a}\, e^{jkr} \tag{7.20}$$

möge im Abstand a vom Objekt von der ebenen Referenzwelle (7.17) überlagert werden. S_0' ist die relative Streuamplitude der Punktquelle. Die geometrischen Verhältnisse sind in Abb. 7.2a veranschaulicht. Durch Überlagerung entsteht $(\tilde{S} + R)$, und nach (7.19) folgt für die Intensitätsverteilung

$$I = \left(\frac{S_0'}{r}\right)^2 + R_0^2 + \frac{S_0'}{r} R_0 (e^{j(kr - \varphi_R)} + e^{-j(kr - \varphi_F)})\,;$$

$$I = \left(\frac{S_0'}{r}\right)^2 + R_0^2 + 2\frac{S_0'}{r} R_0 \cos(kr - \varphi_R)\,. \tag{7.21}$$

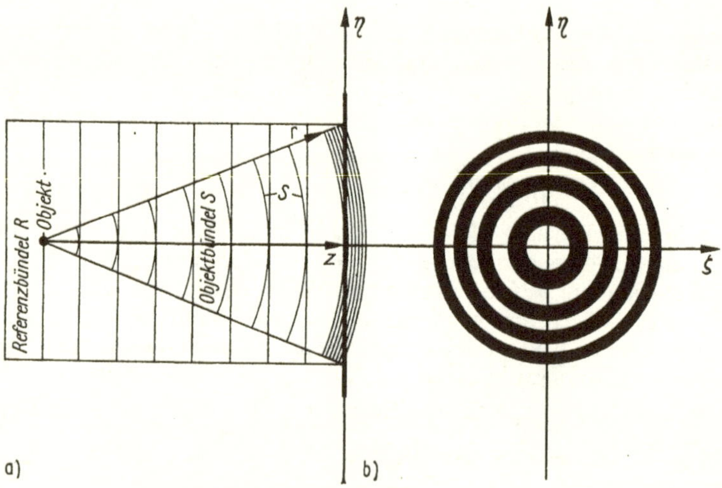

Abb. 7.2. Entstehung der FRESNELschen Zonenfigur als Hologramm eines punktförmigen Objektes

Gl. (7.21) beschreibt mit $r = f(\xi, \eta)$ ein System von Kreisringen als Kurven gleicher Phasendifferenz. Die entstehende Interferenzfigur (Abb. 7.2b) wird als FRESNELsche Zonenfigur bezeichnet. Von Ring zu Ring ändert sich die Phase der Kugelwelle um 2π gegenüber der Phase der ebenen Welle, die auf dem ganzen Speichermedium konstant ist. Somit ist es gelungen, den Phasenverlauf der Kugelwelle zu speichern.

7.3. Rekonstruktion

7.3.1. Geradeausholographie

Es soll, wie bisher, vereinfachend angenommen werden, daß das Speichermedium die Intensitätsverteilung der Signalwelle speichert. Erst im nächsten Abschnitt wollen wir die Betrachtungen auf die Speicherung digitaler Hologramme mit beliebigen nichtlinearen Speichermedien erweitern.

Wird das Hologramm mit dem Referenzbündel R bestrahlt, so hat das Licht nach den Wechselwirkungsprozessen des Wiedergabevorganges die Amplitude

$$\tilde{S}' = RZ = RI$$

und mit (7.19)

$$\tilde{S}' = \underbrace{R(RR^* + \tilde{S}\tilde{S}^*)}_{\text{einfallende Welle}} + \underbrace{R^2\tilde{S}^*}_{\substack{\text{konjugierte}\\ \text{Signalwelle}}} + \underbrace{RR^*\tilde{S}}_{\substack{\text{rekonstruierte}\\ \text{Signalwelle}}} . \tag{7.22a}$$

Am interessantesten ist der letzte Ausdruck. Es ist nämlich $R \cdot R^*$ eine Konstante, und der letzte Term stellt im wesentlichen die Signalwelle $\tilde{S}$ dar. Fällt das Referenzbündel R senkrecht auf das Speichermedium ($R =$ konst.), so unterscheidet sich R^2 von der Konstanten $R \cdot R^*$ nur durch einen Phasenfaktor. Dann ist der zweite Term praktisch gleich $\tilde{S}^*$ und ist somit einem Objekt zuzuordnen, das Spiegelbild des Objektes S bezüglich der Hologrammebene ist. Dies soll an einem Beispiel erläutert werden. Das Hologramm einer Kugelwelle (7.21) soll mit der ebenen Referenzwelle R, die senkrecht auf die Hologrammebene fällt, bestrahlt werden (s. Abb. 7.3). Dann enthält das rekonstruierte Wellenfeld nach (7.22a) die Ausdrücke

$$\tilde{S}' = \left[\left(\frac{S_0'}{r}\right)^2 + R_0^2\right] R_0\, \mathrm{e}^{\mathrm{j}\varphi_\mathrm{R}} + \frac{S_0'}{r} R_0^2\, \mathrm{e}^{-\mathrm{j}(kr - 2\varphi_\mathrm{R})} + \frac{S_0'}{r} R_0^2\, \mathrm{e}^{\mathrm{j}kr} \tag{7.22b}$$

Der dritte Term von (7.22b) ist bis auf einen konstanten Faktor mit der Signalwelle $S(r)$ identisch. Der zweite Ausdruck enthält die konjugiert komplexe Signalwelle, die wegen dem negativen Phasenglied $-\mathrm{j}kr$ konvergiert und einen reellen Bildpunkt liefert. Reeller und virtueller Bildpunkt liegen auf der optischen Achse und stören sich bei der Beobachtung des re-

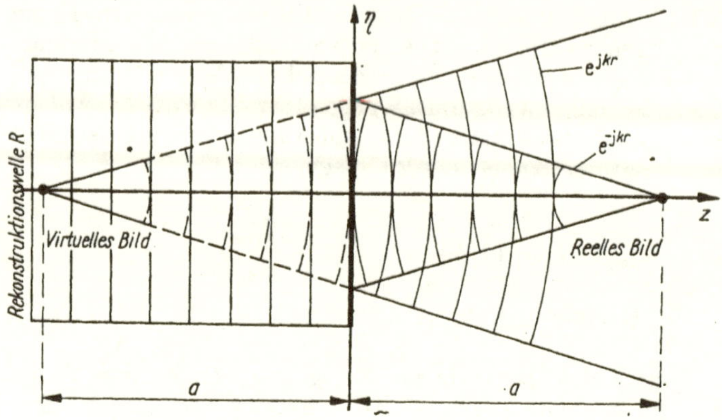

Abb. 7.3. Zur Rekonstruktion eines Bildpunktes durch Geradeausholographie

konstruierten Bildes gegenseitig (s. Abb. 7.3). Dieser Grundtyp der Hologrammerzeugung [7.2] wird als Geradeausholographie bezeichnet.

Wir wollen noch die Rekonstruktion der Signalwelle in der Faltungsdarstellung verfolgen, da sie einen genaueren Einblick in die Besonderheiten des holographischen Verfahrens bietet. Mit (7.10) und (7.18) ist die Intensitätsverteilung im Hologramm mit der Einschränkung (7.15) für ideale quadratische Empfänger durch

$$I = (S \circledast f + R)\,(S \circledast f + R)^* \tag{7.23}$$

gegeben. An dieser Struktur wird die Rekonstruktionswelle gebeugt. Dies entspricht analog zu (7.12) einer nochmaligen Faltung mit der Formfunktion f:

$$\widetilde{S}' = I \circledast f\,.$$

Mit (7.23) läßt sich die Beugungsverteilung $\widetilde{S}'$ im Abstand a vom Hologramm durch die Terme

$$\widetilde{S}' = R^2 \circledast f + R(S^* \circledast f^* \circledast f) + R^*(S \circledast f \circledast f) + |S \circledast f|^2 \tag{7.24}$$

beschreiben. Der erste Term wird von der Faltung nicht beeinflußt. Das entspricht der vom Hologramm unbeeinflußten ebenen Welle, die der Information als Störung überlagert ist.

Zur Berechnung des zweiten Gliedes benötigen wir

$$f^* \circledast f = \frac{k^2}{a^2} \iint e^{\frac{jk}{2a}(\xi^2+\eta^2)}\, e^{-\frac{jk}{2a}[(x-\xi)^2+(y-\eta)^2]}\, d\xi\, d\eta$$

$$= \frac{k^2}{a^2} e^{-\frac{jk}{2a}(x^2+y^2)} \iint e^{\frac{jk}{a}(x\xi+y\eta)}\, d\xi\, d\eta\,.$$

Die Lösung dieses FOURIER-Integrals ist gleich der DIRACschen δ-Funktion [7.3]:

$$f^* \circledast f = 4\pi^2 \, \delta(x, y) .$$

Durch die Faltung mit der δ-Funktion ergibt sich, daß der zweite Term von (7.24) bis auf Konstanten gleich der konjugiertkomplexen Objektverteilung S^* ist.

Für das dritte Glied berechnen wir:

$$f \circledast f = -\frac{k^2}{a^2} \mathrm{e}^{-2jka} \iint \mathrm{e}^{-\frac{jk}{2a}(\xi^2+\eta^2)} \mathrm{e}^{-\frac{jk}{2a}[(x-\xi)^2+(y-\eta)^2]} \, \mathrm{d}\xi \, \mathrm{d}\eta$$

$$= -\frac{k^2}{a^2} \mathrm{e}^{-2jka} \mathrm{e}^{-\frac{jk}{2a}(x^2+y^2)} \iint \mathrm{e}^{-\frac{jk}{a}(\xi^2-x\xi+\eta^2-y\eta)} \, \mathrm{d}\xi \, \mathrm{d}\eta .$$

Nach Lösung des Integrals, [7.4], erhält man

$$f \circledast f = \frac{jk\pi}{a} \mathrm{e}^{-2jka} \mathrm{e}^{-\frac{jk}{4a}(x^2+y^2)} .$$

Für den dritten Term von (7.24) ergibt sich dann

$$R^*(S \circledast f \circledast f) = R^* \frac{jk\pi}{a} \mathrm{e}^{-2jka} \iint S(\xi, \eta) \, \mathrm{e}^{-\frac{jk}{4a}[(x-\xi)^2+(y-\eta)^2]} \, \mathrm{d}\xi \, \mathrm{d}\eta .$$

Dieser Ausdruck entspricht dem KIRCHHOFF-FRESNELschen Beugungsintegral (7.8), jedoch mit dem Unterschied, daß im Exponenten des Kerns $4a$ statt $2a$ steht. Es handelt sich daher um ein virtuelles Bild des Objektes, das in der Entfernung $2a$ von der Bildebene entsteht, vgl. Abb. 7.3.

Der letzte Ausdruck von (7.24), $|S \circledast f|$ beinhaltet die durch Wechselwirkung mit dem quadratischen Empfänger verursachten nichtlinearen Verzerrungen der Bildfunktion.

7.3.2. Trägerfrequenzverfahren

Wirs als R eine schräg einfallende ebene Welle benutzt, ist also

$$R = R_0 \, \mathrm{e}^{jk_T\eta} \tag{7.25}$$

mit der auf die Hologrammebene projizierten Ortsfrequenz

$$k_T = k \sin \Theta \approx k\Theta ,$$

s. Abb. 7.4, so ist zwar $R \cdot R^* = R_0^2$, jedoch $R^2 = R_0^2 \, \mathrm{e}^{2jk\xi}$. Das hat zur Folge, daß das eigentliche Signal $R_0^2\widetilde{S}$ nach wie vor auf einem gleichförmigen Untergrund erscheint. Dagegen ist das konjugierte Signal $\widetilde{S}$ auf eine Gitterstruktur mit der Wellenzahl $2k$ aufmoduliert. Um die Bedeutung dieses Sachverhaltes zu erkennen, betrachten wir wieder ein Beispiel. Der von einem punktförmigen Objekt ausgehenden Kugelwelle (7.20) wird die dazu ko-

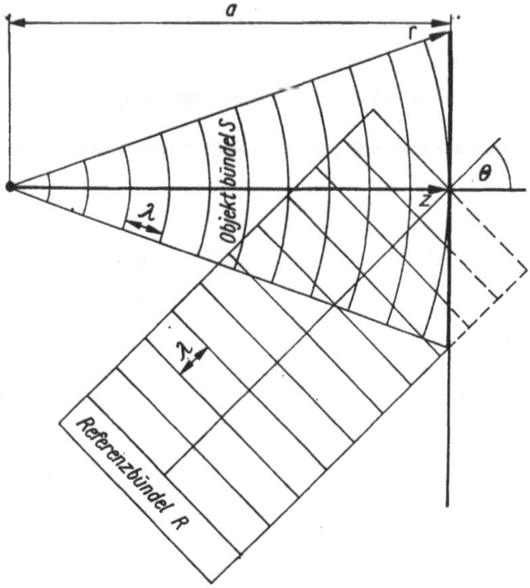

Abb. 7.4. Anordnung zur holographischen Aufzeichnung nach dem Trägerfrequenzverfahren

härente Referenzwelle (7.25) überlagert. Durch den intensitätsproportionalen Aufzeichnungsvorgang entstehen im Speichermedium gitterartige Interferenzstrukturen der Gestalt

$$Z = I = SS^* = \left(\frac{S_0'}{r}\right)^2 + R_0^2 + \frac{S_0'}{r} R_0 \, e^{-j(kr - k_T\eta)} + \frac{S_0'}{r} R_0 \, e^{j(kr - k_T\eta)}.$$

Die letzten beiden Terme können so interpretiert werden, daß k_T und $-k_T$ zwei Trägerfrequenzen sind, denen jeweils eines der beiden konjugiert komplexen Signale aufmoduliert ist. Das Verfahren mit schräg einfallender Referenzwelle wird deshalb als Trägerfrequenzverfahren bezeichnet [7.5]. Die Trennung der beiden sich gegenseitig störenden Signale geschieht durch Trennung der Trägerfrequenzen. Dies kann auf zwei verschiedene Arten erfolgen:

a) nach Abb. 7.5: Die Rekonstruktionswelle R der Form (7.17) trifft senkrecht auf das Hologramm. Es entsteht das Wellenfeld

$$\tilde{S} = \underbrace{\left[\left(\frac{S_0'}{r}\right)^2 + R_0^2\right] R_0 \, e^{j\varphi_R}}_{\text{einfallende Welle}} + \underbrace{\frac{S_0'}{r} R_0^2 \, e^{-j(kr - k_T\eta - \varphi_R)}}_{\text{konjugierte Signalwelle}}$$

$$+ \underbrace{\frac{S_0'}{r} R_0^2 \, e^{j(kr - k_T\eta + \varphi_R)}}_{\text{rekonstruierte Signalwelle}}$$

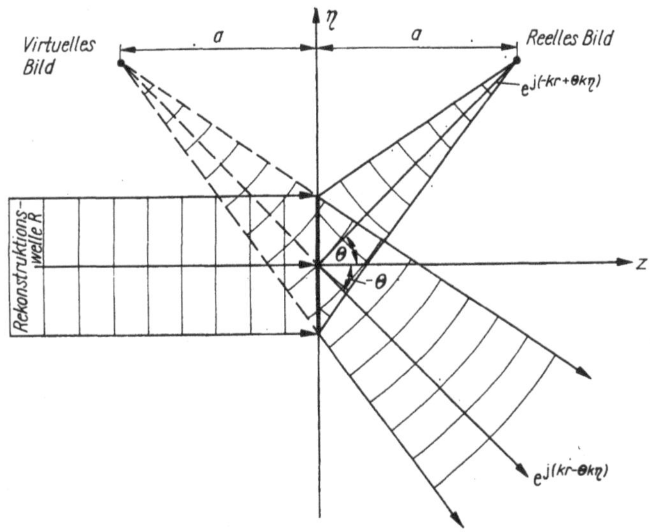

Abb. 7.5. Rekonstruktion mit gerade einfallender Rekonstruktionswelle

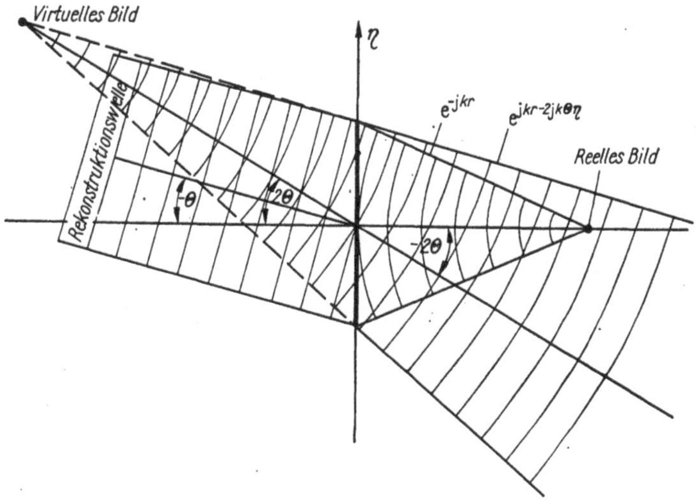

Abb. 7.6. Rekonstruktion mit schräg einfallender Rekonstruktionswelle

dessen Signalwellen unterschiedliche Phasenlage haben. Abb. 7.5. zeigt, daß die beiden Signalwellen wegen $\pm k_T = \pm \Theta\eta$ mit der optischen Achse den Winkel $+\Theta$ bzw. $-\Theta$ bilden, so daß die beiden entstehenden Bilder getrennt sichtbar gemacht werden können.

b) nach Abb. 7.6: Eine Rekonstruktionswelle R der Form (7.25) fällt unter dem Winkel $-\Theta$ ein. Das rekonstruierte Wellenfeld wird durch die Funktion

$$\widetilde{S}' = \underbrace{\left[\left(\frac{S_0'}{r}\right)^2 + R_0^2\right] R_0\, e^{-jk_T\eta}}_{\text{einfallende Welle}} + \underbrace{\frac{S_0'}{r} R_0^2\, e^{-jkr}}_{\text{konjugierte Signalwelle}} + \underbrace{\frac{S_0'}{r} R_0^2\, e^{jkr-2jk_T\eta}}_{\text{rekonstruierte Signalwelle}} \tag{7.27}$$

ausgedrückt. Das Ergebnis ist in Abb. 7.6 angedeutet. Der letzte Term stellt die Signalwelle dar, die von einem virtuellen Bildpunkt in einem Winkel 2Θ zur optischen Achse ausgeht. Die konjugierte Signalwelle läßt einen reellen Bildpunkt auf der optischen Achse entstehen.

7.4. Fourier-Holographie

Es möge R die komplexe Amplitude einer Kugelwelle sein, die, erzeugt von einer punktförmigen Referenzlichtquelle, die Hologrammebene passiert, s. Abb. 7.7:

$$R = R_0\, e^{-jk\sqrt{a^2+\eta^2}}\,. \tag{7.28}$$

Unter der Bedingung

$$a \gg \eta \tag{7.29}$$

ist eine Näherungsentwicklung des Exponentialterms möglich. Es ergibt sich

$$R = \frac{R_0}{a}\, e^{-jka}\, e^{-\frac{jk\eta^2}{2a}}\,. \tag{7.30}$$

Wir betrachten den Fall eines linienförmigen Objektes, das sich auf der y-Achse der Objektebene von y_1 bis y_2 erstreckt [7.6]. Jeder Objektpunkt erzeugt am Ort der Hologrammplatte eine Kugelwelle mit der Feldverteilung

$$d\widetilde{S} = \frac{1}{a} S_0\, e^{-jka}\, e^{-\frac{jk}{2a}(\eta-y)^2}\, dy\,. \tag{7.31}$$

Die Beugungsverteilung, die durch das ganze linienförmige Objekt hervorgerufen wird, ist

$$\widetilde{S} = \frac{e^{-jka}}{a} \int\limits_{y_1}^{y_2} S_0\, e^{-\frac{jk}{2a}(\eta-y)^2}\, dy\,. \tag{7.32}$$

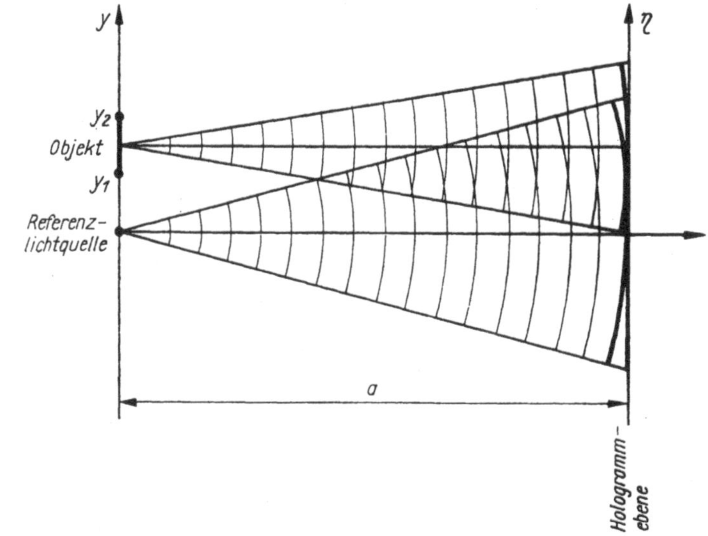

Abb. 7.7. Anordnung zur linsenlosen FOURIER-Holographie

Für den Fall, daß das Hologramm wesentlich größer als das Objekt ist ($\eta \gg y$), kann (7.32) als

$$\tilde{S} = \frac{e^{-jka}}{a} \int\limits_{y_1}^{y_2} S_0 \, e^{-\frac{jk}{2a}\eta^2} \, e^{\frac{jk}{a} y\eta} \, dy \tag{7.33}$$

geschrieben werden. Die auf dem Hologramm gespeicherte Intensität ist nach (7.18)

$$I = (\tilde{S}_0^2 + R_0^2) \frac{1}{a^2} + \frac{R_0}{a^2} \int\limits_{\xi_1}^{\xi_2} S_0 \, e^{\frac{jk}{a} y\eta} \, dy + \frac{R_0}{a^2} \int\limits_{\xi_1}^{\xi_2} S_0^* \, e^{-\frac{jk}{a} y\eta} \, dy \, . \tag{7.34}$$

Ein Vergleich mit (7.9) zeigt, daß der Integralausdruck die FOURIER-Transformation der komplexen Amplitude bzw. der konjugiert komplexen Amplitude bewirkt.

Die zweidimensionale Verallgemeinerung von (7.34) lautet, [7.7],

$$I = (\tilde{S}_0^2 + R_0^2) \frac{1}{a^2} + \frac{R_0}{a^2} \iint S_0 \, e^{\frac{jk}{a}(x\xi + y\eta)} \, dx \, dy + \frac{R_0}{a^2} \iint S_0^* \, e^{-\frac{jk}{a}(x\xi + y\eta)} \, dx \, dy \, . \tag{7.35}$$

7.5. Synthetische Hologramme

Synthetische Hologramme werden auf nichtphysikalischem Wege mit Hilfe von Rechenautomaten erzeugt. Das heißt, es werden die Wellenfronten von numerisch festgelegten Objekten (Daten) auf rein mathematischem Wege konstruiert. Die Elimination physikalischer Prozesse bringt zwar den Nachteil des großen elektronischen und programmiertechnischen Aufwandes mit sich. Es besteht dafür aber die Möglichkeit, daß der holographische Transformationsprozeß ohne die in der Praxis der Holographie auftretenden Störeffekte durchgeführt werden kann. In dem vorhergehenden Abschnitt hatten wir dagegen gesehen, daß die Rekonstruktion physikalisch erzeugter Hologramme von verschiedenen Störtermen begleitet ist. Ein besonders wichtiger Grund für die Erzeugung synthetischer Hologramme liegt dann vor, wenn optische Wellenfronten von Objekten erzeugt werden sollen, die physikalisch gar nicht existieren. Solche nur numerisch beschriebenen Objekte sind z. B. die zu speichernden Daten am Ende eines elektrischen Nachrichtenkanals.

Ein weiterer Vorteil ergibt sich aus der Anwendbarkeit von Speichermedien, die nur zwei Speicherzustände haben (Binärstruktur). Es erweist sich als prinzipiell möglich, Bildrekonstruktionen mit gleicher Qualität auszuführen, wenn die Wellenfronten rein binär vorliegen. Hierdurch erschließen sich auch die verschiedenen nichtlinearen reversiblen Speichermedien für die holographische Anwendung. Hologramme dieser Art werden als binäre Hologramme bezeichnet.

Schließlich hat das synthetische Hologramm den Vorteil, daß bei der Aufzeichnung auf kohärente Lichtquellen verzichtet werden kann und keine Vibrations- und andere Umwelteinflüsse stören können.

7.5.1. Herstellung

Die Herstellung synthetischer Hologramme besteht im allgemeinen aus vier Schritten:

1. Berechnung der Lichtverteilungsfunktion $\tilde{S}(\xi, \eta)$ nach (7.8) oder (7.33). Hierbei ist es wegen der Leistungsgrenze des Rechenautomaten notwendig, die Berechnung auf eine endliche Anzahl von Objektpunkten $S(x, y)$ einzuschränken.
2. Bildung und Umwandlung der komplexen Amplitudenverteilung $B = \tilde{S} + R$ in die reale nichtnegative Speicherzustandsfunktion $Z(\xi, \eta)$. Diese Umwandlung ist notwendig, damit das Hologramm auf ein reales Speichermedium aufgezeichnet werden kann. Dies kann z. B. durch die Betragsbildung nach (7.18) oder (7.35) analog zur konventionellen Holographie geschehen.
3. Aufzeichnung der Hologrammstruktur $Z(\xi, \eta)$.

4. Verkleinerung bis in die Größenordnung eines Beugungsgitters. Dies dient gleichzeitig zur Erhöhung der Flächenspeicherdichte und zur Vorbereitung des Wiedergabevorganges.

Die Aufzeichnung kann durch Strahlansteuerung (Elektronenstrahl, Laser) erfolgen. Aber auch Linienschreiber und mechanische Drucker werden eingesetzt. Es gibt gegenwärtig ein großes Spektrum von Herstellungstechniken Natürlich gehört jenen Verfahren die Zukunft, die den Zwischenschritt der Verkleinerung unnötig machen, also den nichtmechanischen strahlgesteuerten Verfahren.

7.5.2. Binäre Hologramme

Die Grundfunktion des computererzeugten Hologramms ist, die Reproduktion einer Wellenfront zu ermöglichen, die ein möglichst getreues Abbild der Objektwelle ist. Es sind verschiedene Möglichkeiten bekannt, die Kennwerte der komplexen Amplitude zu speichern. Analog zum konventionellen Hologramm kann die komplexe Amplitude durch eine Interferenzfigur in Form sinusförmiger Intensitätsschwankungen dargestellt werden. Es ist jedoch auch möglich, mit binären Strukturen zu arbeiten. Hierbei können die „Grautöne" durch die Größe, die Phasenbeziehungen durch die Lage der binären Strukturelemente nachgebildet werden.

Diese Technik, die ursprünglich wegen der binär arbeitenden mechanischen Drucker notwendig war, erweist sich heute in mancher Hinsicht dem kontinuierlichen Hologramm überlegen. Wie leicht und genau binäre Strukturen gespeichert werden können, ist von dem Rasterdruckverfahren in der Zeitungsindustrie her bekannt. Ebenso ist die Qualität binärer Hologramme völlig unempfindlich gegenüber dem nichtlinearen Verhalten der Speichermedien. Solche Hologramme sind deshalb für eine Massenproduktion bestens geeignet. Auch bei der Speicherung großer Datenmengen mit hoher Geschwindigkeit, wo wenig Zeit und Raum für Kontrollzwecke zur Verfügung steht, bietet sich die Verwendung binärer Hologramme an.

Ein anderer Vorteil des binären Hologramms gegenüber dem kontinuierlichen besteht darin, daß es eine lichtstärkere Reproduktion des Objekts ermöglicht. Weiterhin soll erwähnt werden, daß die Rekonstruktion binärer Hologramme nicht nur eine höhere Empfindlichkeit aufweist, sondern auch zu einem geringeren Rauschen führt, das vom Streulicht (verursacht durch Inhomogenität des Speichermediums oder dessen Oberfläche) herrührt.

Um die Rausch- und Empfindlichkeitsvorteile der binären Hologramme auch in der Praxis ausnutzen zu können, ist es wichtig, daß das Auflösungsvermögen des Speichermediums tatsächlich die Speicherung einer scharfkantigen binären Struktur ermöglicht. Dies erfordert eine größere Ausdehnung des Ortsfrequenzspektrums als beim kontinuierlichen Hologramm. Im Sinne des Cauchyschen Samplingtheorems ist das binäre Hologramm

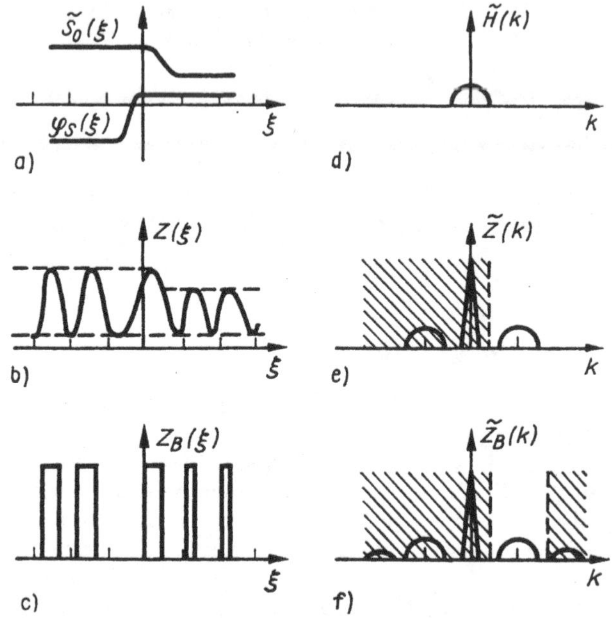

Abb. 7.8. Signalverlauf und Ortsfrequenzspektrum bei der binären Trägerfrequenzmodulation nach, [7.8]

optimal, weil ein Bild aus N auflösbaren Punkten von einem Hologramm mit N binären Speicherplätzen rekonstruiert werden kann. Das zusätzliche Ortsfrequenzspektrum, das für den Speicherzustand benötigt wird, dient zur Verbesserung des Signal-Rauschverhältnisses gegenüber Systemen mit linearer Speichercharakteristik. Dies ist das räumliche Analogon zu den Kodierungstechniken der Nachrichtentechnik (Pulsmodulation). Zur Veranschaulichung zeigt Abb. 7.8 die komplexe Funktion $\tilde{S}(\xi) = \tilde{S}_0(\xi)\, e^{j\varphi_S(\xi)}$, die die Amplitude und Phase eines sinusförmigen Trägers zu der realen, nichtnegativen Strukturfunktion $Z(\xi)$ (Abb. 7.8b) modulieren soll. Dies ist analog zur Bildung eines konventionellen Hologramms im Trägerfrequenzverfahren. In Abb. 7.8c ist die binäre Strukturfunktion $Z_B(\xi)$ dargestellt, die die komplexe Lichtamplitude eines entsprechenden pulsmodulierten Hologramms darstellen soll. Dabei ist die Phase analog zur Pulsphasenmodulation kodiert, während die Amplitude in der Impulsbreite kodiert ist.

Die Fourier-Spektren, Abb. 7.8d–f, zeigen, daß das binäre Hologramm das gleiche Spektrum enthält wie das konventionelle, dazu aber noch höhere Harmonische. Die schraffierten Gebiete sind Hoch- und Bandpaß-Filter, die die unerwünschten Spektralanteile während der Rekonstruktion eliminieren.

Um eine Vorstellung von dem großen Zeit- und Rechenaufwand zu vermitteln, möge ein experimentelles Beispiel zitiert werden [7.8]. Um ein bi-

Abb. 7.9. Binäres Hologramm aus 16000 Punkten, nach [7.8]

näres Hologramm, bestehend aus 128 × 128 ≈ 16000 Punkten zu berechnen, benötigte ein IBM 360/50-Computer 4 bis 8 Minuten, je nach der Vielgestalt des Objektes. Das Ergebnis wird innerhalb von 40 Minuten Punkt für Punkt auf ein 70 cm × 70 cm-Blatt gedruckt. Diese Vorlage, ähnlich Abb. 7.9, wird dann 180 × verkleinert und photographisch gespeichert. Die resultierenden Hologramme sind 4 mm × 4 mm groß mit einem mittleren Punktabstand von 30 μm.

Die langen Einschreibzeiten weisen darauf hin, daß binäre Hologramme in absehbarer Zeit nur als Festwertspeicher verwendet werden können. Die Entwicklung geht dahin, Methoden zu erforschen, die das Ortsfrequenzspektrum und die Rekonstruktionsenergie besser ausnutzen, sowie die Rechenzeit verkürzen [7.9]. Dies geschieht u. a. so, daß der Inhalt des gespeicherten Hologramms ausschließlich der ist, der zur Rekonstruktion der Signalwelle nötig ist, so daß auch das gesamte einfallende Licht in das Nutzsignal umgewandelt werden kann. Weiterhin kann die Ökonomie des Verfahrens dadurch verbessert werden, daß die Berechnung des Referenzstrahls und die Bildtrennung eingespart wird, wenn das Hologramm nur noch die Information über das reelle Bild enthält. Dadurch verkürzt sich die Rechenzeit um den Faktor 4. Die Vereinfachung kann soweit getrieben werden, daß nur noch die Phase der einfallenden Welle für die Konstruktion des Bildes benötigt wird, während die Amplitude als konstant angenommen wird. Dies ist auch mit einer Reduzierung der Druckerzeit verbunden.

Ebenso wie die Hologrammsynthese kann auch die Rekonstruktion von Hologrammen auf rechnerischem Wege erfolgen. In diesem Falle wird die Hologrammstruktur photoelektrisch abgetastet, gespeichert und anschließend rechnerisch verarbeitet [7.10].

7.6. Strahlgesteuerter magnetooptischer Hologrammspeicher

7.6.1. Speicherkonzeption

Wir wollen nun das Zusammenspiel der verschiedensten physikalischen Effekte innerhalb eines vollständigen Speichersystems betrachten. Folgende physikalische Konzeption des Speichers sei vorgegeben (Abb. 7.10) [7.11]:

Ansteuerungsprozeß:	elektrooptisch,
Aufzeichnungsvorgang:	thermomagnetisch,
Wiedergabevorgang:	magnetooptisch,
Speichermedium:	magnetisch.

Für den Gebrauchswert eines Speichers ist von größter Bedeutung, wie der Zugriff zum Speichermedium realisiert werden kann. Das begründet den Vorrang, den die Betrachtung des Ansteuerprozesses gegenüber den anderen Speichervorgängen besitzt.

Es mögen dem Speicher $N = m \cdot n$ Datenblocks der Kapazität $P = w \cdot d$ [bit] angeboten werden (s. Abb. 7.10). Um den Aufzeichnungsvorgang vorzubereiten, wird jeweils ein Datenblock auf elektronischem Wege in eine flächenhafte Anordnung von $P = w \cdot d$ Matrixspeicherzellen umgewandelt. Jede Speicherzelle ist mit einem Lichtventil gekoppelt, das in der Lage ist, je nach Speicherinhalt einen Lichtstrahl in der Intensität zu modulieren. Kohärentes Laserlicht, das auf die Anordnung trifft, nimmt eine optisch äquivalente Struktur des Datenblockes an. Also Objektbündel $\tilde{S}$ kann er nun an einem definierten Ort i des Speichermediums mit einem Referenzbündel R zur Interferenz gebracht werden. Dieser Ort mit den Koordinaten (ξ_μ, η_ν) wird durch den in zwei Richtungen ablenkbaren Laserstrahl angesteuert. Auf diese Weise kann das Hologramm jedes Datenblockes in einem

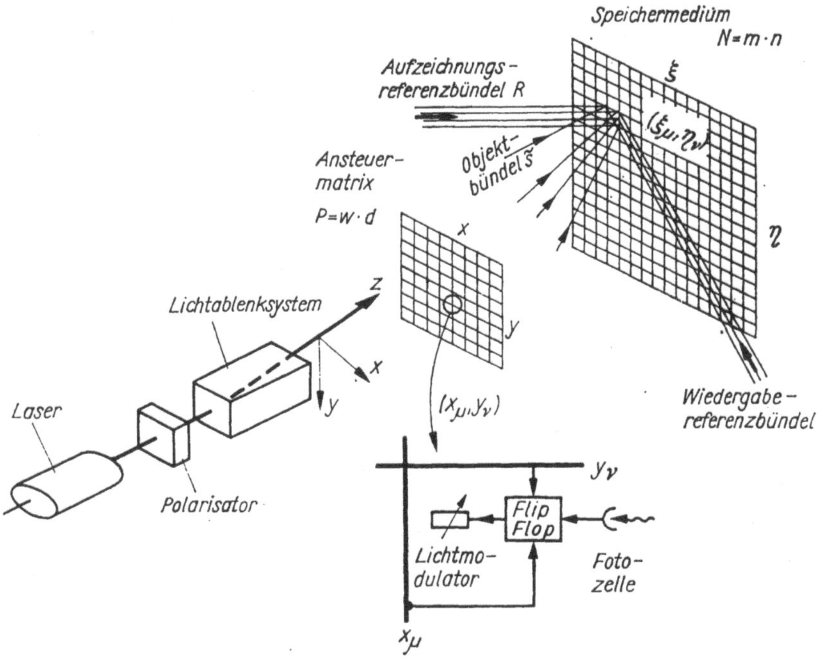

Abb. 7.10 Prinzip einer von Rajchman [7.11] vorgeschlagenen optischen Speicheranordnung

lichtempfindlichen Speichermedium nebeneinander fixiert werden. Als löschbare Medien kommen in Betracht; photochrome Gläser, thermoplastische Kunststoffe, Ferroelektrika, magnetische Schichten. Die Auswahlkriterien sind

a) größte Störsicherheit,
b) gute Löschbarkeit,
c) hohe Auflösung,
d) kleinste Schaltzeit.

Derzeit erscheint eine etwa 70 nm dicke ferromagnetische Mangan-Wismut-Schicht als geeignetstes Speichermedium. Sie weist ein genügend großes Auflösungsvermögen auf, schaltet schnell, die Speicherzustände sind stabil gegen Umwelteinflüsse und sie ist bequem löschbar.

7.6.2. Aufzeichnungsvorgang

In Vorbereitung des Auszeichnungvorganges wird die Schicht senkrecht zur Oberfläche, also parallel zur C-Achse der hexagonalen Kristalle, durch ein Magnetfeld gesättigt. Zur Aufzeichnung eines Datenblockes wird die ausgewählte Speicherfläche mit einem kurzen und sehr intensiven Lichtimpuls angesteuert dem die holographische Struktur, des Aufzeichnungssignals aufgeprägt ist, s. Abb. 7.11. Durch die Lichtabsorption im Medium wird die Lichtverteilung $B(\xi, \eta)$ in die Temperaturverteilung $T(\xi, \eta)$ umgewandelt:

$$B(\xi, \eta) \Rightarrow T(\xi, \eta) .$$

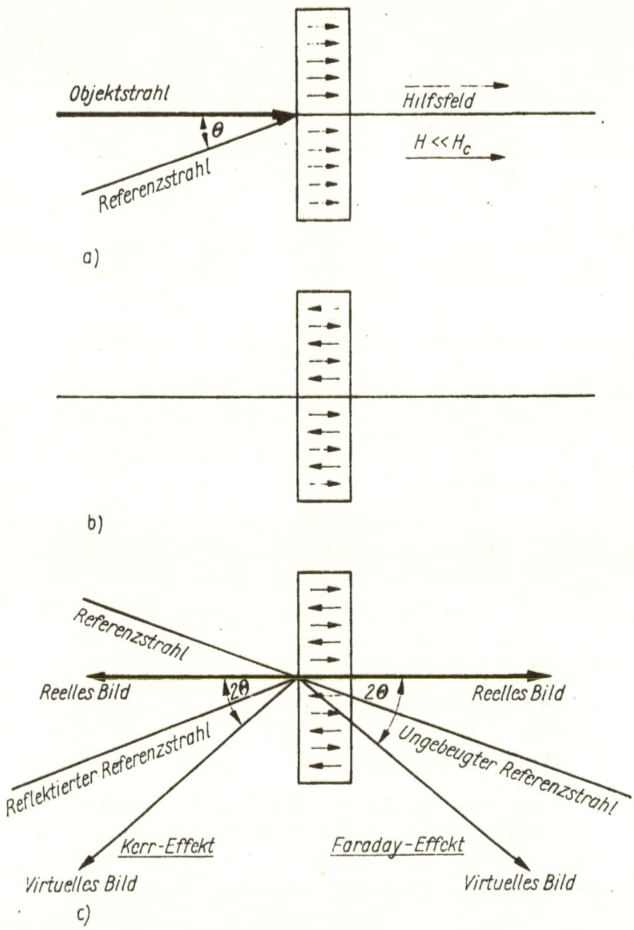

Abb. 7.11. Magnetische Holographie:
a) Aufzeichnungsvorgang,
b) Speicherzustand
c) Wiedergabevorgang

Die am intensivsten angestrahlten Bezirke erhitzen sich über die CURIE-Temperatur, die bei MnBi 360° C beträgt, und verlieren ihre ferromagnetischen Eigenschaften. Die Belichtungszeit muß so kurz sein, daß die Bezirke, die einer schwachen Lichtintensität ausgesetzt sind, sicher unterhalb der CURIE-Temperatur bleiben. Die aufgeheizten Bezirke werden dann bei Abkühlung unter die CURIE-Temperatur unter der Wirkung der entmagnetisierenden Felder der benachbarten ungeheizten Bezirke oder unter der Wirkung eines äußeren Feldes in entgegengesetzter Richtung magnetisiert. So entsteht ein binäres Hologramm. Es ist jetzt permanent als magnetische Struktur $M(\xi, \eta)$ gespeichert:

$$T(\xi, \eta) \overset{\mathrm{H}}{\Rightarrow} M(\xi, \eta) \equiv Z(\xi, \eta) .$$

Der Aufzeichnungsvorgang in magneto-optischen Medien ist in der Literatur ausführlich behandelt, s. z. B. [7.12]–[7.21].

7.6.3. Wiedergabevorgang

Zur Auslösung des Wiedergabevorganges wird das magnetische Datenblockhologramm mit dem Referenzstrahl angesteuert. Das vom Speichermedium reflektierte Licht wird durch den KERR-Effekt, das durchdringende Licht vom FARADAY-Effekt phasenmoduliert. Das magnetische Hologramm verhält sich somit wie ein gewöhnliches „Phasenhologramm". Dieses unterscheidet sich von dem im vorigen Kapitel besprochenen „Amplitudenhologramm" dadurch, daß das Rekonstruktionslicht nicht im Amplitudenwert, sondern ortsabhängig in der Phase moduliert wird. Diese Phasenänderung ist eine Funktion der gespeicherten Intensitätsverteilung $I(\xi, \eta)$ nach (7.18):

$$\psi(\xi, \eta) = \psi(I) .$$

Das von dem Hologramm ausgehende Licht enthält also ebenfalls die Speicherzustandsfunktion $Z \approx I$. Auf einer Photozellenmatrix mit $P = w \cdot d$-Zellen, die sich je nach ausgenutztem Effekt vor oder hinter dem Hologramm befindet, erscheint wieder das reelle Bild des Datenblocks (Abb. 7.11), das wie ein Matrixspeicher elektrisch ausgelesen werden kann.

Näheres zu den Besonderheiten von Phasenhologrammen siehe [7.7], zur magnetooptischen Rekonstruktion siehe [7.22]. Der Wirkungsgrad der FARADAY- und der KERR-Wiedergabe liegt in der Größenordnung von 0,1 ‰, [7.11], [7.23], [7.24]. Zum eingehenden Studium der magnetooptischen Wiedergabe sei auf die Arbeiten [7.25]–[7.29] verwiesen.

Die Löschung erfolgt blockweise durch gleichzeitige Erhitzung des ganzen Hologramms. Bei Abkühlung wird der Fleck in Richtung des Gleich-Vormagnetisierungsfeldes H aufmagnetisiert. Dieses kann sehr viel kleiner als H_c sein, so daß die anderen gespeicherten Hologramme nicht beeinflußt werden. Damit ist die Ausgangsstellung des Speicherfleckes wieder hergestellt.

7.6.4. Ansteuersystem

Es besteht bei der geschilderten Speicherkonzeption die Möglichkeit, alle Ansteuerfunktionen außer dem Lichtablenksystem in einer Matrix zusammenzufassen. Die Matrix besteht dann aus Elementen, die folgende Funktionen enthalten:

1. eine elektrische Speicherzelle (Flipflop), die wie ein Halbleiter-Speicher durch Koinzidenz eines w- mit einem d-Signal geschaltet wird.
2. einen durch die Speicherzelle gesteuerten Lichtmodulator,
3. eine Photozelle, die wiederum die zugeordnete elektrische Speicherzelle entsprechend der Lichterregung bei Wiedergabe schalten kann.

Praktisch sind alle physikalischen Einzelfunktionen, die in der optischen Ansteuermatrix vereinigt sind, schon realisiert worden, [7.11].

Die Kombination von Photodiode und Transistorspeicher (Flipflop) in einheitlicher Silizium-Technologie führt zu einer hohen Empfindlichkeit der Matrix, da jedes Bit an Ort und Stelle verstärkt und gespeichert werden kann, wodurch die Störanfälligkeit reduziert wird.

Das gegenwärtig leistungsschwächste Glied ist der Lichtmodulator, wenn man die Forderung des hohen Integrationsgrades in die Betrachtung einbezieht. Es bieten elektrooptische, magnetooptische Anordnungen und Flüssigkeiten gewisse Möglichkeiten.

Ferroelektrische Materialien in kristalliner (z. B. Bariumtitanat) und keramischer (z. B. Blei-Zirkonium-Titanat) Form kombinieren Speichereigenschaften mit einem großen elektrooptischen Effekt [7.30]. Allerdings sind Ferroelektrika empfindlich für Depolarisations- und Ermüdungseffekte. Weiterhin fordert die elektrooptische Steuerung einen sehr genauen Lichteinfallswinkel, was eine praktische Benutzbarkeit beweglicher Lichtstrahlen stark erschwert. Magnetische Materialien, wie Yttrium-Granat und Rechteckferrite lassen zwar größere Winkelstreuung zu, arbeiten aber nur im Roten und Infraroten. Außerdem existieren beträchtliche Schwierigkeiten bei der Kombination von elektro- oder magnetooptischen Substanzen mit der Siliziumhalbleitertechnologie.

Gute Anwendungsmöglichkeiten verspricht der elektrooptische Ablenkeffekt von flüssigen Fadenkristallen. In fadenförmigen Materialien, die die Fließeigenschaften von Flüssigkeiten, aber die optischen Eigenschaften von Kristallen haben, existieren längliche ausgerichtete Moleküle, und das Material ist transparent. Bei Anlegen eines elektrischen Feldes werden die Moleküle gedreht, wodurch eine Lichtstreuung bewirkt wird. Damit kann die Lichtintensität in einem großen Bereich variiert werden. Nach diesem Prinzip ist es möglich, die nematische Flüssigkeit direkt an einen integrierten Schaltkreis anzuschließen und damit elektrisch zu steuern [7.11]. Lichtablenkung mit Hilfe des Kerr-Effektes bei Nitrobenzol und mit Hilfe von Ultraschall ist in [7.23] beschrieben. Eine ausführliche Diskussion der Problematik Lichtablenkung befindet sich in [7.31].

Das gesamte Speichersystem ist in Abb. 7.12 schematisch dargestellt. Das Licht wird von einem Hochenergielaser erzeugt und passiert einen Polarisator, z. B. KDP, dessen Polarisationsebene durch elektrische Ansteuerung um 90° gedreht werden kann. Dann wird der Strahl durch zwei (z. B. akustooptische) Ablenksysteme in x- und y-Richtung abgelenkt. Hat der Strahl den Polarisationszustand A, passiert er geradlinig das nachfolgende doppelbrechende Prisma. Der Strahlteiler zweigt den Referenzstrahl für den Aufzeichnungsvorgang ab. Der durchgehende Anteil fällt auf das Hologramm eines Punktrasters (Hololinse). Durch die Bestrahlung unter geeignetem Winkel entsteht das rekonstruierte Punktraster aus $(w \cdot d)$ Teilstrahlen auf den

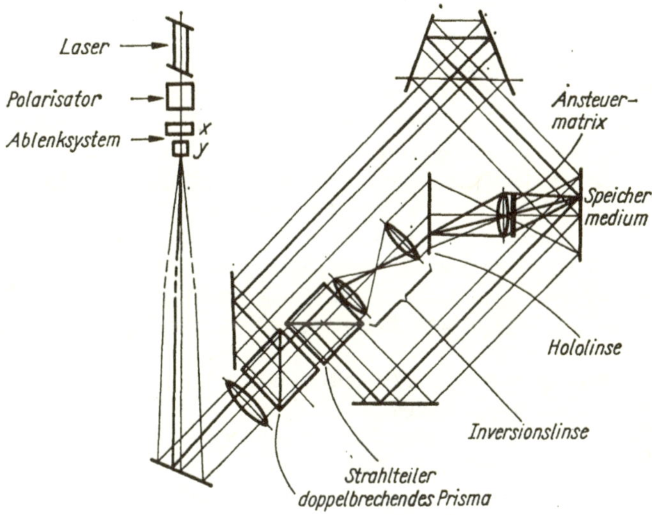

Abb. 7.12. Schema des von RAJCHMAN [7.11] vorgeschlagenen optischen Speichers

$(w \cdot d)$ Lichtmodulatoren der Ansteuermatrix. Auf diese Weise können bis zu $(80 \cdots 90)\%$ der Lichtenergie des Strahls die lichtdurchlässigen Punkte der Ansteuermatrix erreichen [7.32]. Die Signalwelle wird auf eine kleine Fläche des Speichermediums (z. B. 1 mm^2) konzentriert und dort mit der Referenzwelle überlagert. Unter Beachtung der verschiedenen Winkelbeziehungen ist eine perfekte Ansteuerung aller (ξ,η)-Positionen mit dem Objekt- und Referenzstrahl möglich [7.11].

Bei der Wiedergabe wird der Durchlaßwinkel des Polarisators um 90° gedreht, und das doppelbrechende Prisma reflektiert den Strahl auf ein Spiegelsystem, das wiederum die präzise (ξ,η)-Ansteuerung ermöglicht. Analog zu der Rechnung in Abschn. 7.3 kann man ermitteln, daß bei der Rekonstruktion das reelle Bild dann am Ort der Ansteuermatrix erscheint, wenn der

Einfallswinkel des Wiedergabereferenzstrahls gleich dem negativen Einfallswinkel ($-\Theta$) des Aufzeichnungsreferenzstrahls ist.

Die Löschung erfolgt durch Überbelichten des Hologramms am Ort (ξ_μ, η_ν) mit dem Objekt- und Aufzeichnungsreferenzstrahl (Zeitdauer 100 ns).

7.6.5. Diskussion

Die hierarchische Anordnung der Information führt zu einer Aufspaltung der Adresse in eine Block- und eine bit-Selektion. Somit gibt es auch zwei Zugriffszeiten, eine von bit zu bit innerhalb eines Blocks (Bit-Zugriffszeit) und eine von Block zu Block (Blockzugriffszeit). Bei der Aufzeichnung muß noch beachtet werden, daß stets nur ein ganzer Datenblock gleichzeitig holographisch verschlüsselt werden kann. Soll ein Bit geändert werden, muß zunächst das ganze Hologramm ausgelesen werden, in der Ansteuermatrix zwischengespeichert und das neu einzuschreibende bit geändert werden. Dann erfolgt das Neueinschreiben.

Da die Ansteuermatrix selbst einen Hochgeschwindigkeits-Halbleiterspeicher darstellt, kann sie als interner Speicher eines Rechners dienen. Alle Speicherfunktionen werden dann rein elektronisch erfüllt, und die in Kap. 2 geschilderten Vorzüge eines solchen Speichers sind voll wirksam. Erst wenn die Speicherkapazität der Matrix voll ausgenutzt ist, wird ihr holographisches Abbild auf ein kontinuierliches, frei erweiterungsfähiges Speichermedium übertragen.

Theoretisch ist die Block-Zugriffszeit nur doppelt so groß wie die Bitzugriffszeit. Dazu ist jedoch notwendig, daß die Photoelemente und Lichtmodulatoren, sowie das Lichtablenksystem eine ebenso kurze Reaktionszeit aufweisen wie die elektrische Bitselektion in der Halbleitermatrix. Die bisherigen Versuche zeigen jedoch, daß beträchtlich größere Reaktions- und Ablenkzeiten vorauszusehen sind.

Die dargestellte Speicherkonzeption kommt dem heutigen Idealbild von einem Datenspeicher sehr nahe. Das zeigen die im folgenden aufgeführten Vorteile eines solchen Systems:

1. Speichermedium:

a) Die Speicherung geschieht in einem unstrukturierten kontinuierlichen Medium, wodurch sehr hohe Speicherdichten möglich sind;

b) durch die optische Technik der Holographie werden Linsen und andere Vorrichtungen hoher Präzision weniger benötigt;

c) durch das Lichtablenksystem wird jede mechanische Bewegung im Ansteuerprozeß vermieden;

d) die Redundanz der holographischen Speicherung erlaubt beträchtliche Toleranzen in der Funktionsfähigkeit des Speichermediums bis in die Größenordnung von einigen Zehntel mm^2.

2. Ansteuerprozeß

   Durch die hierarchische Anordnung der bits in Datenblocks geschieht der Zugriff zu einem bit durch Vierfach-Koinzidenz (w, d, m, n). Dies führt zu einer guten Ökonomie in den Ansteuerleitungen:

Es besorgen $(w + d + m + n)$ Ansteuerkreise den Zugriff zu $w \cdot d \cdot m \cdot n$ bits. Ist z. B. $w = d = m = n = 2^8 = 256$, $w \cdot d \cdot n \cdot m = 2^{32} \approx 4{,}3 \cdot 10^9$, so sind nur ungefähr tausend Ansteuerleitungen notwendig, um den Zugriff zu mehreren Milliarden bit zu realisieren. Die Ansteuermatrix besteht aus $w \cdot d$ Elementen, welche im Gegensatz zu konventionellen Matrixspeichern allerdings alle perfekt funktionieren müssen. Die Zahl der Elemente beträgt für das genannte Beispiel $wd = 2^{16} \approx 65000$.

3. Austauschbarkeit der Speicherplatten:

   Da die Speicherplatte ein ebenes Gebilde darstellt, ist die Austauschbarkeit bedeutend einfacher als etwa beim Magnetband. So ergeben sich auch günstige Zugriffszeiten bei der praktisch unbeschränkten Archivierung.

Das Beispiel dieses Kapitels soll darauf hinweisen, wie ein Speicher mit modernen Gebrauchseigenschaften durch das Zusammenspiel der verschiedensten physikalischen Effekte realisierbar sein kann. Diese sind im vorliegenden Falle dem Gebiet der Optik, Halbleitertechnik und dem Magnetismus entnommen. Sie könnten bei einem anderen Beispiel ebenso aus der Mechanik, Biophysik oder Schwingungstechnik stammen. Es gibt praktisch keinen Grund, irgend eines der Wissensgebiete in der Grundlagenforschung zu vernachlässigen. Erst das Einfügen in die Systemkonzeption zeigt, ob ein spezieller Effekt günstige Anpassungsbedingungen vorfinden wird. So kann z. B. das wegen seines geringen Auflösungsvermögens oft kritisierte Lichtablenksystem oder die stark fehlerbehaftete MnBi-Schicht durch die großflächige holographische Abbildung zu einem weniger kritischen Bauelement der beschriebenen hochauflösenden Speicheranordnung werden. Damit zeigt das Beispiel nicht zuletzt, wieviel Verständnis der Physiker auch für systemtheoretische Überlegungen aufbringen muß, wenn er einen nutzbaren Beitrag zur Physik der Informationsspeicher leisten will.

7.7. Literatur

[7.1] Born, M., Wolf, E.: Progress in Optics. Pergamon Press (1964)

[7.2] Gabor, D.: A new microscopic principle. Nature **161** (May 1948), S. 777

[7.3] Röhler, R.: Informationstheorie in der Optik. Wissenschaftliche Verlagsges. m.b.H. Stuttgart (1967)

[7.4] Gröbner, W., Hofreiter, N.: Integraltafeln. Teil II: Bestimmte Integrale. Springer-Verlag, Wien (1961)

[7.5] Leith, E. N., Upatnieks, J.: Wavefront reconstruction with continuous – tone objects. J. Opt. Soc. Am. **53** (1963) 12, S. 1377–1381

[7.6] Stroke, G. W.: An introduction to coherent optics and holography. Academic Press: New York, London (1969)

[7.7] Lenk, H.: Holographie. Theorie, Technik und Anwendungen. VEB Georg Thieme, Leipzig (1971)

[7.8] Brown, B. R., Lohmann, A. W.: Computer-generated binary holograms. IBM J. Res. Develop. **13** (March 1969) 2, S. 160–168

[7.9] Lesem, L. B., Hirsch, P. M., Jordan, J. A.: The kinoform, A new wavefront reconstruction device. IBM J. Res. Develop. **13** (March 1969) 2, S. 150–155

[7.10] Goodman, J. W., Lawrence, R. W.: Digital image formation from electronically detected holograms. Appl. Phys. Lett. **11** (1967) 3, S. 77–79

[7.11] Rajchman, J. A.: Promise of optical memories. Journ. Appl. Phys. **41** (March 1970) 3, S. 1376–1383

[7.12] Mezrich, R. S.: Curie-point writing of magnetic holograms on MnBi. Appl. Phys. Lett. **14** (1969), S. 132–136

[7.13] Chen, D., Tufte, O. N.: Optical memories — now and in the future. Electron. World. **84** (1970) 4, S. 56–60

[7.14] Busse, J.: Physikalische Aspekte strahlgesteuerter Speicher. Nachrichtent. **20** (1970) 7, S. 268–273

[7.15] Tufte, O. N., Chen, D.: IEEE Spectrum (1973) 2, S. 26

[7.16] Epperlein, J., Hofmann, B.: Anorganische lichtempfindliche und photochrome Systeme. J. Signal-AM **1** (1973) 6, S. 395–415

[7.17] Epperlein, J., Hofmann, B.: J. Signal-AM **2** (1974) 1, S. 5

[7.18] Tufte, O. N., Chen, D.: IEEE Spectrum (1973) 3, S. 48

[7.19] Mee, C. D.: Future trends in magnetic recording, Zeitsch. f. angew. Phys. **21** (1966), S. 175–178

[7.20] Wangeness, R. K.: Susceptibility tensor and the Faraday effect in ferrimagnetics. Phys. Rev. **95** (1954) 2, S. 339–345

[7.21] Krinchik, G. S., Semkin, M. W. (Кринчик, Г. С., Земкин, М. В.): Обменное взаймодейcтвие и магнитооптические эффекты в ферритах-гранатов. Ж. эксп. и. теор. физ. **41** (1961) 3, стр. 673—80

[7.22] Mezrich, R. S.: Reconstruction effects in magnetic holography. IEEE Trans. on Magn. **MAG-6** (Sept. 1970) 3, S. 537–541

[7.23] Schilling, H.: Physik strahlgesteuerter Informationsspeicher. Akademie-Verlag Berlin 1975

[7.24] Völz, H.: Anwendung magnetischer Materialien für die Speicherung von Bildern. J. Signal-Am **3** (1975) 4, S. 257–287

[7.25] Krinchik, G. S., Chetkin, M. W. (Кринчик, Г. С., Четкин, М. В.): Эффект фарадея в иттриевом гранате на инфракрасных частотах. Ж. эксп. и теорет. физ. **38** (1960), 1643 Совет. физ. ИЕТП **11** (1960), 1184

[7.26] Krinchik, G. S., Ganshina, E. A.: Optical and magneto-optical characteristics of ferromagnetic nickel in the infrared region. Phys. Letters **23** (1966), S. 294

[7.27] Woloschinskaja, H. M., Fedorov, S. W. (Волошинская, Х. М., Федоров, С. В.): Эффекты Керра и Холла в ферромагнитных сплавов. Физ. металлов и металловедение **36** (1973), стр. 946—956

[7.28] Krinchik, G. S. (Кринчик, Г. С.): Магнитооптика ферромагнитных металлов. Извест. Акад. Наук ССР, сер. физ. **28** (1964), 481

[7.29] Krinchik, G. S., Nurmuchamedow, S. M. (Кринчик, Г. С., Нурмухамедов, С. М.): Экспериментальное исследование электронной структуры никелф магнито-оптическим методом. Ж. эксп. и теорет. физ. **48** (1965), 34

[7.30] Land, C. E.: Ferroelectric ceramic electrooptic materials and devices. Proc. IEEE **57** (1969), S. 751

[7.31] Kusch, S., Güter, R.: Lichtablenkung und Volumenholographie in der, optischen Informationsverarbeitung. Dissertation B, Akademie der Wissenschaften der DDR, Berlin (1975)

[7.32] Lin, L. H., Beauchamp, H. L.: Hologram formation in hardened dichromated gelatin. J. Opt. Soc. Amer. **58** (1968), S. 1550

8. Elektronenstrahlspeicher

Neuere Entwicklungen auf dem Gebiet der Elektronenstrahlspeicherröhren beschäftigen sich mit der Aufzeichnung und Wiedergabe von Daten auf einfachen, unstrukturierten MOS-Chips. Am bekanntesten ist das System BEAMOS (Beam Addressed Metal Oxide Semiconductor), das ein Speichervermögen von einigen Monaten besitzt [8.1]. Dieses Speicherprinzip füllt gemeinsam mit CCD- und Bubble-Speichern die „Zugriffs-Lücke“ der Speicherhierarchie zwischen den elektronischen Hauptspeichern und den elektronischen peripheren Speichern, s. Abb. 1.3. Frühere Versuche, diese „Lücke“ technologisch zu beherrschen, wandten sich dem Supraleiter, dem Dünnschichtspeicher, dem thermoplastischen Speicher oder dem magnetooptischen Speicher zu; jeweils ohne durchschlagenden Erfolg.

Die entscheidenden Verbesserungen der letzten Jahre auf den Gebieten der Elektronenoptik und des Speichermediums [8.3] [8.6], aber auch allgemein der Vakuumtechnik, der Materialforschung und der Ansteuer- und Informationselektronik lassen das alte Prinzip der Elektronenstrahltechnik heute recht erfolgversprechend erscheinen. In Laboraufbauten wurden bisher mit zweistufiger Elektronenablenkoptik und einem Speicherschirm mit der üblichen Metall-Siliziumoxyd-Silizium(= MOS)-Beschichtung 32×10^6 Bit, bei Zugriffszeiten um 10 μs und einer Datenrate von 10 Mbit/s gespeichert [8.12] [8.13].

8.1. Elektronenstrahladressierung

Die Abb. 8.1 zeigt schematisch einen BEAMOS-Speicher im Querschnitt. Der von einer Wolfram- oder Bariumkathode [8.8] erzeugte Elektronenstrahl wird zunächst durch ein Gitter- und Kondensor-System grob fokussiert und moduliert. Die Feinansteuerung einer gewünschten Bit-Position geschieht in einer Kaskade von zwei Ablenkstufen mit einem dazwischenliegenden Fliegenaugen-Linsensystem (17×17 Linsen) zur Feinfokussierung [8.7] [8.10]. Die erste Ablenkstufe wird von je zwei Zylindern mit spiralförmig angeordneten Elektroden für die X- und Y-Ablenkung gebildet [8.11]. Mit dieser Anordnung kann die Ablenkung in X- und Y-Richtung im Gegensatz zum Oszil-

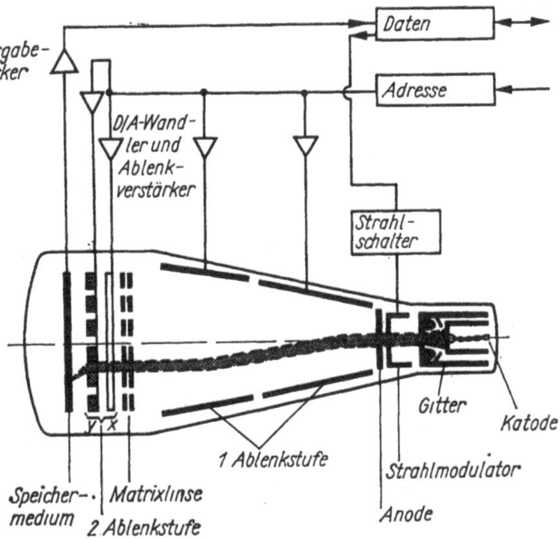

Abb. 8.1. Schema des elektronenoptische n Systems und Ansteuerung

lographen gleichzeitig erfolgen, wodurch Linearität und Fokussierung verbessert werden. Durch die Wirkung des zweiten Zylinder- oder Konusteils der um den Ablenkwinkel des ersten Teils zurücklenkt, resultiert eine exakte Parallelverschiebung des Strahls zur Röhrenachse. Das Ablenksystem gestattet eine definierte Anzahl von Ablenkpositionen. Jeder dieser möglichen Strahlposition ist in der zweiten Ablenkstufe eine elektronische Linse, bestehend aus kreuzweise hintereinanderliegenden X-Y-Elektroden, matrixförmig zugeordnet. Das erwähnte Fliegenaugen-Linsensystem liegt vor dieser Elektrodenmatrix. Es besteht aus zwei metallischen Lochscheiben mit geeigneter Lochdurchmesser- und Potentialabstufung. Der Strahl trifft mehr oder weniger exakt, jedoch streng senkrecht, auf eine der Lochfolgen des Linsensystems auf, wird feinfokussiert, nachbeschleunigt und auf die Bit-Position abgelenkt.

Die maximale Anzahl von Ablenk- oder Bitpositionen hängt von der Genauigkeit der Linsenanordnung und der Ansteuerverstärker ab, sowie von der Stabilität der Spannungsversorgung. Eine praktische Grenze liegt bei 1000×1000 Punkten. Die hohe Bitauflösung und Ablenklinearität beruht auf der Entkopplung der ersten von der zweiten Ablenk- und Fokussierstufe. Die erste Stufe muß im wesentlichen die Ablenkung um einige Zentimeter bewältigen, ohne die Bitgenauigkeit zu erreichen. Dies wird dann in der zweiten Stufe bei einer Ablenkung von nur etwa 1 mm erreicht. Über der ersten Stufe liegt eine Spannung von 4 kV, über der zweiten 6 kV. Die Strahllänge ist etwa 25 cm.

Aus der schematischen Beschaltung in der Abb. 8.1 ist zu erkennen, daß die digital kodierte Adresse einem Digital-Analog-Wandler zugeführt wird. Die Analogspannung liegt an der ersten Stufe. Eine zweite Digitaladresse wird an einem weiteren D/A-Wandler angelegt, der die zweite Ablenkstufe (page selector) steuert.

Während die Realisierung der „Hololinse" der holographischen Speicher mit ausreichendem Integrationsgrad bisher auf unüberwindliche Schwierigkeiten stieß, ist die „Matrixlinse" des Elektronenstrahlspeichers als realisiert zu betrachten.

8.2. Speicherprozeß

Als Speichermedien, die mit Elektronenstrahlen in Wechselwirkung treten können, sind verschiedene Materialien diskutiert worden [8.12]. Thermoplastische Materialien haben eine stark begrenzte Reversibilität infolge von Polymerisationsvorgängen [8.14]. Ähnliche Grenzen hat der Effekt des Phasenübergangs amorph-kristallin in chalkogenen Gläsern [8.15]. Auch die LORENTZ-Wechselwirkung an dünnen magnetischen Schichten, sowohl mit der Magnetisierung als mit äußeren Streufeldern, ist zu schwach, um ausreichende Speicherdichten und Geschwindigkeiten zu erreichen [8.16]. Selbst wenn die Strahlenenergie bei Wiedergabe zur thermischen Zerstörung der Paarbindung benutzt wird, ist die Energiedichte gegenüber elektrostatischen Effekten sehr gering. Ferroelektrische dünne Schichten sind in Zukunft als Speichermedium zu beachten, wenn die potentiellen Möglichkeiten durch Materialentwicklung realisiert werden können [8.17]. Auch auf dem Gebiet der ferroelektrischen Photoleiter-Sandwichtechnik laufen erfolgversprechende Entwicklungen [8.18].

Das Material, das gegenwärtig sehr gut die Erfordernisse der Elektronenstrahlspeicherung erfüllt, d. h. auf elektrostatischer Ladungsspeicherung und Silizium-technologie beruht, ist das System Si-SiO_2. Einige Vorschläge nutzen die Oberflächenladung in einer geätzten Oxidstruktur, in der durch den Strahl selektiv eine Ladung erzeugt wird. Zur Wiedergabe dient entweder die veränderte Sekundärelektronenemission [8.3] oder das veränderte Durchlaßvermögen gegenüber einem schwachen Elektronenstrahl [8.4]. Der größte technologische Fortschritt wurde durch das Prinzip der strukturlosen Speicherfläche erreicht [8.5] [8.6], das im folgenden ausschließlich behandelt werden soll.

Die Abb. 8.2 zeigt die wesentliche Struktur eines Speicherchips nach [8.5], von denen sich mehrere in einer Speicherröhre befinden können. Das Speichermedium muß sich für einen Dauereinsatz unter Hochvakuum bei Betriebstemperaturen von 350 °C eignen. Auf einer Siliziumdiode mit epitaktisch aufgebrachtem n-Material ist SiO_2 als Isolationsschicht formiert, darauf ist eine Al-Schicht aufgebracht. Der ganze Chip ist eine kontinuierliche unstrukturierte Ebene. Die Siliziumschichten vom p- und n-Typ sind elektrisch

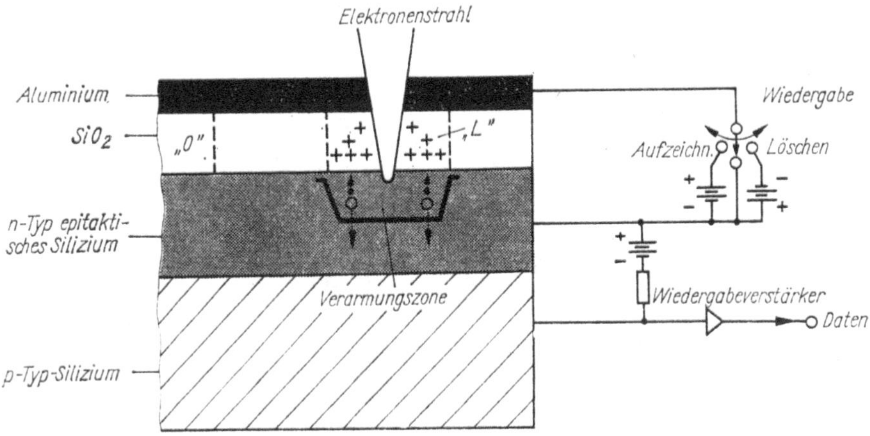

Abb. 8.2. Elektronenstrahl-Speicherchip mit Aufzeichnungs- und Wiedergabemechanismus (schematisch)

nach Abb. 8.2 zu einer Diodenanordnung in Sperrichtung vorgespannt. Eine zwischen die Oxidschicht gelegte Vorspannung bestimmt den Arbeitspunkt. Beim Aufzeichnungsvorgang einer „L" liegen +40 V an. Dann erzeugt der Elektronenstrahl, der die einige hundert nm starke Aluminiumschicht durchdringt, im Oxid eine positive Ladung. Diese wird praktisch an der Grenze zum Silizium festgehalten, während die vom Strahl im Oxid freigesetzten Elektronen zur Aluminiumschicht abwandern. Beim Löschvorgang liegen —40 V an, so daß die Elektronen nicht abfließen können und die positive Ladung bis auf einen Restwirkungseffekt von etwa 10% kompensiert wird. Jedem Aufzeichnungsvorgang geht eine Löschphase voraus. Sodann wird die „L" in der geschilderten Weise aufgezeichnet, während bei der „0" der Strahl durch das Schaltgitter ausgetastet wird. Dadurch wird das hochfrequente Schalten von $\pm$40 V umgangen.

Die Wiedergabe geschieht bei 0 V. Die Oxidladung erzeugt in der Siliziumschicht ein elektrisches Feld. Beim Wiedergabevorgang dringt der Elektronenstrahl einige hundert nm in die Siliziumschicht ein und generiert dort Elektronen-Loch-Paare. Durch das in einer Bit-Position vorhandene Feld werden die Elektronen in Richtung *pn*-Übergang beschleunigt und von der Sperrspannung erfaßt. Sie können im äußeren Stromkreis nachgewiesen werden. Dagegen rekombinieren die Paare wieder, wenn eine „0" geschrieben war. Die Paarenergie beträgt 3,7 eV, die Strahlenenergie bei der Wiedergabe 10 keV, der Stromverstärkungsfaktor etwa 1000; d. h., ein erheblicher Teil der Strahlenergie wird in Paarbildung umgesetzt. Bei einer Stromstärke des auftreffenden Elektronenstrahls von einigen nA erreicht der Indikatorstrom also immerhin einige μA, die dem Wiedergabeverstärker zugeführt werden. Die Wiedergabe ist bis zu einem gewissen Grade zerstörungsfrei. Nach etwa

20 Wiedergabzyklen muß neu aufgezeichnet werden. Je geringer die Wiedergabestromstärke und je größer die Aufzeichnungsstromstärke, desto höher ist die Zahl der Wiedergabezyklen. Nach unten ist die Stromstärke durch das erforderliche Wiedergabesignal, nach oben durch die Katodenausbeute und Elektronenoptik begrenzt. In der Praxis ist das Verhältnis etwa 1:10 [8.2] Bei −40 V erfolgt zerstörende Wiedergabe.

Der BEAMOS-Speicher hält die Daten nur für eine gewisse Zeit. Ohne Vorspannung sinkt die Wiedergabespannung nach fünf Tagen um 10%, nach einem Monat um 20% ab. Die Temperaturabhängigkeit beträgt nur 10% zwischen −40° und +70 °C [8.2]. Ein ernsteres Problem sind die Strahlungsschäden am Silizium-Medium. Durch die Strahlungsbelastung beim Aufzeichnungsvorgang verändert sich die Struktur des Siliziumoxides. Es verliert seine Fähigkeit, Ladungen zu bilden und zu erhalten. Die Grenze von 10^8 Zyklen liegt unter der Lebensdauer der verbesserten Katodenausführungen (40000 ... 50000 h) [8.9]. In gewissen Anwendungsfällen ist es trotzdem möglich, durch gleichmäßige Auslastung der Speicherfläche eine Arbeitsdauer von einigen Jahren zu erreichen.

8.3. Speichersystem

Die Abb. 8.3 zeigt ein Beispiel eines gewählten Datenformats nach [8.1]. In Abb. 8.3a ist die gesamte Speicherfläche einer Röhre, zusammengesetzt aus vier Chips, dargestellt. Sie ist in 289 unabhängige und durch einen Sicherheitsabstand voneinander getrennte Linsenfelder aufgeteilt, wird also von 289 Elementen der Matrixlinse angesteuert. Abb. 8.3b zeigt die Dimensionierung eines Linsenfeldes. Dies vermag bei einem Bitabstand von 4,46 μm eine Datenmenge von 332 × 332 bit = ca. 110000 bit zu speichern. Die 289 Sektoren ergeben eine Speicherkapazität der Röhre von knapp 32 Mbit.

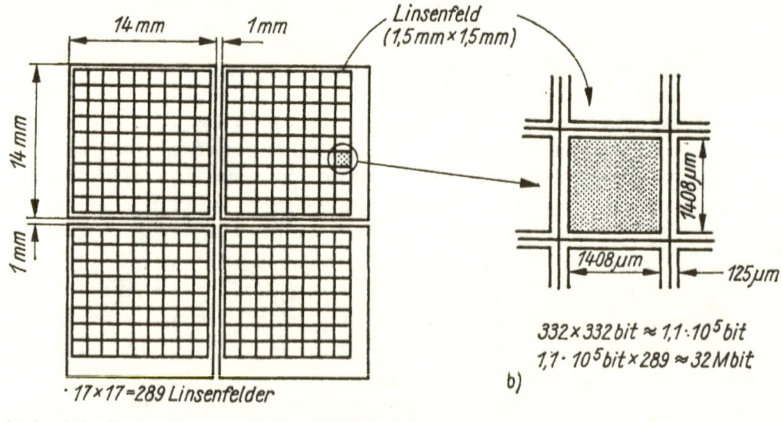

Abb. 8.3. Datenformat beim BEAMOS (nach [8.1])

Günstige Lösungen bezüglich Elektronikaufwand ergeben sich, wenn mehrere Speicherröhren (18 ... 20) zu einem System vereinigt werden. Einmal kann im Parallelbetrieb gearbeitet werden, zum anderen ist vieles aus dem Elektronikblock — Hochspannungsnetzteil und die übrige Stromversorgung, die *D/A*-Wandler und Verstärker, die meiste digitale Steuerung und Taktung, die Ladungsregenerierung und die Blockpositionsverschiebung — nur einmal für alle Röhren erforderlich.

Zugriffszeit und Datenrate sind wesentliche Kenngrößen des Speichersystems. Die Zugriffszeit ist durch die Laufzeit des Strahls durch das optische System von etwa 30 ns gegeben. Wesentlich größere Werte, einige µs, ergeben sich durch die Schaltzeiten der Ablenkverstärker. Wird die Operationsart geändert (Aufzeichnung — Wiedergabe — Löschen), muß die Vorspannung der Metallschicht geschaltet werden. Dafür sind etwa 30 µs anzusetzen, da die relativ große Oxid-Kapazität über den Widerstand der *n*-Schicht umgeladen werden muß. Die Datenrate wird mit 10 Mbit/s angegeben [8.1], ein Entwicklungsziel ist 100 Mbit/s.

Sowohl über die Vergrößerung der Speicherfläche als über die Erhöhung der Bitdichte, die gegenwärtig etwa 4 Mbit/cm^2 beträgt, kann die Speicherkapazität einer Röhre weiter erhöht werden. Das erfordert eine feinere Strahlfokussierung, höhere Positionierungskonstanz, größeren Ablenkbereich, Verringerung der elektrischen Kapazitäten und höhere Auflösung des Wiedergabeverstärkers sowie dessen Integration in die Speicherröhre [8.2]. Die Grenze der Flächenspeicherdichte ist also im Gegensatz zur Halbleiter- und Bubble-Technologie nicht durch lithographische Parameter gegeben.

Mit einer elektrischen Leistung von 10 µW/bit sind BEAMOS, CCD und die magnetischen Domänenspeicher etwa gleichberechtigt. Gegenüber dem flüchtigen CCD hat der BEAMOS den Vorteil der relativen Permanenz des Speicherinhalts, insbesondere bei abgeschalteter Spannungsquelle, aber auch den Vorteil der geringen Bitkosten. Gegenüber den magnetischen Domänenspeichern ist die höhere Geschwindigkeit des Elektronenstrahlspeichers hervorzuheben. Er ist jedoch gegen Strahlung nicht unempfindlich, und Abschirmungsmaßnahmen können bei bestimmten Anwendungen erforderlich werden. Die in der Speichertechnik unkonventionelle Technologie mit wenig monolithischer Struktur, Hochvakuum und Hochspannung dürfte einem Durchbruch zur Großanwendung doch erheblich im Wege stehen.

8.4. Literatur

[8.1] Hughes, W. C., at. al.: BEAMOS — a new electronic digital memory. AFIPS Conf. Proc. **44** (1975), 541—548

[8.2] Schünemann, C.: BEAMOS-Technologie und Einsatzmöglichkeiten. NTG-Fachber. 58 (1977), 158—168

[8.3] KELLY, J., MOORE, J. S., THORNTON, P. R.: The development of an experimental electron beam addressed memory module, NAECON'74 Record S. 55—61

[8.4] HEIMAN, R., WAXMAN, R.: Digest IEEE. Int. Conv. (N.Y./1970), 152

[8.5] ELLIS, G. W., POSSIN, G. E., WILSON, R. H.: Diode detection of information stored in electron-beam addressed MOSstructures. Appl. Phys. Letters **24** (1974), 419

[8.6] COHEN, M. S. MOORE, J. S.: Physics of the MOS electron-beam-memory. J. Appl. Phys. **45** (1974), 5325—5348

[8.7] LEMMOND, C. Q., at. al.: Electron fly's eye lens artwork camera. IEEE Trans. El. Dev. **ED-21** (1974), 598—603

[8.8] LEVI, R.: Improved impregnated cathode. J. Appl. Phys. **26** (1955), 639

[8.9] VAN STRATUM, A. J. A., KUIN, P. N.: Tracer study on the decrease of emission density of osmium coated impregnated cathodes. J. Appl. Phys. **42** (1971), 4436

[8.10] NEWBERRY, S. P., KLOTZ, T. H., BUSCHMANN, E. C.: Proc. of Nat. Eln. Conf. **23** (1967), 746

[8.11] SCHLESINGER, K.: Progress in the develqpment of post-acceleration and electrostatic deflection. Proc. of IRE (1956), 655—667

[8.12] SPELIOTIS, D. E.: Bridging the memory access gap. AFIPS Conf. Proc. **44** (1975), 501—508

[8.13] KELLY, J.: The development of an experimental electron-beam addressed memory module, Computer (1975), 32—42

[8.14] GLENN, W. E.: Thermoplastic recording. J. Soc. Motion Picture Television Engrs. **69** (1960), 577—580

[8.15] CHEN, A. C. M.: Electron beam heating in amorphous semiconductor beam memory. IEEE Trans. El. Dev. **ED-20** (1973), 160—169

[8.16] COHEN, M. S.: Feasibility of Lorentz readout of a high density fast magnetic memory. IEEE Trans. Magn. **MAG-4** (1968), 639—645

[8.17] SMITH, D. O., at. al.: U.S. Patent Nr. 3.710352 (1973)

[8.18] CHAPMAN, D. W.: A proposed fast-access large-capacity ferroelectric memory. Proc. IEEE Int. Computer Group Conf. **56** (1970), 56—63

9. Sachwortverzeichnis

www.ingramcontent.com/pod-product-compliance
Lightning Source LLC
LaVergne TN
LVHW042240300926
849161LV00003B/420
9783112647158